ヤマケイ文庫

トムラウシ山遭難はなぜ起きたのか

低体温症と事故の教訓

羽根田 治・飯田 肇・金田正樹・山本正嘉

Yamakei Library

トムラウシ山遭難はなぜ起きたのか　目次

第1章　大量遭難　羽根田 治

第2章　証　言　　山崎 勇

第3章　気象遭難　　飯田 肇

第4章　低体温症　金田正樹

第5章　運動生理学　山本正嘉

第6章　ツアー登山　羽根田 治

＊

この事故におけるガイドおよびツアー参加者の氏名は仮名とした（文中敬称略）

協力――――日本山岳ガイド協会、トムラウシ山遭難事故調査特別委員会
カバー写真――北海道新聞社
本文写真――――金田正樹、平戸佳菜子、星野陽子、毎日新聞社、北海道新聞社

はじめに——山は謙虚さを学ぶ学校である

節田重節

「寒くて寒くて、眠くて眠くてぼぉっとしていたんです。ご飯もほとんど食べられなくて。でも、リュックを下ろしたときに、雨避けに被せたアルミの救急シートがあるのに気づいたんです。これを体にぐるぐる巻きつけて、その上に外から見えないように雨具を着て、ズボンの中にシートの裾を入れたの。下山後、宿に着いて雨具を脱いだとき、初めて気づいたんです。『ああ、私はこれで助かったんだ』と」

六十八歳（当時）の女性登山客は、しみじみと語った。運命を分けたかも知れない一枚の救急シートだった。山道で斃れた者と生還した者……。暴風雨下のトムラウシ山上では、数々のドラマが交錯した。

＊

二〇〇九年七月十六日、大雪山系の名峰トムラウシ山において、日本の登山史上未曾有の大量遭難が起こった。この夏山遭難史上かつてない悲惨な事故は、なぜ起こったのだろうか。また、その尊い犠牲によって生まれた経験から、われわれ登山者は何を学ぶべきだろうか。重い課題が残った。

遭難を検証する場合、登山計画の内容や日程、ガイドスタッフのレベル、メンバーの力量、行動中の判断、天候の判断などその要素は多岐にわたり、それぞれが複合的に絡んでいる。特に今回は、ツアー会社の募集による登山中の遭難であり、ツアー登山のあり方そのものについても検証する必要があった。

当該ツアー会社からの要請を受けた日本山岳ガイド協会が、第三者で構成する「特別委員会」の設置を決定、六人の委員がその調査・検証を委嘱された。委員会は関係者への聞き取りを中心に調査し、持ち寄った情報の検証を重ねて、遭難の年の十二月七日、中間報告書を発表した。その後もさらに調査・検証を継続し、再発防止に向けての提言をも含めた最終報告書を二〇一〇年二月二十四日に発表、その使命を終えた。

一九七五年から八〇年ごろにかけて盛り上がり始めた「中高年登山ブーム」は、今や社会現象としてすっかり定着している。とりわけ九〇年ごろからは、いわゆる「ツアー登山」によって山を楽しむ登山者が増え、それと歩調を合わせるかのように、一般旅行会社からのツアー登山への参入も増加している。ツアー登山は、自分の体と個人装備さえ整えられれば、あとはすべてツアー会社が準備してくれるという、実にコンビニエンス（便利）で、お手軽なシステムである。それだけにツアー会社は、旅程管理とともに安全確保の義務を負うことになる。

今回の調査・検証を通じて感じたことをまとめると、結果論になるが直接的な遭難原因としては、出発か停滞か、前進か引き返しか、現地における行動判断、天候判断のミスに尽きる。ただ、背景としてはこの計画の脆弱さについてのツアー会社の認識不足や危機対応能力の不足などがあり、ガイドのスキルやコミュニケーションの不足もあげられる。また、メンバーに関しても力量のばらつきや危機意識、自立意識の不足など、幾つかの問題点が指摘できる。

とりわけ低体温症に対する認識不足は致命的であった。特に二〇〇二年、同じトムラウシ山で起こった低体温症による遭難の教訓が生かされることはなかった。さらに今年（二〇一二年）のゴールデンウィーク、北アルプス・白馬岳において、またもや低体温症による大量遭難が発生している。最終報告書で私は「トムラウシを他山の石として」謙虚に学んでほしいと記したが、徒労に終わった。真に残念でならない。

一九五五年、世界第五位の高峰、マカルー（八四七〇メートル）に初登頂、しかも全員登頂という快挙を成し遂げたフランス隊の隊長、ジャン・フランコは記す。「山は根気強い勤勉さと、沈着と、頑張りの学校だ」と。そしてまた、山という自然に対して「謙虚さを学ぶ学校」でもある。

（トムラウシ山遭難事故調査特別委員会座長）

第1章

大量遭難

羽根田治

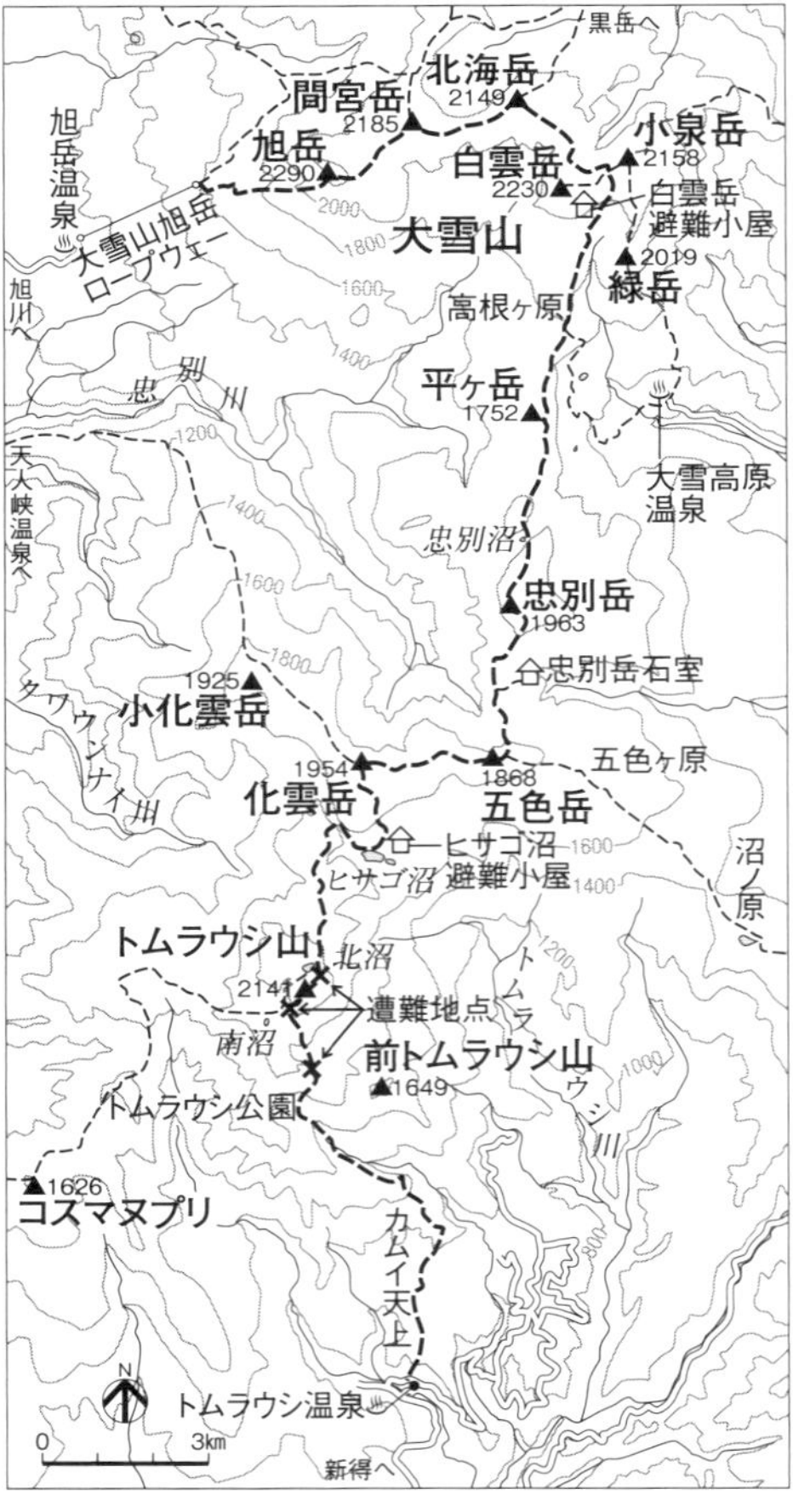

黒岳へ
北海岳
2149
間宮岳
2185
旭岳
2290
小泉岳
2158
白雲岳
2230
白雲岳
避難小屋
旭岳温泉
大雪山旭岳
ロープウェー
2000
1800
大雪山
2019
緑岳
旭川へ
1600
高根ヶ原
1400
平ヶ岳
1752
忠別川
大雪高原
温泉
1200
天人峡温泉へ
1400
忠別沼
1600
忠別岳
1963
1800
忠別岳石室
1925
小化雲岳
タワウシナイ川
1954
1868
五色ヶ原
化雲岳
五色岳
ヒサゴ沼
避難小屋
1600
ヒサゴ沼
1400
沼ノ原
トムラウシ山
北沼
1200
2141
遭難地点
南沼
前トムラウシ山
トムラウシ川
1000
1649
トムラウシ公園
1626
コスマヌプリ
カムイ天上
800
N
トムラウシ温泉
0
3km
新得へ

十五人の参加者と三人のガイド

東京都千代田区に本社を置くツアー登山の専門会社・アミューズトラベル株式会社（以下アミューズ社）のパンフレットに、その商品は次のように紹介されていた。

〈北海道最高峰の旭岳から歩き始め、大スケールの景観が広がる縦走路を「遥かなる山」トムラウシ山へ、無人小屋に泊まりながら縦走します。縦走ならではの魅力が凝縮された例年満席の大人気コースです。お申し込みはお早めに！〉

期日は二〇〇九年七月十三日（月）から十七日（金）までの四泊五日で、料金は十五万二〇〇〇円。「魅力の大縦走　大雪山系縦断の満喫コース」と銘打たれたこのツアー登山に、最終的に十五人のツアー客が参加した。

大雪山系の旭岳からトムラウシ山へと縦走するプランは、ツアー登山を扱う会社にとって、募集すればすぐに定員一杯となってしまう人気商品だという。その一方で、避難小屋を利用する長丁場のコースであることから、旅程および安全管理が難しく、またコストや人員配備などの問題もあり、やむなく商品化を中止したり、日程やコースを変えるなど工夫して催行しているツアー会社もある。

一九九一年に創業のアミューズ社は、リスクの高いツアー登山の分野にもいち早く進出し、十年ほど前から大雪山系縦走ツアーを手掛けはじめた。二〇〇九年に行なわれたこのツアーを例にとれば、参加者が十五人だから、総売り上げは二二八万円になる。ここから諸経費を差し引いても、利益率は決して悪くないものと思われる。アミューズ社にとっても、旭岳からトムラウシ山の縦走ツアーがドル箱商品であったことは、想像に難くない。

七月十三日の午後一時三十分、集合場所となった新千歳空港の到着ロビーには、広島、名古屋、仙台の三カ所から参加者が集まってきた。アミューズ社が手配した各航空便に搭乗していたガイドおよび参加者は以下のとおりである（亡くなった方やインタビューできなかった方の登山歴は、新聞報道や『トムラウシ山遭難事故調査報告書』などを参照）。

広島空港十時二十五分発ＪＡＬ三四〇一便

西原豊ガイド（六十一歳）　マウンテンツアーガイド協会所属、日本山岳ガイド協会認定登山ガイド。中国地方の日帰り低山を中心に、九州・四国・関西・北アルプスの百名山などでガイドを務める。キナバル山（マレーシア）、アバチャ山（カムチャツカ）、キリマンジャロ山（アフリカ）をはじめ、スイス、カナダ、ニュージーランド、ネパール、ブータン、アンデスなど海外でのガイド歴もある。

寺井雅彦（六十四歳）　若いころにやっていた登山を五十代になって再開。二〇〇三年ごろからアミューズ社のツアーに参加しはじめた。それまでは他社のツアー登山に参加していた。これまで百名山のうち約九十山に登頂。北海道では大雪山だけがまだ残っていた。トムラウシ山には五、六年前に一度登っているが、頂上からの展望が得られなかったため、もう一度行ってみたいという思いがあり、今回のツアーに参加した。

清水武志（六十一歳）　登山歴十二年。小学生のころからキャンプなどに親しむようになり、社会人になってからは年に一、二回、近隣の里山や久住山、蒜山などに登っていた。その後しばらく遠ざかっていたが、五十歳のときに地元の山の会に入会して本格的に山登りを再開。会に所属していた約八年間の間に、百名山のうち六十三山に登る。退会後は個人で登ったりアミューズ社のツアーを利用したりするとともに、別の山の会に入って登山を継続。近年はほとんど毎週のように山に行っていた。旭岳からトムラウシ山の縦走は以前から憧れていたコースで、日程の都合がついたので申し込んだ。現時点での百名山の残りはあと八つ。

星野陽子（六十四歳）　登山歴十六年。友人に誘われたのがきっかけで、日帰りで近

旭岳ロープウェー―トムラウシ温泉間の高低図

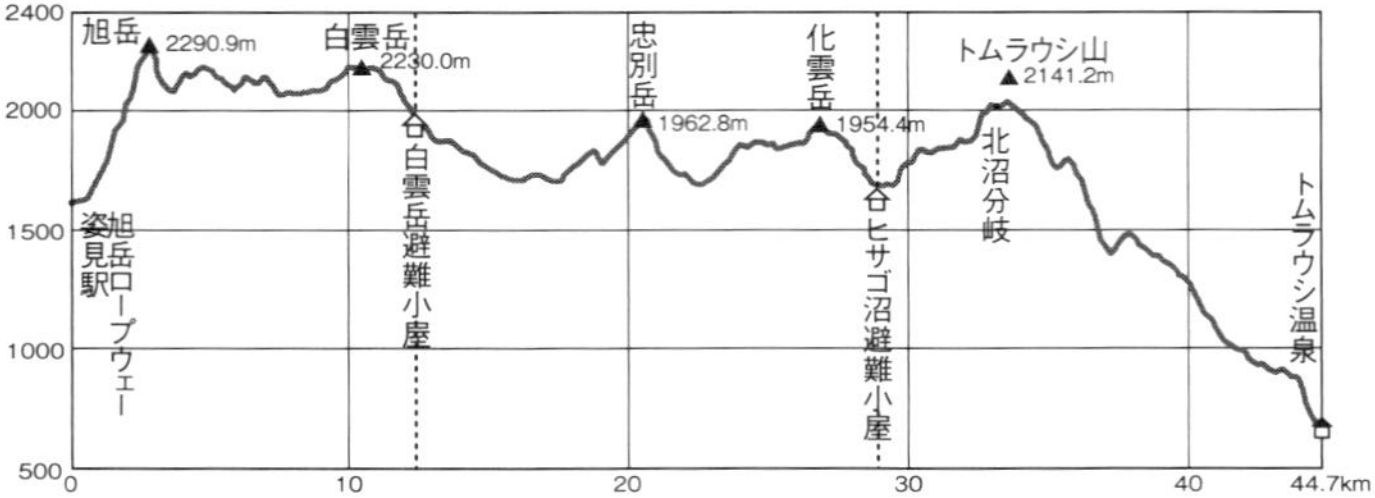

■第1日目

距離	12.363km
沿面距離	12.599km
標高差	388m
累積標高差(+)	1154m
累積高度(−)	-766m

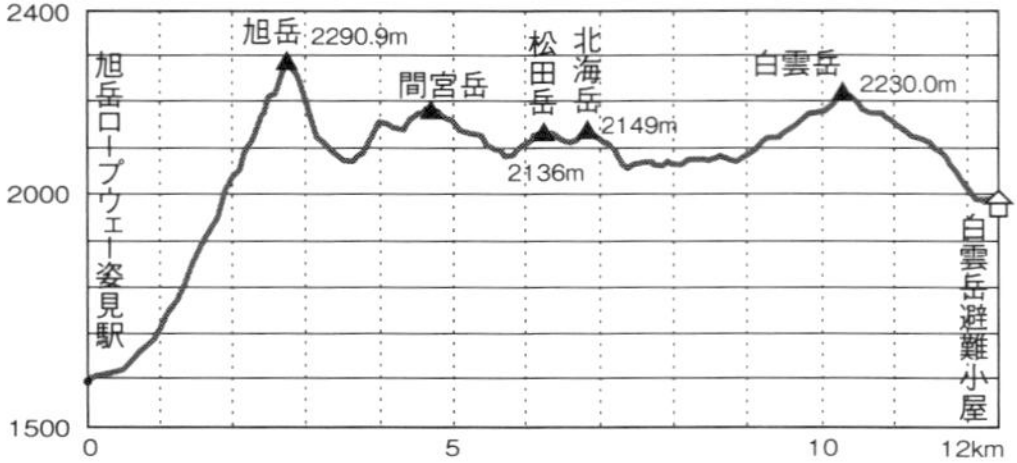

■第2日目

距離	16.338km
沿面距離	16.466km
標高差	295m
累積標高差(+)	648m
累積高度(−)	-943m

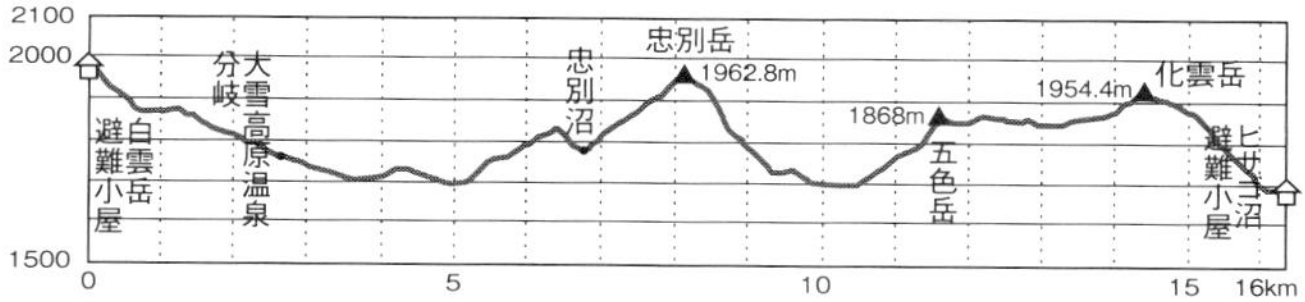

■第3日目

距離	15.964km
沿面距離	16.240km
標高差	-1042m
累積標高差(+)	651m
累積高度(−)	-1693m

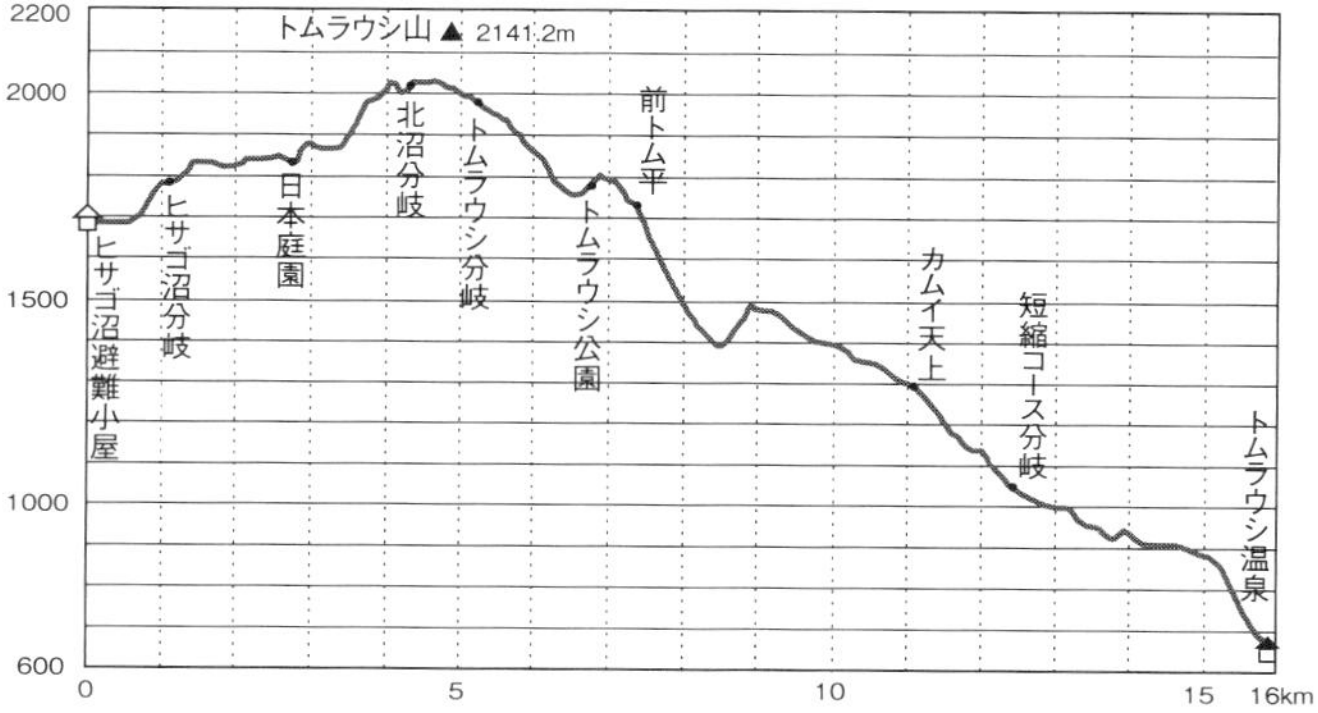

郊の山に登りはじめる。アミューズ社のツアーは二〇〇〇年に初めて利用し、以来、継続して参加するようになった。友人と地元周辺の里山に登ったり、ツアー登山を利用するなどして、山へはほぼ毎週のように通う。北海道、東北、南・北アルプス、四国、九州など、全国各地のポピュラーな山を登っているうちに、いつしか百名山踏破が目標に。今回のツアーに申し込んだのは、北海道では最後に残ったトムラウシ山に登るためだった。

大内厚子（六十一歳）　登山歴十五年半。

宮本幸代（六十二歳）　詳細不明。

谷みゆき（六十四歳）　登山歴約十年。月一回のペースで登っていた。

中部空港十時四十分発ＪＡＬ三一〇五便

山崎勇ガイド（三十八歳）〈ガイド山行歴としては、日本アルプスや中部の百名山が多く、ほかに初冬の富士山や雪の八ヶ岳・赤岳登頂、残雪の北アルプス・立山縦走も経験している。２００8年のツアーガイド回数は8回、21日。２００9年は、トムラウシ山まで17回、38日であった〉（『事故調査報告書』より）

久保博之（六十五歳）　登山歴三十三年。山に登り出したのは、運動不足を解消するのが目的。東海自然歩道からはじめ、独学で徐々にステップアップしていった。テントを担いで槍ヶ岳や後立山に登ったり、北岳から塩見岳まで縦走したこともあったが、家庭の事情で一時中断。再開後、四年ほど前からツアー登山を利用しはじめた。アミューズ社のツアーを利用するのは今回が六回目。百名山を目標としているわけではないが、北海道には一度も行ったことがなかったので、このツアーに参加してみることにした。

平戸佳菜子（五十五歳）　登山歴六年半。最初は地元の社会保険センターで行なっている月一回の山歩きの会に参加し、その後、地元のガイド主催のツアーを利用したり、山仲間と誘い合ったりしてあちこちの山に登るようになる。今回同行した杉中とは、地元ガイドが企画した「剱岳に挑戦」というツアーで知り合った。アミューズ社のツアーを利用するのは今回が三回目。以前からトムラウシ山に行きたいという希望があり、トムラウシ縦走のプランを扱っている同社のツアーに参加するようになった。

杉中保子（五十九歳）　若いころから本格的な登山をしてきて、冬山の経験もある。六年前にツアー登山で平戸と知り合い、いっしょに五十山近い山に登頂してきた。

永井孝（六十九歳）　登山歴五十三年。トムラウシ山は憧れの山。「七十歳になる前に」と今回のツアーに参加した。

岩城敏（六十六歳）　登山歴約六年。過去にアミューズ社のツアーに参加経験あり。月に一、二回のペースで週末に山登りを楽しんでいた。

大谷由紀子（六十九歳）　登山歴約十年。月二、三回のペースで山へ。海外登山の経験もあった。

浅上智江（六十八歳）　登山歴十数年。阿部と同じ登山サークルで活動。阿部を誘って参加。

阿部道子（六十二歳）　登山歴十数年。浅上と同じ登山サークルで活動。浅上に誘われて参加。

仙台空港十時三十五分発ＡＤＯ五一便

里見淳子（六十八歳）　登山歴十三年半。子育てが終わったころから、百名山を目標としている友達に誘われるまま山に登りはじめる。山好きが集まった山の会に所属し、南・北・中央アルプスや富士山などに登っているうちに、自分も百名山を目指すようになった。生協やクラブツーリズムなどの登山ツアーにも参加し、のちに開業したアミューズ社の仙台支社のツアーも利用。夏はもっぱら登山だが、冬は山スキーも楽しんでいる。踏破した百名山は八十六、七。北海道では最後となったトムラウシ山に登るためにこのツアーに参加した。

　以上のほか、札幌市在住の瀬戸順治ガイド（三十二歳）が新千歳空港で合流し、一行は総勢十八人となった。瀬戸は北海道大学山スキー部ＯＢで、登山歴は約十二年。四季を通じて北海道の山々に登っており、今回の旭岳からトムラウシ山の縦走コースはこれまでに五回ほど歩いている。また、日本アルプスや関東・中部の百名山などでのガイド経験もある。

　三人のガイドのうち、リーダー兼旅程管理者（いわゆる添乗員）だったのが西原ガイドで、瀬戸がメインガイド、山崎がサブガイドという役割だった。全国的なガイド組織である日本山岳ガイド協会の資格を持っているのは、西原ガイドだけだった。三人のガイド同士はまったく面識がなかったそうだ。

　参加者同士の面識の有無は人それぞれだったが、親しい山仲間同士で誘い合って参加していたのは数人で、まったくの初対面か、過去のアミューズ社のツアーでたまたま何度か顔を合わせた程度というのが概ねの関係だったようだ。

　十八人全員が空港で顔を揃えたのち、一行はチャーターしたバスで大雪山の登山口となる旭岳温泉へ移動した。その途中でアウトドアショップとコンビニに立ち寄り、ガスストーブの燃料や行動食などを買い足した。道中、西原ガイドと瀬戸ガイドが挨拶をし、今回のツアーの概略を説明したという。

この日の宿となる旭岳温泉の白樺荘には午後五時前に到着した。到着後、明日からの縦走に備えて不要な荷物を下山口のトムラウシ温泉に送るため、ガイドは参加者から荷物を集め、宅配便での発送手続きを行なった。このとき里見は眼鏡、地図、マットなどを送ってしまったのだが、そのことをあとで後悔することになる。

天気予報については瀬戸ガイドが部屋のテレビで確認し、「十四日は大丈夫だが、十五、十六日は崩れるだろう」と予測した。

「ガイドさんからは『二日目と三日目は天気があまりよくないかも』という簡単な説明がありました」(平戸)

宿では男性五人が一部屋に入り、女性は数部屋に分かれて宿泊した。仙台からひとり参加した里見には面識のある参加者はひとりもいなかったが、同じ部屋になった大谷や谷とはすぐに打ち解け、いろいろな話をした。そのなかで「山で遭難したらどうする?」という話題になったとき、里見が「自分が好きなことをして死ぬんだから本人は幸せ。そのときは諦めてくれと、いつも夫に話している」という話をすると、大谷と谷も「自分もそうだ」と言っていたという。

ツアー初日

翌十四日の朝は予定どおり五時五十分に白樺荘を出発し、歩いて大雪山旭岳ロープウェーの旭岳駅に向かった。一行には新たにポーター役のネパール人、ラクパ・ノルブ・シェルパ（六十二歳）が加わり、総勢十九人となっていた。ロープウェー駅で西原ガイドがラクパを紹介するとき、「ラクパと山崎はテントを持っています。避難小屋が混んでいる場合、テントで寝てもらうことになるかもしれません」と付け加えたという。

六時始発のロープウェーは満員だったので、一行は六時十分発の臨時便で山上に上がった。姿見駅でロープウェーを降り、アミューズ社のツアー登山では必ず行なうというアミューズ体操をして、六時半ごろから行動を開始した。

「最初は半袖のシャツ一枚だったが、旭岳の登りで風が冷たく感じられたので、長袖のシャツに着替えた」（清水）

旭岳山頂到着は、午前九時ちょうど。姿見駅から旭岳までの標準コースタイムは約二時間三十分だから、コースタイムどおりといっていい。出発時にはかかっていたガスも山頂に着くころには消え、周囲の山々が見渡せた。

このツアー中、行動時のガイドの位置取りはほぼ決まっていて、パーティの先頭を歩くのは瀬戸ガイド、ラクパと山崎ガイドが中間部に入り、しんがりに西原ガイドがついた。

そのなかで西原ガイドは、清水にとって信頼できるガイドのひとりだった。西原ガイドがリーダーを務めるアミューズ社のツアーに六回参加しているうちに、彼が信頼のおけるガイドであることを確認できたからだ。

「ツアーに参加するときは、先頭のガイドと最後尾の添乗員をよく観察し、歩くペース、休憩のとり方、ツアー客への気配り、山の知識といった点で評価できるかどうかを判断する。サブガイドに関しては、ときにアルバイト的な大学生が務めることもあるので、評価の対象外としている。このときも山崎ガイドのことは見ていなかった」

山崎ガイドとはこの年の四月と五月のテント泊ツアーでいっしょになっていたが、今回同様サブガイドとしての参加だったので、注意を払っていなかった。また、瀬戸ガイドといっしょになるのは、二〇〇四年六月に参加した利尻・礼文のツアー以来二度目だったが、やはり前回はサブガイドだったので、その働きぶりをほとんど覚えていなかった。だが今回、彼は正ガイドとしてパーティの先頭を歩いている。歩きはじめてしばらく瀬戸ガイドの立ち振る舞いを観察していた清水は、旭岳山頂手前の金庫岩のあたりまで来たところで、「彼なら大丈夫だ」と安心したという。

旭岳をあとにした一行は雪渓を下り、間宮岳の手前の岩陰で昼食をとった。しかし、昼食の前後にちょっとした異変が起こる。女性客の大内が嘔吐してしまったのだ。彼女と面識のある寺井がこう言う。

「彼女とは何度かほかのツアーでいっしょになっているが、だいたい高山病みたいになって吐いていた。胃の中のものを出してしまうと元気になってくるという変わったキャラクターで、『今日は吐かなかったからがんばったでしょ』と言われたことが一、二度ある。だから初日に吐いていたときには、『またやっているな』と思った程度だった」

また、本人はのちのトムラウシ山遭難事故調査特別委員会による聞き取り調査の際に、次のように証言している。

〈私は1700m以上に達すると高山病の症状が出る。胃に不快感が起こり、頭痛はあまりないが、吐く前にしきりに生あくびが出る。初日は固形物が食べられなく、水を飲んでもしばらくすると吐いてしまう〉(『事故調査報告書』より)

なお、事故後の一部の報道では、大内が事故の伏線となり、いちばん最初に行動不能に陥ったとされていたが、それは事実ではない。十六日、トムラウシ山の北沼分岐でいちばん最初に倒れ、結果的に命を落としたのは別の女性である。しゃがみ込んで嘔吐する大内に西原ガイドが付き添って介抱したため、おのずと二人は一行から遅れる形となった。が、大した遅れではなく、十一時半前後の北海岳山頂到着の時点で三分ほど遅れていた程度だった。

白雲岳分岐着は十二時半ごろと思われる。ここで山崎ガイドとラクパは、白雲岳を往復する本隊と分かれて白雲岳避難小屋に先行した。このとき清水は、体調を崩していた大内も避難小屋に直行するものと思っていた。だが、分岐にザックを置き、白雲岳の頂上を踏んで下りてくると、岩場に登山者がひとり座り込んでいて、「あれっ？」と思ったら、それが大内だった。大内がガイドに無断で白雲岳に登ろうとすることは考えられず、いちおう了解をとって登りはじめたものの、やはり無理そうだったので途中の岩場で待機していたのだろう。

「まだ初日なのに、なんでこんな無茶をするんだろうと思った。明日、明後日のことを考えるのなら、もうちょっと慎重に行動すべきだったのでは」

と清水は言う。広島から参加していた大内は、それまでに何度かアミューズ社のツアーを利用しているので、広島を拠点として活動していた西原ガイドは、当然、大内の体調面の問題はある程度知っていたはずだ。そのうえでゴーサインを出したのだろ

7月14日、白雲岳山頂から旭岳方面を望む（写真＝平戸佳菜子）

うが、何事もなかったとはいえ、その判断にはやはり疑問を感じざるを得ない。

もう一点、清水が指摘するのは、リーダーである西原ガイドが個々の参加者のデータをどの程度把握していたのかということだ。

「面識のある広島からの参加者については、そこそこ把握していただろうが、名古屋や仙台のメンバーのことは把握できていなかったんじゃないかと思う。そのことが、今回の遭難事故のいちばんの落とし穴になっているような気がする」

さて、先行した山崎ガイドとラクパに続き、本隊も午後二時四十分過ぎに白雲岳避難小屋に到着した。白雲岳避難小屋は、避難小屋とはいえ夏のシーズン中には管理人が常駐しており、西原ガイドと瀬戸ガイドが管理人に挨拶をして、小屋の一階部分をアミューズ社のパーティで使わせてもらうことになった。二階にはほかの登山者がいたが、一階はアミューズ社のメンバーだけだったので、ゆったりしたスペースを確保することができた。

「明日の天気はどうでしょう。これだけ小屋が空いているということは、きっとあんまりよくないんでしょうね」

平戸がそう管理人に話しかけると、彼は笑いながらこう答えたという。

「天気がいいときは、ここはほんとうに穏やかでいい山なんですよ」

到着してすぐ、山崎ガイドは食事用の湯を沸かし続け、参加者に配った。山行中の食事は参加者が各自用意しており、アルファ米やレトルト食品やインスタントラーメンなどを持参している人が多かったようだ。夕食時には、「明日の朝食がアルファ米の人は、夕食後に明日の分までつくっておくように」という指示があったという。大内はほとんどなにも食べられず、スープとお茶を飲んだだけだった。

なお、事故調査報告書は、ツアー中の参加者のエネルギー摂取量が不足していたことも大量遭難につながった一因になっているのではないかと指摘している（第五章参照）。

〈今回のツアー参加者のエネルギー摂取量は、気象条件などのコンディションが良いという条件の下で、しかも身体に備蓄した体脂肪をできるだけ活用した状態で、疲労せずに歩ける最低ラインに近いものであったと考えられる。そして、なんらかの理由で、より大きなエネルギーが必要な条件になった場合には対応できなくなるという、脆弱なものであったといえる〉。

どんな食料をどれくらい所持したかについては、個人差があったようだ。朝晩用にアルファ米、行動食としてゼリー飲料とクッキーを持った清水は、事故調査特別委員会の聞き取り調査の際に食料の少なさを指摘されたという。かたや星野は、朝晩はアルファ米とスープを食べ、行動食にはカロリーメイト、きな粉棒、梅カムこんぶ、カシューナッツ、茎ワカメ、ソイジョイ、小豆キャラメル、生キャラメル、ソーセージ、ヨモギ大福、アミノバイタル、スポーツドリンクなど多彩な種類のものを携行していた。果物や漬け物などを含め、日程分より二食多めに食料を持ち、それだけでけっこうな重量になっていたというのは里見である。

ただ、いくら充分な食料を持っていたとしても、それを食べなければなんの意味もない。この事故で亡くなった方が所持していた食料と、それをどの程度食べていたのかについては明らかになっていない。

午後四時ごろには早めの夕食がすみ、それぞれ思い思いにのんびりした時間を過ごした。このときはまだ天気がよかったこともあり、夕食後、平戸は杉中を誘って小屋の周辺を散歩した。小屋からちょっと下りていったところからはトムラウシ山がきれいに見えたので、「明日、明後日は天気がよくないかもしれないから、写真を撮っておこうよ」といって写真を撮り合った。四時半ごろ小屋にもどってみると、みんな楽しそうにおしゃべりに花を咲かせていた。

夕食後、ガイドは携帯電話の天気サイトで上川地方の天気予報をチェックし、明日の午後は寒冷前線が通過して天気が悪くなりそうなことを確認。雷を警戒し、少しで

7月14日、白雲岳避難小屋付近からトムラウシ方面を遠望する（写真＝平戸佳菜子）

も早くヒサゴ沼避難小屋に到着するよう出発時間を三十分早めることにして、参加者に伝えた。

午後六時ごろからシュラフに潜り込んで横になる者が現われはじめ、七時ごろには就寝となった。女性の参加者のなかには、睡眠導入剤を服用する人も何人かいた。星野もそのひとりで、「眠れずに疲れが残り、ひとりだけ遅れてパーティの足を引っ張ることになるのは嫌だから」と、山で泊まるときは必ず睡眠導入剤を飲むのだという。

差が出た濡れ対策

翌朝、平戸は三時ごろ目を覚ましてしまい、眠れそうになかったので仕方なく出発準備にとりかかった。その物音でほかの参加者も次々に起き出してきたので、西原ガイドが「ほかの人の迷惑になるから、そんなに早く起きて支度しないでください」と注意を促した。
「朝方のガサガサする音で目が覚めて眠れなくなり、四時ちょっと前に起きた。あれがもし違うパーティの登山者だったら、たぶん雷を落としていたと思う」（清水）
清水が目覚めの一服を吸いに外に出てみると、小雨が降っていた。前日確認していたとおり、この日は予定の出発時間を三十分早め、朝食をとったのち、五時に白雲岳避難小屋をあとにした。

雨はそれほどひどい降りではなかったが、全員が雨具を着用していた。雨具はいずれも透湿性防水素材の上下セパレートタイプで、少なくともビニールポンチョやウインドブレーカーなどで間に合わせている人はなかった。

天気が悪いわりには意外と視界はよく、後方の山々や高原沼、空沼などの湖沼群が遠望できたという。しかし、平ヶ岳あたりから風雨ともに強くなり、忠別岳の登りではかなりの強風にさらされた。雨はずっと降り続き、時折強くなったり小降りになったりした。体の冷えを防ぐため、大休止はとらず五分程度の小休止にとどめ、ほとんど立ち休みで進んだ。縦走を続けるうちに参加者同士の間にある程度の間隔が開くようになったので、列がバラけないように先頭の瀬戸ガイドは小刻みに立ち止まった。

「なので前のほうにいた人は頻繁に休めたようだが、うしろのほうの人は全体の休憩時以外はあまり休めなかったかもしれない」（清水）

もっとも、特定の人が大幅に遅れるようなことはなく、ほぼ縦長の一団となって進んだようである。ただ、雨による濡れは、人によってかなりばらつきが見られた。

「サイズが大きいので動きやすく、裾も袖もすっぽりカバーされるし、ザックの上からでも着られるから」という理由で夫のゴアテックス製雨具を使用していた星野は、全身びしょ濡れになったそうだ。サイズが体よりも大きいぶん、袖口や襟などから雨が浸入しやすかったのだろう。久保が着ていた、買って二、三年経つゴアテックス製の雨具も、撥水スプレーをかける程度でメンテナンスをあまりしていなかったせいか、濡れてずくずくになった。一方、雨具の下にウインドブレーカーを一枚着ていた寺井は、「ちょっと湿った程度で、服がびしょ濡れになるようなことはなかった」という。

これは、雨具の素材（ゴアテックス製以外の雨具を使っている人もいた）や性能、着方（袖口や襟元やフードなどをちゃんと締めていたか）、メンテナンスの良し悪しなどによるものだと思われる。だが、そのことよりも深刻だったのが、足元からの濡れである。

「登山道が川のようになっていて、すぐに靴の中までびしょびしょになった。ヒサゴ沼避難小屋の手前あたりでは登山道が池みたいになっているところもあったので、周囲のハイマツの上を歩いていた」（星野）

「最初のうちは濡れないように石伝いに歩いたり、登山道の横のほうを歩いたりしていたが、だんだんそれどころじゃなくなってきて、バシャバシャ水の中を歩くようになった。靴の中に水が入ると、どっと疲れる。登山道の水はけの悪さはどうにかならないものか。あれがだいぶこたえた。登山道をもうちょっと整備してほしいと思ったけど、それはあんまり大勢の登山者が来ないように、ということなのだろうか」（平

戸）

「登山道の水はけが悪く、水のなかをじゃぶじゃぶ歩いたことによる体力消耗が著しかった。靴の中はびしょびしょで、足先からの冷えがいちばんこたえた。今回の行程でいちばん問題だったのがそれ。私以上にこたえた人はたくさんいるはず。あれがなければ、こんな大量遭難にはならなかったと思う」（寺井）

だが、清水の見解は、ほかの参加者とはちょっと異なる。

「登山道の水たまりはけっこう厳しかったが、ヒサゴ沼避難小屋に着いたときに靴の中に水は入っていなかった。濡れなかったのは、登山靴をすっぽり覆うタイプのスパッツを付けていたし、登山道の両脇のハイマツを摑みながら大股で端のほうを歩いていたから。ただ、女性はそこまで大股で歩けないかもしれない。この日は入山二日目で、まだ明日もあるので、なんとか濡らさないようにと思っていた。あれが最終日だったら、小股でじゃぶじゃぶ水たまりの中に入って歩いていただろう」

雨のなかを忠別岳から五色岳、化雲平と縦走してきた一行が、ヒサゴ沼避難小屋に到着した時間ははっきりしない。前出の事故調査報告書には「15時少し前」とあるが、清水は「遅くとも午後二時十分ごろには着いている」と言う。いずれにせよ、この日の行動時間は少なく見積もっても九時間に及んだことになる。

二日目を終えた参加者の疲労の度合いには、個人差があったようだ。〈この日は展望もなく、泥んこ道を長時間歩いたため、皆さんへろへろだったようだ〉(『事故調査報告書』より)という証言がある一方で、平戸は「それほどまでには疲れなかった」と言い、清水も「なだらかな尾根を長時間歩くだけだったので、どちらかというと物足りないぐらいだった」と振り返る。

クールダウンのアミューズ体操を行なった一行は、前日の白雲岳避難小屋同様、ヒサゴ沼避難小屋の一階に陣取った。二階には先着していた伊豆ハイキングクラブの六人と夫婦連れの登山者がいたので、一階はおのずとアミューズ社のパーティだけになった。

小屋の入口を入ると中央正面部に二階への階段があり、右側のスペースを男性が、左側を女性が使用することになった。ザック類は階段の奥にまとめて置いた。男女ともスペースは狭く、白雲岳避難小屋が布団ひとつにひとりぐらいのスペースだとしたら、ヒサゴ沼避難小屋はふたつの布団に三人が寝る程度のスペースだった。そのなかで比較的マシな場所を確保できた者もいれば、そうでもない者もいた。

ひと足出遅れた星野が気がついてみると、ほかの人はみんなすでにスペースを確保していて、自分の寝る場所だけがなかった。途方に暮れて「私、どこに寝たらいいで

2階建て30人収容のヒサゴ沼避難小屋（写真＝金田正樹）

すかね」と言うと、何人かが靴や荷物をどけてスペースを空けてくれたが、そこは滴り落ちた水滴でびしゃびしゃに濡れていた。それでもほかにスペースがないので「仕方ないなあ」と思いつつ横になってみたら、足が外に出てしまい、しかも上からはほかの人の雨具や雑巾がぶら下がっていた。「とてもこんなところじゃ寝られない。どうしよう」と思っていたところに声を掛けてくれたのが西原ガイドだった。

「二階が空いていますよ。来たい人はどうぞ」

二階には前述の八人のほか、瀬戸ガイドと山崎ガイドがいた（西原ガイドとラクパは一階で寝た）。星野はすぐに二階に移動したが、あとに続く者はいなかった。

「二階は濡れていなかったし、物干用のハンガーも紐もあった。明るくてスペースも広く取れ、快適だった。翌朝、下におりていったら、『髪が濡れた』『シュラフが濡れた』『よく寝られなかった』という話を聞いたので、上に行ってよかった」

二階にまだ充分余裕があり、一階の居心地が決してよくなかったにもかかわらずほかの人が移動しなかったのは、「ほかの登山者の手前、遠慮があったから」だと平戸は言う。

「少なくとも自分たちのパーティだけで小屋を独占すべきでないという気持ちだった」

小屋に到着後、男性客は各自着替えをすませ、女性客も小屋の片隅でお互いにウエアなどで隠し合いながら着替えを行なった。ただし、一階には雨具や濡れたウエアなどを吊るして乾かすだけの充分なスペースがなく、なかには着干しで濡れたウエアを乾かそうとした人もいたという。

「自分は全部着替えたけど、隣にいた岩城さんに『服、替えないの』って聞いたら、『いや、着干しだい』って言っていた。岩城さんはサポートタイツも脱がないで『はいたまま寝る』と言っていた。あれで寝られたのかなあ」(久保)

決して快適とはいえない環境のなかで、参加者はそれぞれのやり方で濡れたものを少しでも乾かそうとした。清水は雨具をロープに掛け、袖口や裾口などの水滴を頻繁にタオルで拭き取った。また、干しているものから落ちてくる水滴で濡れないように、登山靴とシュラフの足元をビニール袋で覆った。平戸と杉中は、水気を吸い取らせるために持っていた新聞紙を登山靴の中に詰め、途中で新聞紙を一回詰め替えてそのまま朝まで置いた。シュラフの足元の部分は、やはりビニール袋に突っ込んだ。

問題は、雨の吹き込みによる小屋内部の濡れだった。とくに女性が陣取ったスペースはちょうど壁側が風上になっていたため、どこからともなく雨が染み込んできて床を濡らしていた。いちばん奥の端にスペースを確保した里見は、じんわりと床に染み出してくる水を雑巾で拭き取りながら、「失敗したなあ」と思った。入山前にマットを宅配便で送ってしまっていたからだ。なにか代わりになるようなものはないかとザックの中身を探してみると、救急パックのなかに入れてあったレスキューシートが見つかった。それを下に敷いたおかげで、とりあえずはシュラフの濡れを防ぐことができた。十年来持ち歩いていながら一度も使ったことのないレスキューシートが、このとき初めて役に立った。

夕食は、前日同様ガイドがお湯を湧かして参加者に分配し、各自持参していたものを食べた。前日、ほとんどなにも食べられなかった大内は、この日の夕食時に雑炊とクルミパンを半分食べ、紅茶を飲んだという。

夕食後、西原ガイドからは「明朝は三時四十五分に起床し、五時に出発します」という指示があった。起床がこの時間になったのは、前夜、早く起きすぎて注意を受けた平戸が、「遅くとも一時間前には起きないと支度できません」と訴え、西原ガイドがこれを了承したことによるようだ。ただ、翌日の行動や天候に関する注意はとくになく、またガイドが携帯電話で天気予報を確認した形跡もない。

「ガイドさんから『明日は雪渓があるので、軽アイゼンをすぐ出せるようにしておいてください』という注意はありましたが、天気のことは言われなかったと思います」

（星野）

煙草を吸う清水は、外に出た折りにやはり喫煙者の西原ガイドと何度かいっしょになり、短い立ち話を交わしている。そのときに西原ガイドは、「明日は雪渓を登ることになるので、ラクパさんを先に行かせてステップを刻んでもらう」「明日もここに次のツアーが入ることになっているので、ラクパさんは避難小屋に連泊する」といった話をしたという。

一行がヒサゴ沼避難小屋に到着したときにはいったん小康状態となっていた風雨は、この日の夜更けになって再び強まってきた。久保が夜中の二時に目覚めてみると、ビュービューというものすごい風の音がしていた。久保の隣にいた岩城は、「二時過ぎにトイレに行ったときは、雨も凄かった」と話していたそうだ。「夜中に風が窓を叩く音はすごく、『こんなに風が強くなるものなのか』と思った」と言うのは寺井である。夜中の一時か二時ごろに目が覚めた里見は、シュラフが濡れていることに気づき、「あれっ？」と思って壁をチェックしてみたら、角の両側の壁から雨が吹き込んでいた。

そして朝がやってきた。

出発の判断

十六日は、起床時間の三時四十五分になって参加者が次々と起き出してきた。夜中ほどではなかったが、風も雨もまだかなり強かった。

ガイドが湧かした湯で各自朝食をとり、出発準備を整えた。ただ、快適とはほど遠いひと晩を過ごしたことで、充分な睡眠がとれなかった人、前日の疲労を残したままの人、ウエアの濡れがほとんど乾かなかった人は、少なくなかったものと思われる。

西原ガイドから「出発を三十分遅らせて五時半にします」というアナウンスがあったのは出発予定時間の五時前のことだ。その根拠について、『事故調査報告書』には〈天候の回復具合や出発直後の雪渓の登りを考慮して〉と書かれているが、三人のガイドの間でどのような話し合いがもたれてこの結論に至ったのか、またなぜ三十分なのかといったことに関しては触れられていない。いずれにしても、悪天候のなかを出発するべきか停滞したほうがいいのかについて、参加者の見解は必ずしも一致していない。

「今回でトムラウシは二度目だったので、上の吹きさらしになるところはよく知っている。ヒサゴ沼避難小屋の建っている窪地でそうとう風が吹いていたのだから、上は

ヒサゴ沼分岐
化雲岳へ
ヒサゴ沼
避難小屋
ヒサゴ沼
天沼
日本庭園
1800
ロックガーデン
北沼分岐先
ガイド1名とツアー客4名が
ビバーク。うちツアー客2名が
死亡（第2ビバーク地点）
北沼
北沼徒渉点
ガイド1名とツアー客1名が
ビバーク。ともに死亡
（第1ビバーク地点）
▲2141
トムラウシ山
オプタテシケ山へ
南沼
南沼キャンプ場手前
ツアー客1名が死亡
トムラウシ公園上部
ツアー客2名が死亡
ツアー客2名がビバーク。
うち1名が死亡
（第3ビバーク地点）
トムラウシ公園
前トム平
前トムラウシ山
▲1649
1600
前トム平下部
ハイマツの中に倒れていた
ガイド1名が、翌朝発見される
コマドリ沢
カムイサンケナイ川
1400
カムイ天上
1200
1000
ユウトムラウシ川
短縮コース
登山口
樺沼
トムラウシ温泉
東大雪荘
ツアー客5名が
自力下山
三股山
▲1213
N
0
1
2km
新得へ

もっと凄いだろうということは容易に想像できた。前の晩の状況から考えたら、出発することと自体に無理があると感じた。いちばん望ましいのは、出発しなかったことだと思う。もしガイドから参加者に対して『どうしましょうか』という問いかけがあったら、おそらくスタートするのは難しかったのではないだろうか」（寺井）

「こんな日には行きたくないなあと思っていたけど、ガイドさんたちが相談して『行く』と決めたのだから行くしかない。もしヒサゴ沼避難小屋で一日停滞していたら、ほんとに快適なトムラウシ登山が楽しめたと思う。でも、自分は一日ずらしてほしいと思っても、ほかの人の予定を考えたら、そんなに簡単にずらせるものではないのだろう」（平戸）

「私の場合、どの山に行ったときでも天気の悪い日の朝は『行きたくないなあ。でもみんなが行くんだから行こう』と思ってしまう。今回も同じ。『あ、行くんだ。しょうがないなあ』と思った。逆に停滞して行程が一日ずれたとしても、それはそれで『しょうがないなあ』と思っていただろう。ただ、もしあのとき『予定どおり帰りたいですか』と聞かれたら、私は『帰りたい』と言っていたと思う」（星野）

だが、自分たちの不安や要望を誰も口に出してはいない。

五時半の出発間近になって、西原ガイドが参加者にこう伝えた（トイレに行くなどして話を聞いていなかった参加者も何人かいる)。

「今日の僕たちの仕事は、皆さんを山から無事に下ろすことです。なのでトムラウシ山には登らず迂回ルートを通るので、了承しておいてください」

そのときに〈スタッフやメンバーの中からは特に異論や質問はなかった〉と『事故調査報告書』にはあるが、清水の証言は違う。誰が発したのかはわからないが、一部の参加者から「えー」「なんで」という声が上がったというのだ。

それを受けて西原ガイドは、「わかりました。北沼分岐で再度検討することにします」と言ったそうだ。事故後の報道には〈パーティーが前泊した避難小屋を出発する前に、悪天候や沢の増水、疲労の蓄積などを不安に思った複数のツアー客が「中止した方がいい」とガイドに申し出ていたことが北海道警への取材でわかった〉(朝日新聞)といったものもあったが、少なくともこれまで取材してきたなかではこうした事実は確認できていない。

「トムラウシ山に登らないことについては、ガイドを信頼していたので素直に『はい、わかりました。また来ればいい』と思った」(清水)

「今考えると、そうおっしゃるぐらいだったら、沼ノ原や天人峡のほうに下りる選択があってもよかったと思う。出発の時点ではそこまでの危機感がなかったのだろう」

（平戸）

西原ガイドの説明ののち、準備を整えた参加者が三々五々、外に出はじめたとき、里見は小屋の出入り口付近で隣にいた山崎ガイドに声を掛けた。

「山崎さん、台風みたいだね」

「これは台風と同じです」

「こんな天気の日になんで歩かなければならないの。歩きたくないわね」

それに対して山崎ガイドはなにも言わなかったという。里見もまた、それ以上なにか言うとワガママになると思い、口をつぐんだ。

小屋の外に出た一行は恒例のアミューズ体操を行ない、五時半にヒサゴ沼避難小屋を出発した。

なお、この日の午後には、「花の沼ノ原・五色ヶ原からトムラウシ山縦走」と銘打たれた同じアミューズ社のツアーの一行がヒサゴ沼避難小屋にやってくることになっていた。これを迎えるためラクパひとりが小屋に残り、十人用テント一張、四人用テント一張、炊事用具などの共同装備も小屋にデポしておいた。本隊が携行した共同装備は、瀬戸ガイドのツエルトと山崎ガイドの四人用テント一張だけであった。

出発前にガイドからの風雨や寒さ対策についてのアドバイスはとくになかったが、

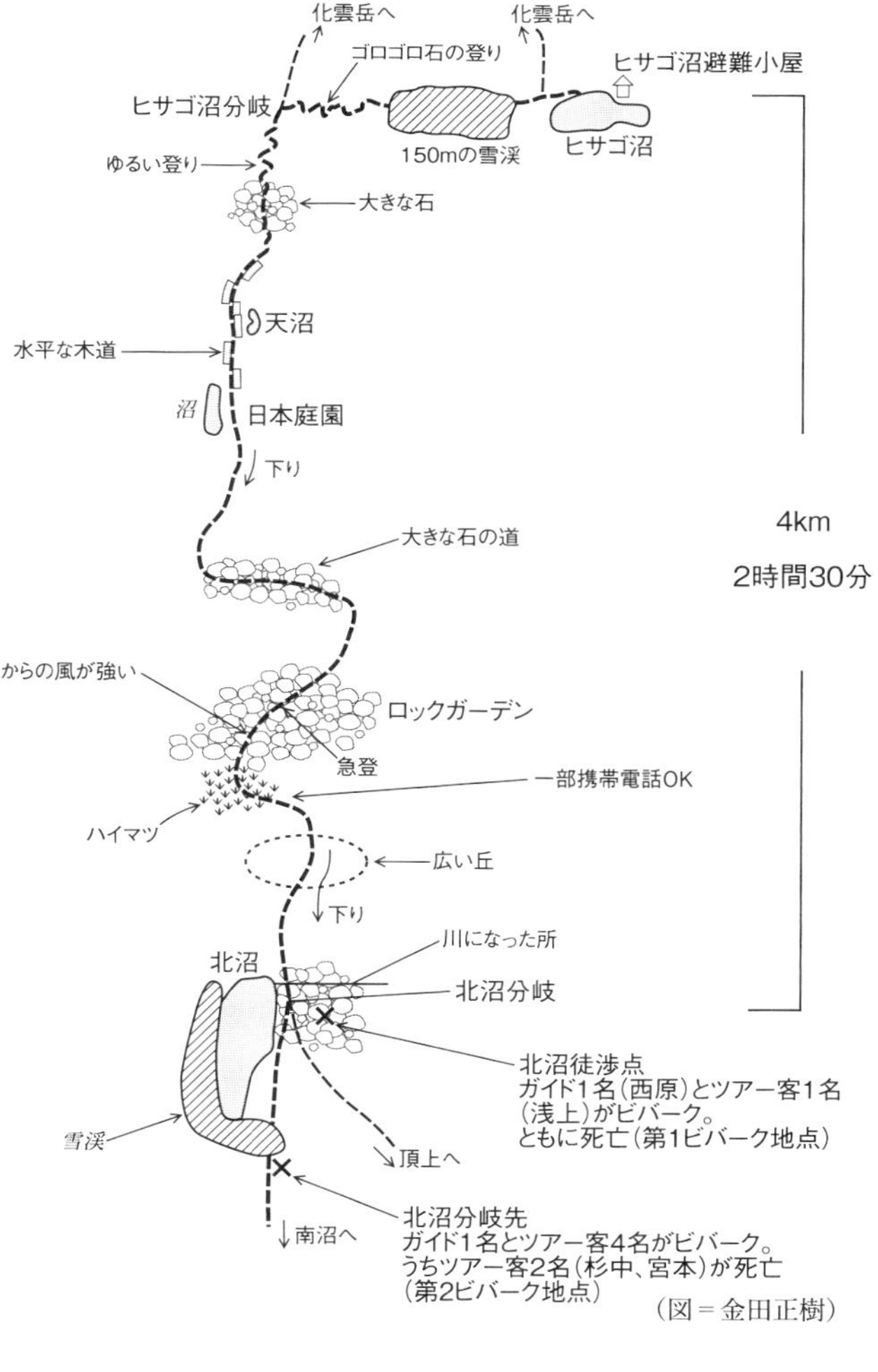
化雲岳へ
化雲岳へ
ゴロゴロ石の登り
ヒサゴ沼避難小屋
ヒサゴ沼分岐
150mの雪渓
ヒサゴ沼
ゆるい登り
大きな石
天沼
水平な木道
沼
日本庭園
下り
4km
2時間30分
大きな石の道
右手からの風が強い
ロックガーデン
急登
一部携帯電話OK
ハイマツ
広い丘
下り
川になった所
北沼
北沼分岐
北沼徒渉点
ガイド1名(西原)とツアー客1名(浅上)がビバーク。
ともに死亡(第1ビバーク地点)
雪渓
頂上へ
北沼分岐先
ガイド1名とツアー客4名がビバーク。
うちツアー客2名(杉中、宮本)が死亡
(第2ビバーク地点)
南沼へ
(図＝金田正樹)

前日に引き続いて雨のなかの行動となることで、参加者は各自それなりの対処をしていたようだ。

出発前、トイレに行ったときに寒さを感じたという星野は、前日の雨でフリースの防寒具を濡らしてしまっていたため、真ん中に切れ目を入れたタオルを長袖のスポーツシャツの上から被り、背中側にタオルの長い部分がかかるようにし、さらに首には手ぬぐいを巻いた。久保や平戸は、前日の教訓から、強い雨風のなかでは休憩時にまともに食料を食べられないだろうと考え、いつでもすぐに口にできるようにと、ザックに付いているポーチや雨具のポケットに行動食を入れておいた。清水も、ザックの出しやすいところにウイダーinゼリーやクッキー、水、予備の雨用手袋、地図、タオル、フリースの替えをパッキングし、雨蓋のいちばん端にはビニールに包んだヘッドランプを入れた。平戸がこう言う。

「山では、些細なことでも、思ったらすぐに行動に移さないとあとが怖い」

その平戸は前日、ズボンを濡らしたらほかに着替えるものがなくなってしまうので、CW-Xの上に雨具のズボンを直接はいていたが、三日目はもう下りるだけだからズボンが濡れてもいいやと思い、CW-Xの上にズボンをはき、その上から雨具のズボンを着た。

ちなみに、平戸のようにサポートタイツの上に雨具のズボンを直接はいていた人はほかにもいたようだ。里見によると、大谷も「汗をかくから」と言って同様のことをしていたという。こうした人たちを目にして、星野は「どうしてサポートタイツの上にズボンをはかないのだろうと思った」と言っている。

「サポートタイツは筋肉をサポートするためのもので、ズボンではない。タイツの上にズボンをはいてから雨具を着るべきだと思った」

小屋をあとに、一行はヒサゴ沼の畔をぐるっと回り、雪渓のところでガイドの指示により全員がアイゼンを装着した。しかし、アイゼンの装着に慣れていない参加者がおり、ガイドが手伝うなどしたため時間がかかった。その間に清水は煙草を一服したという。ラクパがスコップでステップを刻んでサポートしたことにより、この雪渓はスムーズに通過できたと、『事故調査報告書』には書かれている。だが、里見の認識は違う。雪渓を登っている途中、大谷が装着していた四本爪のアイゼンが何度も外れてしまい、そのたびに西原ガイドやラクパがフォローしていたので、おのずと大谷が遅れる形になったというのだ。また、寺井のこんな証言もある。

「雪渓を上がるときに浅上さんがそうとう遅れていて、アイゼンを外すまで西原さんがついて上がっていた。このときに西原さんがちゃんと状況を把握して、浅上さんに

『大丈夫なのか』と確認すべきだったと思う。しかし、黙ってずっとついてこさせた」

寺井がアミューズ社に対して大きな不信感を持つのは、たとえば西原ガイドの北海道の山での経験について、人によって言うことが全然違ったからだという。本人は歩きながら「沼ノ原からトムラウシへ一回来ただけだ」と言っていたが、アミューズ社の社長は「トムラウシには何回も行っている」と言い、広島支店のスタッフは「旭岳のほうには何回も行っているんじゃないか」と言っていたそうだ。また、北海道警察の人は「おそらく来ていないはずだ。来ていたのは瀬戸さんだけじゃないか」と言っていたという。

「どれがほんとうなのかわからないが、もし何回も来ていたら、浅上さんに対してああいう対応はしなかったと思う。今考えると、すべてにおいてそう。おそらく、行程がわかっていなかったんじゃないかなあという気がする。事前にガイドがツアーのコースを歩いておくことができれば、それにこしたことはない。しかし、名古屋や広島からガイドが来るのだから、できるわけがない」

異変の兆候

雪渓が終わったところでラクパはパーティと別れ、ヒサゴ沼避難小屋へもどっていった。ここから稜線までは、大きな岩がゴロゴロとした歩きにくいコル地形の道となる。その間でもすでに異変の兆候が現われていた。

雪渓が終わってすぐの岩場で、足がもつれて何度も倒れる男性を目撃していたのは星野である。星野が名前を尋ねると、男性は『岩城です』と答えた。倒れるたびに星野が起こしたり支えたりしていたが、このままでは体力がもたなくなると思い、うしろにいた西原ガイドにサポートを任せることにした。星野がその位置から少し前に出ると、今度は大きめの岩のところで足が上がらず登りあぐねている女性（誰だったかは不明）がいたので、うしろから押して登らせた。

『事故調査報告書』では、星野が岩城をサポートした場所はロックガーデンの登りとなっているが、その後の取材で「あれは雪渓が終わったあとの岩場だったと思う」と訂正している。だとしたら、ヒサゴ沼避難小屋を出発して一時間も経たないうちに、早くも行動に支障をきたしている参加者が最低二名はいたわけである。

その後の長丁場と当時の天候のことを考えたら、稜線に出るまでの間に、引き返すかエスケープルートに回るかの決断を下すべきであった。

〈ヒサゴ沼では風はそれほどではなかったので、とりあえず主稜線まで行ってみようと思った。その時点でもしもの場合は、天人峡へのエスケープルートを採らざるを得

ないだろうな、という心積もりはあった〉

『事故調査報告書』で瀬戸ガイドはこう述べているが、稜線に出た時点でコースの変更が検討されたという報告はない。本来なら三人の意思疎通を図るべき重要地点で、それがなされていたかどうかは非常に疑わしい。その後のターニングポイントとなる場所でも、自分たちの周囲にいる参加者に目を配るのが精一杯で、三人の話し合いによる的確な状況把握と重要な判断がなされなかった可能性は高い。

また、〈出発してしばらくすると、「体調が非常に悪い」と訴える人が出て、それを聞いた他の客が「引き返した方がいいのではないか」「救助を求めた方がいいのではないか」とガイドに訴えたというが、ツアーは続行〉（朝日新聞）という報道についても、これまでの取材ではやはり確認を取れていない。

稜線に出た一行は、強い西風を受けながら、当初の計画どおり縦走路を南にたどっていった。このあたりから、みんな自分の身を守るのに精一杯になっていったのだろう、生存者の証言に食い違いが見られるようになり、時間の観念もあやふやになっていく。

「天沼までに五分ぐらいの休憩を二回とった。天沼を過ぎたあたりで三回目の休憩をとったが、二分ぐらい休んでいたらまた雨がバラバラと降ってきたので、すぐに出発

した。そのあとは休憩なしだった」（久保）

「五分以上休むと寒くなるからということで、休憩は五分間だった。山崎さんが『休憩は五分しかないので、歩いているときに次の休憩ではなにをしようか決めておいたほうがいいですよ』と言っていたが、そのとおりだと思った。三回目の休憩までは覚えている。稜線に出てから一回休んで、ウイダーinゼリーを飲んだ。そこからちょっと行ったところで風がいったん弱まったので、西原さんが『こういうときになにか食べておいたほうがいいから、さっき休んだばかりだけど休みます』と言った。ところが間もなく風雨が強くなったのですぐ出発した。あと一回覚えているのは、登っているときにちょうど休めそうな場所があり、そこでちょっと休んでバナナを食べた。そのときに避難小屋に泊まっていたほかのパーティが追い抜いていった」（平戸）

平戸の言う三回目の休憩は、後述するロックガーデンの登りのときで、追い抜いていったのは伊豆ハイキングクラブのパーティのことを指す。

二回目の休憩のあと、久保は雨具を脱いでフリースを中間着として一枚着込んだ。

「それまでは雨具の下に長袖のシャツ一枚だけしか着ていなかった。雨が降っていたので雨具を脱ぐのはイヤだったが、寒かったので着た」

天沼を過ぎて日本庭園の木道のあたりに差し掛かるころには西風がますます強くな

り、ところどころで瞬間的に立っていられないほどの風が吹いた。「ときどき風が弱くなるので、そのときに動いてください」という西原ガイドの指示に従い、星野は屈んだ体勢で木道の端をしっかりつかみ、横向きになって少しずつ進んでいった。木道をつかんでいなければ飛ばされてしまうほどの風だった。寺井は踏ん張りながら木道を前進したが、猛烈な風にあおられ、何度か木道を外れて飛び出してしまった。風をやり過ごすため、平戸が木道の上で風上に背中を向けて屈んでいると、山崎ガイドが飛んできて「それじゃ風に押されて吹き飛ばされるから、風のほうを向いてしゃがんで」と大きな声で怒鳴った。

「出発前に西原さんが『皆さんを無事下ろすために、今日はちょっと強く注意することがあるかもしれませんが、それは勘弁してください』と言っていたので、これもそうなのかなと思った」(平戸)

山崎ガイドは隊列の前とうしろを行ったり来たりしながら、なにか大声で指図を出していたが、その声は風にかき消されてほとんど聞き取れなかった。

「この日本庭園での風がいちばんすごかった」と、何人かの参加者は証言している。が、清水の印象は違う。

「たしかに木道のあたりでは風が強かったが、吹き飛ばされそうだったという記憶は

天沼から日本庭園の木道。事故当日は立って歩けないほどの強風に見舞われた（写真＝金田正樹）

ない。それよりもガスのなかのお花畑がきれいだったことのほうが強く印象に残っている。風がいちばん厳しかったのは、ロックガーデンを登って下るとき。静岡のパーティが追い越していったあとから、一気に強風にさらされた。あれほどの強風は初めての体験だった」

猛烈な西風を受け、まともに歩くこともままならない状況下でも一行は前進を続け、大小無数の岩が累々と積み重なるロックガーデンへと至る。

〈もし引き返すという決断をするなら、結果論だが、天沼かロックガーデンの登り口辺りだろう。あるいはもっと手前のヒサゴ沼分岐で、主稜線に上がった段階でそうするのが現実的だろう。しかし、そこで、「ルートを変えて、下山します」と言えるほどの確証がなかった。それと、やはり前日に低気圧が通過して、この日は離れていくだろうという予報だった。それが、逆にあそこまで風が強くなってしまうというのは、全く予想外、想定外だった〉(『事故調査報告書』より瀬戸ガイドのコメント)

足並みの乱れ

このロックガーデンの登りあたりから参加者の足並みが乱れはじめる。抜きつ抜かれつしているうちに、いつしか列の前とうしろではかなり間隔が開いていた。後方にいた人からは、もう先頭が見えていなかったという。人のことをかまうどころではなく、誰も彼もが自分のことだけで精一杯だったようだ。

パーティがばらけてくるにつれ、生存者の記憶の誤差もますます大きくなっていく。たとえば先頭のほうを歩いている人は「何度も休憩をとった」と言い、後方についていた人は「一度も休まなかった」と言う。時間的なズレがある以上、そうした認識の違いはどうしても起きてくる。まして長時間にわたって生命の危険にさらされ続けたのだから、記憶違いや思い込みが生じるのは当然だろう。

ロックガーデンは岩に付けられたペンキマークを追って登っていくが、雨に濡れた岩が滑るので慎重にならざるを得ず、いっそう時間がかかったようだ。その途中で、伊豆ハイキングクラブの六人パーティがアミューズ社のパーティを追い越していく。

〈このロックガーデンでアミューズPを追い越したのが9時30分過ぎ。彼らはあまりにも遅すぎるという印象だった〉(『事故調査報告書』より)

ペースが遅いというのは、里見も感じていたことだった。「なんでこんなにのんびり歩かなければならないの」と思ったりもした。だから追い越されたときは、「私もこの人たちといっしょに行きたい」というのが率直な気持ちだった。それまでの行程で、先頭の瀬戸ガイドは何度もうしろを気にして振り返っていたという。遅れがちな参加者のことを考えて、わざとペースを落としていたのだろう。

ロックガーデンのどのあたりだったかは不明だが、途中で寺井は「ここで着なかったら着るチャンスがない」と思い、薄手のダウンジャケットを一枚着込み、さらにネックウォーマーを被った。結果的にそれがよかったのだろうと、彼はこのときのことを振り返る。

その寺井が、ロックガーデンを過ぎたところで山崎ガイドの言動に対して大きな不信感を持つ出来事があった。ロックガーデンを上がり、ハイマツ帯から広い丘に向かう途中、登山道が川のようになっていたため、少しでも濡れないようにと道の端のほうを通っていたら、山崎ガイドに「真ん中を通れ」と怒鳴られたのだ。

「みんな体力を消耗してフラフラになっているのに、なんでわざわざそんなところを歩かせるのか。安全管理についてどう考えているのだろうかと思い、非常に腹が立った」と、今も寺井は怒りをあらわにする。

山崎ガイドがどういうつもりでそう言ったのかはわからない。なにかしらの危険を回避するためだったのか、それとも単に登山道を保全するという意味で言ったのか……。いずれにせよ、平戸が言っていた、「登山道が水浸しになっていて、その脇には雨水が滝のようにゴーゴーと音を立てて流れていた」という場所は、おそらくこのあたりのことだと思われる。

「まるで沢登りをしているようだったので、杉中さんに『これって沢登りといっしょじゃない』って、口に出しそうになったぐらいだった」

ロックガーデンが終わってゆるやかに登っていったところは、広い丘状の地形になっていた。いつもパーティの後方につけていた寺井は、ここまで来る間にほかの参加者を追い越し、気がつけばいつの間にかパーティの先頭を歩く瀬戸ガイドの横に来ていた。

「その丘の上で、みんながそろうまで待たされた。二、三十分は待っていたと思う」

ここでまた風がいちだんと強さを増したという。

〈ものすごい風になった。とてもではないが、まっすぐに立って歩けない風だ。記憶では冬の富士山ぐらいの強風だった〉（『事故調査報告書』より山崎ガイドのコメント）

清水が、行程中いちばん風が強かったと感じたのは、あるいはこの場所だったかもしれない。彼が飛ばされないように気合いを入れて踏ん張っていると、数人前にいた山崎ガイドが「風上に向かって耐風姿勢をとれ」と言っているのが断片的に聞こえてきた。その意味が清水には理解できず、みんなとは逆方向、つまり風下側に体を向けていたという。

「風上を向いたら、顔にもろに風雨を受けることになり、雨や風がフードから浸入してくる。ザックカバーも風にあおられて膨らむ。この時は雨粒が顔に当たって痛かった。風上を向くのがほんとうに正しいのか」

同様の疑問を感じたのは清水だけではない。日本庭園のあたりで同じ指示を受けた久保は、のちにネット上で「『風向きに向かって屈め』は間違い」と発言している。

これに対して違った見解を示すのが里見だ。彼女は、ヒサゴ沼から雪渓を登り終えて間もなくの吹きさらしのところで、強風にあおられて何度か登山道を踏み外した。そのときは無意識に風上に背中を向けていたが、山崎ガイドに「風のほうを向け」と言われてそうしたら、たしかにバランスを崩しにくくなったという。

耐風姿勢は冬山登山に必須の技術であり、体ごと飛ばされそうな風が吹いているときは腰を屈めるようにして姿勢を低くし、踏ん張った両足と雪面に突き刺したピッケルの三点で体を保持するのが基本だ。その際には風に背中を向けるのではなく、風上側を向くのが正しいとされている。風の強弱を読みつつ、耐風姿勢と歩行を繰り返しながら前進していくのは、習得すべき冬山技術のひとつといっていい。冬山講習会や技術書における耐風姿勢の指導では、ほぼ間違いなくこのように教えられているはずである。

そしてそれは冬山にかぎったことではない。国際山岳ガイド連盟（UIAGM）公認国際山岳ガイドの近藤謙司がこう解説する。

「風が強いとき、人間は本能的に風下に顔を向ける。雨が降っていたことも考えると、雨が浸入してこないようにフードを立てて風上側に背を向けるのは当然であり、歩けるぐらいの強風だったらそれでいい。だが、身体がもっていかれそうなほどの強風で、歩くのもままならないというときは、風上側に重心の重いもの、つまり頭をもってきたほうが安定につながる。このときの風の強さを体感したわけではないので判断は微妙なところだが、話を聞くかぎり、ガイドが『風上側を向け』と指示したのは決して誤りではないと思う」

全員がそろうのを待って、一行は丘を下りはじめた。あまりの強風のため真っ直ぐ歩けず、ストックを突いてもよろけてしまうほどだった。

その先には、無数の白波の立つ北沼があった。

一気に進んだ低体温症

北沼に到着した時刻は、『事故調査報告書』によると十時ごろとされている。ヒサゴ沼避難小屋から北沼までの標準コースタイムは約二時間半であるが、アミューズ社のパーティはその二倍のおよそ五時間をかけて北沼にたどり着いたことになる。

北沼からは水が東斜面のほうへ溢れ出しており、川幅二メートルほどの流れになっていた。このことを、事故を報道したマスコミの多くは、当事の天候がいかに悪かったかを伝える材料のひとつとしていたが、元北海道警察山岳救助隊員であり、現在は日本山岳ガイド協会の登攀ガイドである阿波徹は次のように異を唱える。

「まとまった雨が降ったりすると、北沼はよく増水する。僕も何回か北沼の水が溢れているのを経験している。遭難した一行のなかには北海道のガイドがひとりいたが、ちゃんとルートを知っていればそういうことも予測できたはずで、進退を決める判断材料のひとつになっていたかもしれない」

この流れをパーティの全員が渡り終えるのに、ある程度の時間がかかってしまう。パーティの先頭のほうにいた人はほとんど待たずに渡れたが、うしろのほうを歩いていた人はかなり待たされたようである。平戸の場合は、その待ち時間が十五分ぐらいに感じられたという。だが、早く渡ってしまった人も対岸で待つことになるので、早かろうが遅かろうが待ち時間の長さに変わりはない。結果的に、この北沼での待ち時間が参加者に大きなダメージを与え、低体温症を進行させることになってしまう。

徒渉の順番を待つ間、平戸は無意識にザックを下ろし、防寒着のフリースを着込ん

ロックガーデンから北沼、トムラウシ山方面を望む。7月17日撮影（写真＝毎日新聞社）

でいた。渡る前に座り込んでいる人もいたというから、人によってはすでに低体温症の兆候が現われはじめていたのかもしれない。

流れの真ん中には瀬戸ガイドが立ち、参加者が渡るときに手を貸していた。この流れを渡るときの印象は、参加者によってまちまちだ。久保が早い段階で渡ったときの水かさはふくらはぎの下ぐらいで、ガイドの助けは必要なかったが、平戸は「流れが速く、手を借りて簡単に渡れるような感じではなかったので、瀬戸さんにしがみついて渡った」という。また、清水は「流れの速さよりも風の強さのほうが気になった」と言い、渡ろうとしたときに風にあおられてバランスを崩しそうになったため、瀬戸ガイドの肩に一瞬つかまって転倒を免れた。逆に、順番待ちをせず、ひとりでさっさと渡ってしまったのが星野だ。

「ガイドさんの手を借りて渡らせてもらうのを、皆さん待っていた。それを待っていたのでは、いつになるかわからないし、ものすごく体が冷えるので、自分で流れのなかにじゃぶじゃぶ入っていって渡ってしまった。水深は膝のちょっと下ぐらいだった」

このとき、徒渉のサポートをしていた山崎ガイドは、風を受けてバランスを崩し、流れのなかに倒れ込んで全身がずぶ濡れになってしまった。

〈お客様を支えている時に風で体を持って行かれ、全身を濡らしてしまった。お客様がふらついた拍子に、後ろに飛ばされたわけだが、自分のザックが大きかったので、風の抵抗も強かった。最大のミスで、一気に体温が下がっていった〉（『事故調査報告書』より）

流れを渡り終えたところが北沼分岐である。ここから左に行けばトムラウシ山山頂に至り、右のルートをとればピークを迂回して南沼に出る。出発前に西原ガイドが言った「今日はトムラウシ山には登らず迂回ルートを通る」という説明を聞き逃していた久保は、てっきりトムラウシ山に登るものだと思っていた。何気なく「あとは山頂へ行って写真を撮るだけだ」と言ったら、平戸に「いえ、山頂には登らず、巻き道を行くという説明がガイドさんからありましたよ」と言われたという（平戸自身の記憶ははっきりしない）。

北沼分岐は大小の石がゴロゴロしているほぼ平坦な場所で、巻き道の方向の先には緩やかな登りになっている雪渓があった。流れを渡り終えた参加者は、分岐周辺で長さ一五〜二〇メートルほどの列になって待機していた。

流れを渡った清水は、みんなが待機しているところを過ぎて列の前のほうに出た。流れからの距離は二〇メートルほどだったか。そこにちょうど座り心地のよさそうな石があったので、風上に背中を向ける体勢で岩の上に座り込んだ。顔を上げると、流れの向こう側にまだ渡っていない人が三人見えた。三人は、流れから七、八メートル離れたところにばらばらにしゃがみ込んでいた。

「待機している時間が何分ぐらいだったかはまったくわからない。いちだんと強い風が吹きつけるなかで、ただひたすらじっと待っていた」

清水同様、石の上に座って待機していた星野は、あまりの寒さにじっとしていられなくなり、何人かが固まって座っている場所へ移動した。そこにちょうど清水が足を開いて座っていたので、「すみません、その間に座らせてください」と言って、足の間に座り込んだ。そうすれば少しは暖かくなるだろうと思ったからだ。

「星野さんが『寒いから』と足の間に入り込んできて、太ももをさすられた。ただ、自分は全然寒くはなかったので、彼女が入り込んできた意味がわからなかった」

このときの清水の服装は、登山用の半袖アンダーウエアに長袖のシャツ、下はパンツ（トランクス）とズボンだけで、その上からゴアテックス製の上下の雨具を着ていた。はっきり言って軽装である。にもかかわらず寒さを一度も覚えなかったのは、徹底的な濡れ対策を行なっていたからだろう。登山靴の中が濡れないように細心の注意を払っていたのは前述したとおり。雨具についても、このツアーの前にゴアテックス

北沼徒渉点。沼からあふれ出た水が川のように流れていた(写真＝金田正樹)

専用の洗剤で洗濯し、防水処理を施しておいたという。もともと体質的に寒さに対する耐性が強いのかもしれないが、低体温症の引き金のひとつとなる〝濡れ〟をシャットアウトしたことが、低体温症に陥らずにすんだ大きな一因として考えられよう。

先頭から五番目ぐらいに流れを渡った里見は、誰だったのか不明だが、「座って待っていてください」と言われ、岩の上に腰をかけてしばらく待機していた。とにかく風が強く、何度か草地の上にぽーんと体が投げ出された。手と足は寒さでひっきりなしに震え、止めようと思っても止められなかった。「なんでこんな寒いところで待たされるのかしら」と思っていると、横にいた大谷が「里見さん、口を開けて」と言って、口の中にサプリメントやクッキーなどを入れてくれた。

それからしばらく待っているうちに、いつの間にか寒さが気にならなくなり、ぼーっとしてきて猛烈に眠くなってきた。なにやら妙に心地よく、すべてのことがどうでもよくなり、「ああ、私はここでこのまま死ぬんだ。まあ、それもいいか」と思っていた。

半分眠ったような状態で、頭には夫や子どものことなどが走馬灯のように浮かんできた。だが、次の瞬間、ハッと気づいた。

「ダメだ、私には面倒を見なきゃならない母がいる。私が死んだら、誰が母の面倒を見るんだ。母のために死ぬわけにはいかない。そうだ、こんなことをしていられない」

そのときに里見には呻いた記憶がある。「私、早く歩きたい」と叫んだつもりだったが声にならず、代わりに呻き声が絞り出されたのだった。その後、里見の意識は少しずつはっきりしてくることになる。

北沼の流れのところでは、遅れていた三人を西原ガイドと山崎ガイドがサポートして渡し終え、どうにか全員が北沼分岐に集結していた。しかし、とうとうここで行動不能者が出てしまう。最後に流れを渡った浅上が、低体温症で動けなくなってしまったのだ。平戸がこう言う。

「流れを渡ったところに石があり、そこにガイドさんが浅上さんを連れてきて座らせ、なにかいろいろ介抱していた。気を失いかけていたのかもしれない」

そのとき久保は列の真ん中あたりにいて、気がつくとそばに山崎ガイドが来ていた。そこへ西原ガイドが浅上を連れてきて、山崎ガイドがテルモスの温かい飲み物を飲ませたり、「しっかりしろ」と声を掛けながら体を揺すったり背中をさすったりした。しかし浅上の容態は回復せず、再び隊列のうしろへ連れられていったようである。

行動不能者が出たことへの対応に三人のガイドが追われている間、ほかの参加者は吹きさらしの場所でずっと待機させられていた。風は徒渉後からまた一段と強まってきていて、間断なく吹き続けるような風になっていた。その間に阿部の様子もおかしくなり、嘔吐していたかと思うと、続けて言葉になっていない意味不明の奇声を発し始めた。里見の意識が朦朧としていたのもこのころであろう。

それでも全然動きがなかったので、久保が西原ガイドのところへ行って「どうするんですか」と尋ねると、「様子を見る」という返事だった。しかし、しばらく待っても指示がなかったため、久保は誰に言うでもなく大声で叫んだ。

「これは遭難だから、早く救助要請をすべきだ。じっと待っていたらみんな死んでしまう。方針を決めて指示を出してくれ」

それを聞いて、「私、死にたくない」と大声を上げたのは星野だ。寺井がザックを持ち上げて瀬戸ガイドに「動こう」と促すと、彼は寺井の顔を見てから西原ガイドのところへ行き、なにやら相談したあとで参加者にこう告げた。

「歩ける人は歩いていってください」

行動不能に陥った浅上には西原ガイドがその場に残って付き添うことになったため、男性客のひとりである永井は持っていた自分のツエルトをふたりに貸し与えた。だが、このときすでに西原ガイドに異変が起きていたのでは、と指摘する声もある。

北沼分岐で待機しているときに、平戸はうっかりザックカバーを風に飛ばされてしまったのだが、西原ガイドがそれをうまくキャッチしてくれた。ところが「これ誰の？」という問いかけもなく、すぐにまた飛ばされてしまったという。山崎ガイドが浅上を介抱している間、西原ガイドは列のいちばんうしろにいて座っていることが多かったと、久保も証言する。本人に確かめる術はないが、低体温症が進行していて行動に支障をきたしはじめていた可能性は高い。

北沼分岐出発時の状況については、生存者の証言や『事故調査報告書』の記述に食い違いが見られ、事実はどうだったのかはわからない。たとえば『事故調査報告書』には、〈浅上の付き添いに西原ガイドと山崎ガイドを残し、瀬戸ガイドが残りのメンバーを率いて風の避けられる地点への移動を開始した。ところが雪渓の上で瀬戸ガイドが振り返ると、いつの間にか山崎ガイドが列の中ほどにいていっしょに行動していた。しかも人数を確認すると二人足りなかったので、瀬戸ガイドが山崎ガイドに先導を頼んで北沼分岐まで戻ってみると、宮本と大内がまだ残っていた〉とある（名前はすべてアルファベット表記で、実名は書かれていない。以下同じ）。瀬戸ガイドは宮本と大内をサポートしながら少しずつ前進していったが、雪渓を登り切ったところでさらに杉中が歩けなくなっており、そばには余力のある永井が付き添っていた。新たに三人の行動不能者が出たことで、瀬戸ガイドと山崎ガイドが協議した結果、瀬戸ガイドと永井が三人の女性に付き添ってその場でビバークし、残る十人のメンバーを山崎ガイドが引率して下山させることになった。

以上が『事故調査報告書』に書かれている北沼出発時の概要であるが、これをほぼ裏づけるような証言をしているのが平戸と寺井だ。

「瀬戸ガイドが先頭となって北沼分岐から歩き始め、雪渓のところまでみんなを案内したあと、引き返していった。山崎ガイドは『瀬戸さん、瀬戸さん』と呼びもどそうとするだけで、全然動こうとしなかった。私が『行こう』と促しても動かなかった。そのあとまた瀬戸ガイドが山崎ガイドのところまで来て、山崎ガイドがようやく動き出した。瀬戸ガイドはトータルで三回ぐらい行ったり来たりしていた」（寺井）

「北沼分岐にガイドさんが何人残ったのかはわからないが、浅上さん以外の参加者は全員歩き出したものと思っていた。しばらくして雪渓を歩いているときに振り返ったら、杉中さんの姿がなく、『あれっ、なんで来ていないんだろう』と思った。その前後に瀬戸さんがうしろから追いかけてきて、山崎さんとなにか話していた」（平戸）

平戸は、北沼分岐から行動を再開して間もなく一行が行動を停止し、瀬戸が引き返していったことを覚えていないようだが、そのことを除けば言っていることはほとんど同じである。

こうした証言がある一方で、久保は「新たな行動不能者が出たのは、北沼分岐をまだ出発していない時点だった」と言っている。

「北沼分岐を出発しようとしたら、たぶん杉中さんだと思うが、また動けない人が現われた。彼女を瀬戸ガイドがうしろのほうへ連れていったら、大内さんと宮本さんも動けなくなっていたようだ。先頭を歩く瀬戸ガイドがうしろへ行ってしまったので、帰ってくるのをみんなで待っていた。しばらくしてもどってきた瀬戸ガイドは、山崎ガイドと話をしていた。山崎ガイドが『このなかで元気なのは瀬戸、お前だけだ』と言うと、瀬戸ガイドは『十人のお客さんを無事、下まで連れていってください。先に行くと分岐があるので、そこで人数を確認してから下りてください。動けなくなった五人はここに残します。西原さんひとりだけでは心許ないので、自分も残ります』と言って引き返していった。それから山崎ガイドを先頭にして歩き出した」

生存者の証言の食い違いは、単なる記憶違いである可能性もあるし、ただ〝見え方〟が違っていただけなのかもしれない。同じ事象であっても、見る角度や時間のズレやとらえ方などによって、見えるものはそれぞれ微妙に違ってくる。

いずれにせよ、北沼分岐を出発しようとしたときか、出発して間もなくのところで新たに三人の女性が行動不能となり、瀬戸ガイドと永井が付き添ってその場に残ることになり、残る十人のツアー客を率いて山崎ガイドが下山を始めたことだけは間違いない。

しかし、北沼の流れのところで転んで全身を濡らしてしまった山崎ガイドは、このころから自分の体に異変が起こりつつあることを感じはじめていた。

〈瀬戸ガイドに「10人連れて下ってくれ」と言われたが、この時点で僕も低体温症の症状が出ていて、道も知らないし、正直言って自信なかった。この中で一番体力の残っている彼の方がいいのでは、と思ったが、2人で論じている余裕もないし、最終的に彼の指示に従った〉（『事故調査報告書』の山崎ガイドのコメント）

北沼分岐で待機していた時間がどれくらいだったのか、はっきり記憶または記録している者はいない。個々の記憶もかなり曖昧だ。「水流を渡り終えてから二時間は待っていたという感覚がある」と言うのは久保であり、平戸は「流れを渡る前に待たされた時間を含めれば一時間半ぐらいかもしれない」と言う。かと思うと、寺井は「北沼を渡ってからは一時間も待っていない。一時間半というのは大げさすぎる。そんなに待っていたら私が死んでいる」と言っている。

流れを最初に渡った人とあとのほうに渡った人とでは、待たされる時間の長さの感じ方は異なるだろうし、なかには間違いなく時計は見ているはずなのに、時刻の記憶がすっぽり抜け落ちているという人もいた。つまりそれだけ切羽詰まった状況だったということだ。

ともあれ、北沼分岐周辺において参加者が長時間待たされたのは事実である。その点で、ガイドに大きな判断ミスがあったことは否定のしようがない。

「待機しているとき、ガイドさんからはなんの指示も状況説明もなかった。『早く動かないと』と思ったが、具合の悪い人を一生懸命助けていることはわかっていたから、なんにも言えなかった。ほんとうならガイドさんから『着られるものを着て』といった指示があってもよかった。やはりこの北沼での対処がいちばん問題だったと思う。具合が悪くなった人を介抱するのは当然だけど、それと同時にもうちょっと風の当たらないところへ誘導するなど、ほかの人たちのフォローをすべきだった。三人のガイドさんの間で、そのへんの意思の疎通ができていなかったのではないか」（平戸）

「スタート時点からの間違いの積み重ねがあるにしても、今回の件でいちばん問題だと思うのは、三人のガイドの意思疎通が欠けていて、後続者が来るまでほかの参加者を最も寒いところで待たせたということだろう。あれほど寒かった経験は初めて。あと三十分このままでいたら、死ぬと思った。北沼の横を通り過ぎて雪渓を過ぎたあたりまで行けば、多少風がやわらいでいた。地形がわかっているんだったら、そこまで行かさなければいけない。少なくとも北沼を渡ったところで待つことはなかった。渡り終えた順にある程度ひとまとめにして先に行かせていれば、八人も亡くなっていなかった」（寺井）

三人のガイドの間でコミュニケーションが充分ではなく、意思の疎通が欠けていたことにより、ターニングポイントとなる場面で迅速かつ適切な対処ができずに後手後手に回ってしまったのは、誰の目にも明らかだった。

介抱か下山か

自力で動ける十人の参加者を率いて、山崎ガイドは下山を開始した。

出発して間もなく、岩陰に入ったところで風が遮られたので、星野が山崎ガイドに「ここらでなにかお腹に入れませんか」と声を掛け、昼食をとることになった。

もっとも、清水と寺井と平戸には北沼分岐を出発後に休憩をとった覚えはなく、ただひたすら歩いていた記憶だけが残っている。一方で久保は、「トムラウシ分岐までに二回ほど休憩をとった」と言う。

「二回目の休憩をして出発するとき、山崎ガイドが『休んでいる間に間隔を詰めてください。出発しますよ。早く来て』と言っていた。そんなことを言っているけど、山崎ガイドひとりだけでみんなを安全に下ろせるのかな、と思った」

この休憩のときも、阿部は自分のザックに触れながら意味不明の奇声を発していたので、星野は自分にも言い聞かせるつもりでこう言った。

「歩いて下りなければならないのだから、そんなことをしていないでご飯を食べないと。バスもタクシーも迎えにきてくれないのよ」

すると阿部はハッと気がついたようになって、なにか食べはじめたという。

里見は、みんなが食事をしている五分ほどの間に、雨具の下にレスキューシートを巻き付けた。そして大谷にもこう声を掛けた。

「大谷さん、ダウン着なさいよ。寒いからね」

大谷が薄手のダウンジャケットを持っていることを知っていたが、それを着ている様子はなかった。里見の声が届いたのかどうかはわからない。結局、彼女はダウンジャケットを着ないまま、行動を再開したようだった。

この事故についての報道のなかには、参加者が軽装だったことを指摘するものがいくつもあった。

〈八人は旭川医大で司法解剖した結果、全員が低体温症による凍死だったと判明。救助にかかわった自衛隊員は「彼らは夏用のシャツで特別な防寒具は持っていなかったようだ」と証言。事故当時、現場では雨と強風が吹いていたことから、防寒対策の不備が死につながった可能性も指摘される〉（東京新聞）

〈凍死したツアー客7人全員が、防寒、防水機能が低いウインドブレーカーなどの軽装だったことが道警への取材でわかった。他方、助かった10人は全員が、強い雨に長時間打たれても雨を通しにくく、防寒機能もある上着を着ていたという。（中略）18人はみなフリース素材の服の上からカッパやウインドブレーカーなどの上着を着ていたが、死亡した客7人の上着は夏用とみられる生地で、発見時、雨がしみ込み、中がぬれていたという〉（朝日新聞）

現場で救助にあたった警察官や自衛隊員の不用意な発言がこのような報道になってしまったようだが、取材したかぎりでは参加者の装備にこれといった手落ちは見られなかった。防寒具にしろ雨具にしろ、誰もがしっかりしたものをひととおり持っていたようである。ただし、それらを充分活用していたかどうかとなると話は別だ。所持していた装備の機能をちゃんと発揮させていれば、命を落とさずにすんだ人もいたのではないだろうか。

休憩を終え、歩きはじめてすぐのことと思われる。たどっているコースが正しいのかどうか自信がなかったのだろう、山崎ガイドがなにかを確認するために瀬戸ガイドがいるところへ引き返そうとした。そばにいた平戸には、「こっちでいいのかな」というつぶやきが聞こえたような気がした。もうそれ以上待たされるのは嫌だったので、平戸は自分のザックから地図を取り出して山崎ガイドに見せた。

「ガイドさんだったらふつう地図を持っているはずなのに、それを見ようとせずにもどろうとしたのだから、ちょっと混乱していたのかもしれない」

地図を確認した山崎ガイドは、「あっ、ここでいい」と言ってまた歩き出した。その一部始終を見ていた星野によると、山崎ガイドは平戸から借りた地図をたたみもせず放り投げるようにして返したという。

「それを見て、『えー、この人スタッフなのに、どうしてああいう態度をとるんだろう』と思った。(低体温症が進行して)おかしくなっていたのだろう」

休憩をとった場所のすぐ先は雪渓になっていた。その雪渓に差し掛かった里見がふと振り返ってみると、大谷がなにか探しているような素振りをしていたので、「どうしたの」と尋ねると、「ストックがない」と言う。北沼分岐から休憩場所に来るまでの間のどこかで、大谷は二本のストックをなくしていたのだ。

里見は「じゃあ、私のストックを一本貸すから使いなさい」と言ってストックを手渡し、ふたりは先頭集団から少し遅れる形で雪渓を登りはじめた。だが、十分か十五分ほど歩いているうちに、大谷のペースがどんどん遅くなってきた。

「大谷さん、どうした？」

「なんだかうまく歩けない」

そこでしばらく里見が肩を貸しながら前進していったが、雪渓が終わって下りにかかるころから大谷がふらつきだし、足元をとられるようになった。ならばと今度は大谷の肩を抱えるようにして下りていく里見の目に、先を行く先頭集団の姿が映った。そこは登山道が左にカーブしているところで、先頭集団の数人がちらっと里見らのほうを振り返った。

「引き返してきて助けてくれるのかなあと思ったら、すーっと曲がっていって姿が見えなくなってしまった。『あっ、私たちは見捨てられたんだ』と思った。あのときほど心細かったことはなかった」

清水が引き返してきて、里見らとすれ違ってうしろのほうに行ったのは、それから間もなくのことだ。

一行がトラバースルートをたどっているとき、風雨はだいぶおさまっていたが、ガスが出はじめていて、視界はあまりよくなかった。清水の記憶によると、前には山崎

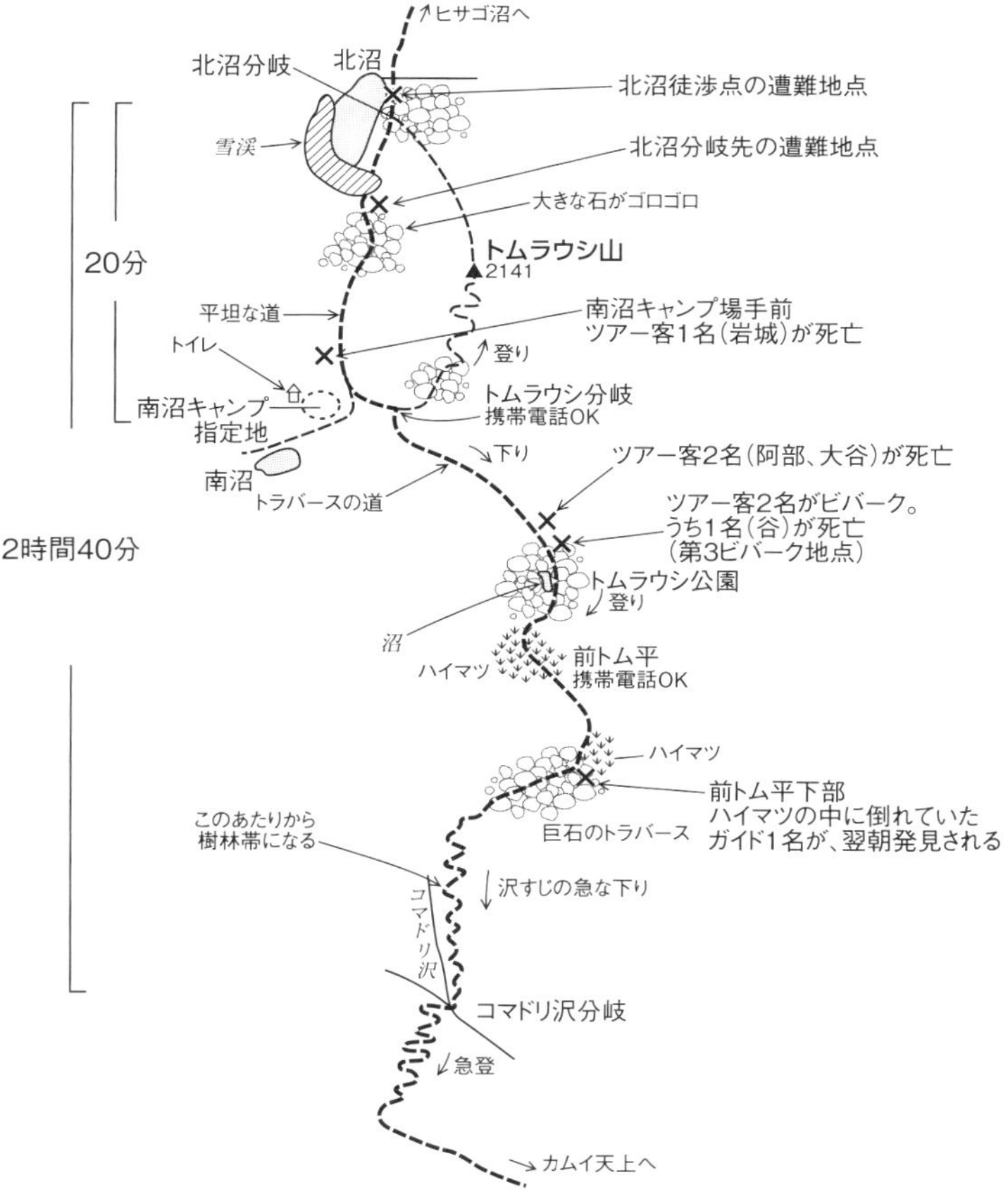
ヒサゴ沼へ
北沼分岐
北沼
北沼徒渉点の遭難地点
雪渓
北沼分岐先の遭難地点
大きな石がゴロゴロ
20分
トムラウシ山
2141
平坦な道
南沼キャンプ場手前
ツアー客1名(岩城)が死亡
トイレ
登り
トムラウシ分岐
携帯電話OK
南沼キャンプ
指定地
下り
南沼
ツアー客2名(阿部、大谷)が死亡
トラバースの道
ツアー客2名がビバーク。
うち1名(谷)が死亡
(第3ビバーク地点)
2時間40分
トムラウシ公園
登り
沼
前トム平
ハイマツ
携帯電話OK
ハイマツ
前トム平下部
ハイマツの中に倒れていた
ガイド1名が、翌朝発見される
このあたりから
樹林帯になる
巨石のトラバース
沢すじの急な下り
コマドリ沢
コマドリ沢分岐
急登
カムイ天上へ

(図＝金田正樹)

ガイドに続いて星野、寺井がいて、清水のうしろには岩城、里見、大谷、阿部、平戸、谷、久保の順で七人が続いていた（ただし、誰がどのあたりにいたのかという位置関係は人によって証言が微妙に食い違い、たしかなことはわからない。ここでは生存者の証言をそのまま取り上げているので、以下、矛盾する位置関係も出てくることをお断りしておく）。雪渓を登り切って岩場を下り、平坦な登山道に出たところで何気なく振り返った清水の目に入ったのは、岩場の途中で直立不動で立ち止まっている岩城の姿だった。

清水はその場から引き返し、里見と大谷を追い越して岩城のところへ駆けつけた。そしてまともに歩けない状態になっていた岩城をうしろから羽交い締めにして安全を確保すると、後続のメンバーを先に行かせた。そして岩城を支えながら励まし続け、なんとか自力で歩かせようとした。しかし、目が見えなくなっていたらしく、言われていることもよく理解できないようで、「右足を出して」と言うと左足が前に出た。そのうちにだんだんと反応も鈍くなり、励ます清水の声もおのずと大きくなっていった。

「歩いていると、うしろから声が聞こえてきた。清水さんが岩城さんをサポートしている声だった。『前をしっかり見て歩け』『見えているのか』『眼鏡は』と怒鳴っていた。自分もちゃんと歩けていなかったので、それを聞いて『うしろの人も歩けなくな

っているんだ』と思った。私にしてみたら、その清水さんの声が励みだった」（平戸）

どうにか平坦な登山道までは下ろしたが、そこまでが限界だった。岩城はもはや自力では立っていられず、倒れ込む前にしゃがみ込ませた。岩場にいるときにははっきりと返ってきた返事も、徐々に返ってこなくなった。ザックを一〇メートルほど先に置き、「岩城さん、なんとかあそこまで行こう」と励ましてみたが、岩城はその場から動けない。腰を抱えて立ち上がらせようとしてもダメだった。

仕方なく、先の様子をうかがうために歩を進めてみると、三分ほどでトムラウシ分岐に着いた。あまり見通しのないガスのなかで、頭に叩き込んでおいた地図を思い浮かべながら、登山道沿いに張られたロープを左にたどっていくと、トムラウシ山とトムラウシ温泉との分岐点に出た。ルートが間違っていないことを確認した清水は、岩城のいるところまでもどり、再度歩かせようとしてみたが、やはり結果は同じだった。

「なにが起きたのかわからなかった。低体温症のことはまったく思い浮かばず、『なんでしゃがみこんで動かないの』という感じだった。そこでもう一度トムラウシ分岐まで行って自分のザックを置き、空身で岩城さんのところにもどっていった。でも、どうやっても動いてくれなかったし、返事も返ってこなくなった」

清水が岩城に付き添っていた時間は約一時間ぐらいだったという。しかし、自分ひとりではどうすることもできないと観念し、救助要請のために後ろ髪を引かれる思いでその場をあとにした。自力下山してしばらく時間が経ったときに、初めてこう思った。

「岩城さんを介抱している間に、気がついたらおいてきぼりをくらっていたんだ」

話は多少前後するが、山崎ガイドを先頭に十人がトラバースルートをたどっていくとき、山崎ガイドは参加者のことを気にかけずに、ひとりでさっさと下っていってしまったという報道があった。しかし、寺井によると、みんなを待たずにひとりで先に行ってしまったということではなく、少なくともトムラウシ分岐のあたりまでは何度かみんなを待っていたという。とはいっても、全員がそろうのを待っていたわけではなく、後続の人が来ていることを確認できると、また先に進むということを何回か繰り返したそうだ。このため、最後尾のほうを歩いている人は、「置き去りにされた」と感じたかもしれない。

ただし、トムラウシ分岐では待つことをしなかったという。

「先頭は山崎ガイドと星野さんで、ちょっと遅れて私と阿部さんが続いていた。山崎ガイドは、トムラウシ分岐で私たちがついてきていることを認めたら、待たずに先に行ってしまった。分岐に誰もいなかったら後続の人が迷ってしまうため、阿部さんを先に行かせて私が待つことにした。十分か十五分待っていたらうしろのグループが追いついてきたので、『おーい、こっちだこっちだ』と声を掛けてから、私も先に進んだ」（寺井）

トムラウシ分岐の手前で、久保は「山崎ガイドが『おーい、おーい』と言っているのが聞こえてきたので、自分が『おーい、おーい』と声を返した」と言っているが、これは山崎ガイドではなく、おそらく寺井の声であった。

山崎ガイドのそばにいた星野もまた、山崎ガイドが「おーい、おーい」と言うのを聞いてはいない。昼食をとって行動を再開したとき、歩くのが遅いという星野は先頭の山崎ガイドのすぐうしろにつき、必死になってあとを追いかけていった。しばらくして振り返ったら、誰もついてきていなかったので、「どなたもついてきていませんよ。待ってあげなくていいんですか」と声を掛けた。すると山崎ガイドは、「救助を呼ばなきゃいけないから、早く下りる」と答えたという。

分岐で後続のメンバーがついてきていることを確認した寺井は下山を続け、間もなくして先行した阿部に追いついた。山崎ガイドと星野のふたりは、さらにもっと先のほうへ行っていた。寺井はしばらく阿部をサポートしながら下っていたが、岩場で突然強い風を受け、一回転しながら頭から落ちてしまった。

「柔道の背負い投げをかけられたような感じ。ザックが大きかったので頭を打たずにすんだが、足首を捻挫してしまった。これは人のことをかまっている場合ではない、自分まで歩けなくなってしまうと思った。そこへちょうど後続の女性陣がやってきたので、『阿部さん、私は先に行くけどがんばって』と声を掛けて追い越していった」

その寺井のあとに続いていたのがおそらく谷であり、さらにうしろには平戸がいた。北沼分岐を出発して以降、平戸は「必死で前に行こうとするのだが、頭がぼーっとしていてうまく足が動いていない感じがした」と言い、先頭集団とはどんどん距離が開いていった。それでも懸命に下山を続けているうちに、先行していた阿部に追いついた。雪渓に下りるところで前を歩いていた阿部がつるんと滑って尻餅をついたので、「大丈夫?」と声を掛けたら「うん、先に行って」と言われたので、言われるとおりにした。そのときの阿部は、若干朦朧としているような様子だったという。

阿部を追い抜いて雪渓に下り、間もなくして谷に追いついた。そこからはふたりでいっしょに行動することになったが、それもほんのわずかな時間のことだった。

雪渓を越えてピンクのテープを見ながら下っていくと、登山道の横が草地になっていて休憩するのによさそうな場所があったので、そこでいったん行動を停止した。

「ここはまだ山の上のほうで、かなり先は長いという意識があり、谷さんの様子もちょっとふつうではないような感じを受けた。このままふたりで下っていけるのかなあという不安が生じてきて、ちょっと無理かなあと思えてきた。で、谷さんに『ここで救援を待ったほうがいいのでは』と言ってみたが、もう受け答えができるような状態ではなかった」

リストウォッチの高度計は標高一八五〇メートルを指していたが（その日の朝は高度合わせをしていなかったという）、実際はトムラウシ公園の上部（標高一八〇〇メートル前後）のあたりだったと思われる。時刻は午後四時ごろ。雨は上がっており、登山道からちょっと外れると風も避けられた。平戸は草地にザックを置いて腰を下ろし、谷はその上の登山道上の石に腰掛けていた。

そうしているうちに、突如、谷がうわごとのように「なにか食べなきゃいけないかなあ。でも、先に行かなきゃ」と言ったかと思うと、いきなり立ち上がって歩き出し、平戸を通り越したすぐ先の、登山道が凹状にえぐれたところにドスッと尻餅をついて座り込んでしまった。びっくりした平戸が「大丈夫？」と声を掛けて揺すったが、朦朧とした状態でなんの反応も返ってこなかった。そこで自分のザックからシュラフを取り出して谷の上にかけ、しばらく様子を見ていると、ぱたっとうしろに倒れたまま仰向けになってしまった。どうしていいのかわからず、平戸は初めて携帯で警察に電話をかけたが、圏外で通じなかった。それが午後四時二十八分のことである。

決死の下山

平戸と谷が行動をストップした場所よりもさらに上のほうでは、里見が大谷を抱えながら下山を続けていた。先行集団に置いていかれてから、およそ三十分ほどが経過していた。トムラウシ分岐を過ぎ、トムラウシ公園への下りにとりかかると、登山道の真ん中に水が流れているところがあって、そこで阿部が転倒していた。以降、里見はふたりの腕を抱えながら下っていくことになる。

だが、小柄な里見がふたりの女性を同時にサポートするのは、文字どおり荷が重すぎた。道が細くなっているところではふたりを同時に抱えられず、ひとりをフォローしているうちにもうひとりが倒れしまった。そちらを助け起こそうとすると、今度はもうひとりが倒れてしまう。その繰り返しだった。さすがに里見ひとりの手には余り、「どうしたらいいんだろう」と途方に暮れていたときに、久保が上から下りてきた。

里見は久保に「ひとり面倒見てちょうだい」と声を掛け、阿部のサポートに回ったという。ただ、久保の記憶はちょっと異なる。久保が下りてきたとき、里見は大谷をサポートしながら下山しており、そのそばには阿部が辛うじて自力で歩いていた。里見に「手伝ってくれ」と言われ、最初は交代で大谷をサポートしながら下りていったが、間もなくしてダブルストックでどうにか歩いていた阿部が、ずるずると崩れるように倒れてしまった。そこで里見が阿部のサポートに回り、久保が大谷の面倒を見ることになったというのだ。

いずれにせよ、最終的には里見が阿部を、久保が大谷をサポートしながら下りていくことになった。久保は「もうこんなとこに来てはいかんよ。自分で歩かないと死んでしまうよ」と声を掛けながら、大谷をサポートしたという。しかしそのうちに里見の足がつりそうになり、いったん休憩をとることにした。そこで久保はサポートを打ち切り、里見に「俺は生きて帰りたい。こんなことをしていても価値がない」と言って、ひとり先に下りていった。

「あのときは煮え繰り返るぐらい頭にきたけど、あとで考えてみれば、私にはそれを非難することができない」

そう里見は言う。一方、久保は「これがいつまで続くかわからないと思った。あれは絶望的だった」と言っていた。

「これ以上のことは、自分がなすべき義務の範囲を超えている。ここにいても連れていくことができないのは明らかだった。そういう意味で言った言葉だった」

なお、久保が手を貸していた時間は、里見によると「二十〜三十分ぐらい」、久保は「一時間ぐらい」と言っている。

久保が下りていき、里見は再びひとりで大谷と阿部をサポートせざるを得なくなった。仕方なくふたりを抱えながら下りはじめたが、そのうちにまた足がつりそうになったので、薬を飲もうと思い、ふたりを岩陰に座らせた。この時点では、大谷も阿部もぼーっとはしていたが、まだ意識はあった。自分の薬を飲み、ふたりにスポーツドリンクを飲ませたあと、里見はこれからのことを考えた。

「私ひとりでふたりの面倒はとても見られず、このままではダメだと思った。そこで思いついたのが、先に下りていった山崎さんを呼んでくることだった。出発時にロープウェー駅で説明を受けていたので、山崎さんがテントを持っていることはわかっていた。彼を呼んでくればなんとかしてくれるだろうと思った。だから大谷さんと阿部さんにそこにいさせて、私ひとりで呼んでくるつもりだった」

ちょうどそのときに下りてきたのが清水だった。

トムラウシ分岐の手前で岩城と別れた清水が分岐から十〜十五分ほど下っていくと、右下に雪渓が見えてきた。その上を足跡が横切っているなあと思ったら、「おーい」という声が聞こえてきた。清水は「おーい」と声を返し、「雪渓を渡ったらすぐ行くけぇ」と大声で言った。その雪渓を渡ったちょっと先に、里見と大谷と阿部がいた。里見はしゃがみこんでいた阿部を介抱しており、そばの地面に大谷が腰を下ろしていた。そこに通りかかった清水に対し、里見はこう言った。

「清水さん、ちょっとふたりの面倒を見ててちょうだい。私は山崎さんを呼んでくるから」

とっさに清水は「うん、頼む」と答えていた。だが、形としてはふたりの行動不能者を押し付けられることになったわけであり、その心中は複雑だったのではないだろうか。実際、そのとき清水の胸によぎったのは、「これでいいんだ。岩城さんのときのような辛い目に遭うのは自分ひとりだけでいい」という、自分自身に言い聞かせるような思いだった。

里見が下っていくと、今度は清水と阿部と大谷がその場に残された。清水は、動けなくなっていた阿部に声を掛けて励まし、体を抱えながら少しずつ前進していった。しかし、そのうちに大谷が「死にたくない」「帰りたい」と奇声を上げはじめた。そのふた言を何度も繰り返しながら、尻セードのようにずりずりと下に下りていって、どんどん離れていってしまうのだ。水が流れていようが水溜まりがあろうがおかまいなしだった。

「そのうちに大谷さんが水溜まりにはまって動けなくなっていたので、どうにかしなければと思い、うしろから抱えていた阿部さんを離したら倒れ込んでしまった。ちょっとだけガマンしてもらって、大谷さんを水溜まりから引きずり出し、また阿部さんのところへ行って歩かせようとするが、言葉にならない「うー」「あー」という呻き声が返ってくるだけ。その間にも大谷さんは奇声を発し続ける。阿部さんと大谷さんの間を行き来して介抱したが、ひとりでふたりの面倒は見られず、どうしたらいいのかわからなかった」

たまたま大きな石があるところで大谷を抱えて座り込ませると、石と石の間に挟まる形となって大谷は動きがとれなくなった。その隙に、そばの岩に阿部の体を寄りかからせ、清水もそこに腰を下ろした。すでに阿部は厳しい状態に陥りつつあった。ふと気がつくと、大谷の奇声が聞こえなくなっていた。左足を前に出すと大谷の頭に届いたので、登山靴でコンと突ついて大声で「声を出せ」と言ったら、また奇声を上げはじめた。だが、それも次第に途切れがちになっていった。足で突つくと反応を示したものの、声がだんだんと弱々しくなり、やがて反応も返ってこなくなった。もはや清水にはどうすることもできなかった。

「なんでこうなってしまったのか」と何度も反芻しながら、清水は阿部と大谷のもとを離れた。それが午後一時四十分のこと。時計で確認したその時刻だけは、はっきりと記憶に残っているという。清水がふたりを介抱した時間はおよそ四十分ほどだった。そこから逆算していくと、北沼分岐を出発したのは十一時十五分前後ぐらいのことと思われる。それが清水の考えるこの日の経過時刻だ。

トムラウシ公園の上部で谷とともに行動を停止していた平戸の横を、まだ明るいうちに三人の参加者が通り過ぎていった。まず最初に久保、次に里見、そして最後に清水。

「みんなばらばらでした。清水さんに『もうダメかも』と声を掛けたら、『とにかく救援を呼ぶで』と言われました。清水さんもだいぶ疲れ切った様子でした」

このときの光景が、清水の脳裏には鮮明に焼き付いている。周囲はクマザサだったかハイマツだったかに覆われた見通しのいい緩やかな斜面で、凹状に窪んだ登山道を下っていると、座り込んでいる女性の後ろ姿が見えた。それが平戸だった。そばに行ってみたら、平戸の傍らに横たわった女性がいて、シュラフが被せられていた。

その場を離れたあと、清水はずっと自分を責め続ける。「しまった。なぜいっしょに連れて下りなかったのか」と。

「後日、清水さんと話をしたときに、私をあの場に置き去りにしたことについて、すごく罪悪感を感じているようだった。なので私は『自分がダメだと思ったからあそこにいただけのこと。そんな気にしないで』と言葉をかけた」（平戸）

最後に清水が下りていったあと、谷のことが気になって足に触ってみたら、もう冷たくなっていた。時刻は午後六時半になっていた。

「それでもうダメだなというのがわかって、そのときになって初めて『さあ、自分のことはどうしよう』と思った。休んでいるうちに体力は回復していたし、意識もはっきりして普通の状態にもどっていたので、下りようかどうしようか迷った。が、真っ暗闇のなかを歩くのは怖いという気持ちがあった。ここで下りてはいかんなと思い、ビバークすることに決めた」

まず、谷のザックからシュラフを取り出して彼女に被せ、風で飛ばないように石で押さえた。次に低木帯の上にマットを敷き、その上に自分のシュラフを乗せて一カ所を低木に結び付けた。横になる前にパンなどの行動食を食べ、登山靴も雨具も着けたままシュラフの中に潜り込んだ。それでも寒さは感じたが、凍えるような寒さではなく、濡れていた足も意外と冷たくはなかった。

「完全に横たわれる体勢ではなく、上半身を起こしているような状態で横になっていた。足を伸ばしてみたり、体をうしろに反らしてみたり、腹式呼吸をしてみたり。あんな長い時間なにをしていたんだろう。ほとんど寝られなかったと思うけど、うとうとぐらいはしたのかもしれない。命の危険は感じなかったが、なによりもクマが怖かった。とにかく明るくなったら動こうと思っていた」

ビバーク地点からは山麓の明かりが見えていて、あれがトムラウシ温泉の明かりなんだろうと思った。夜中、被っているシュラフを一度だけめくってみたら、空には満天の星が輝いていた。

遅すぎた救助要請

一方、先頭を切って下山を続けていた山崎ガイドの足取りは、トムラウシ分岐を過ぎたころからおかしくなりはじめる。休憩もとらず、うしろもほとんど振り返らず、必死になって山崎ガイドのあとを追っていた星野がこう言う。

「下りていく途中で山崎ガイドの足がふらつきだして、何度か転ぶようになった。トラロープのある大きな岩を登るところでは、『ちょっと休ませてくれ』と言い、しばらく休んだら、さっさと岩を登って先に行ってしまった。『ふつうだったら私が登るのをサポートしてくれるのに』と思いながら、必死に岩を登ってあとをついていった」

北沼の流れのなかで転倒して全身を濡らしてしまった影響が、徐々に出はじめていた。このころには低体温症がかなり進行していたものと思われる。

〈低体温症の知識は、文字の上では知っていた。しかし、実際に自分がなってみて、こんなにあっけなくなるんだと感じた。この分岐（注・トムラウシ分岐のこと）に着いた辺りから『あぁ、俺はもう死ぬんだ』と思い始めていた〉（『事故調査報告書』より）

午後二時過ぎごろ、前トム平の手前のハイマツ帯のところで転んだ山崎ガイドは、とうとうその場に座り込んで動かなくなってしまった。そこで星野は自分の行動食を手渡して食べさせ、前の晩にヒサゴ沼避難小屋の二階で聞いたプライベートな話を思い出しながら「あなたには家族がいるんでしょ。ここで動けなくなって死んだらダメよ。家に帰らないと」と励ました。すると彼は再び立ち上がって歩きはじめたという。

やがて前トム平に着いた。「そういえば今日は一枚も写真を写していない」と思い、星野が「写真を撮ってください」と頼むと、「その元気はない」と言われた。仕方なく標識の写真だけを写した。その写真に記録された時間が午後二時五十八分である。

「前トム平の先にガレ場があり、そこを淡々と下っていった。全然疲れは感じなかった。ザックもちっとも重たくなかったし、寒くもなかった。ハイになっていたのだろう」

7月16日、事故当日、星野が撮影した唯一の写真（写真＝星野陽子）

ズボンのポケットに入れてあった星野の携帯電話が鳴ったのは、下部のガレ場に差し掛かっていたときである。それは夫からの電話で、昼ごろから何度もかけていた電話がこのときようやく通じたのだった。「今、なにしている」と聞かれた星野は「遭難しかけ」と答えたが、信じてもらえなかった。まさかほんとうに遭難しているとは思ってもいない夫は、いろいろな話を喋り出したので「もうバッテリーもないから、この続きは家で話す」と言って電話を切り、ポケットにもどした。

そのやりとりを見ていた山崎ガイドが言った。

「それで一一〇番してくれ」

時刻は午後三時五十五分。星野が携帯からかけた電話が、この遭難事故の第一報となった。「まず警察に『そこはどこですか』と聞かれたので、『岩ばっかりです。よくわからないので代わります』と答えて山崎さんに電話を渡した。山崎さんは様子がおかしく、呂律がよく回っていなかったが、盛んに『私はポーターです』と言っていた。それを聞いて、『あっ、逃げている』と思った。ガイドとポーターは違う。ポーターだったら責任は軽いから」

通話中に電話は何度も切れ、切れるたびに警察がかけ直してきた。やがてバッテリーがなくなってしまったが、最低限の情報は伝わったようだった。

「そしたら山崎さんは『じゃあ、自分の携帯を出す』と言ってザックから電話を取り出した。だったらもっと早く自分の携帯で連絡すればいいのにと思ったけど、足元がおぼつかないぐらいになっていたので、そこまで回路が回らなかったのだろう。そのときに顆粒のアミノバイタルを二袋取り出し、水も使わずに立て続けに飲んだので、『私にもちょうだい』と言ったら一袋くれたので、それを飲んだ」

その後、山崎ガイドはハイマツの上に置いたザックの上に仰向けに寝そべって、携帯でメールを打ちはじめた。星野が「早く警察に電話を」と言っても耳を貸さず、黙ってずっとメールを打ち続けた。

しばらくしてそこに下りてきたのが寺井だった。最初は誰だかわからなかったので、星野が「どなたですか」と尋ねると、「寺井です」と答えた。寺井はそのまま通り過ぎていこうとしたが、「待って。山崎さんが動けんのよ」と呼び止められて引き返してきた。なおもメールを打ち続けている山崎ガイドに、寺井は「ザックが重いんだから、助かりたかったらザックを置いて下山しなさい」と声を掛けた。しかし、やはり反応はない。

「そこにしばらく立っているうちに寒くなってきたので、『帰りたい』と言ったら、山崎さんが『帰ってくれ』と言った。『あなたは寒くないの』と聞くと『寒くない』

と答えた。『じゃあ寺井さんといっしょに帰りますよ』と言って歩きはじめた。それが四時四十分だった」

ふたりと別れたあと、山崎ガイドは朦朧とした意識のまま、再び自力で下りはじめる。しかし、前トム平の下部、巨岩のトラバース帯まで来たところで力尽きた。ザックを下ろして携帯電話を取り出そうとしたところ、そのまま前のめりにハイマツ帯のなかに倒れ込んで意識を失った。ちなみに山崎ガイドの携帯電話の発信履歴には数回の一一〇番通報の記録が残されていて、いちばん最初の発信は午後五時二十一分だったという。

〈110番通報が通じて、自分の中で緊張の糸が切れた。最後に煙草を1本吸って死のうと考えたが、ライターが何遍やっても火がつかない。「あぁ、煙草も吸えんうちに死んじゃうんだ」と思いながら、そこから先はもう記憶がない〉(『事故調査報告書』より)

後述するとおり、のちに三人の参加者が山崎ガイドに声を掛けながらそばを通り過ぎていったが、彼はそのことをまったく覚えていない。現場を通りかかった登山者が山崎ガイドを発見して一一〇番通報し、救助隊のヘリコプターで病院に搬送されたのは、翌十七日の午前十一時三十五分のこと。ようやく意識が正常にもどったのが十二時五十分ごろで、それまでの約二十一時間、彼は意識を失っていたことになる。

山崎ガイドを残して下山を再開した寺井と星野は、たどっているルートが正しいのかどうか不安を覚えながらも下山を続けた。コマドリ沢分岐のあたりでは、以前、このルートをトムラウシ温泉から登ったことのある寺井が「道が違う」と言い出したが、星野が「先に行った六人パーティの足跡とストックの跡があるから大丈夫」と主張し、そのまま先に進んだ。コマドリ沢分岐からカムイ天上分岐間は、以前はほぼカムイサンケナイ川沿いにルートが付けられていたが、増水による事故が多発したため、従来の道を通行止めにして二〇〇三年から現在の尾根どおしの新道を通すようになっている。最初に来たとき、おそらく寺井は旧道のほうを登っていったのだろう。

尾根に上がってほぼ平らな道をたどるようになったころから夕日が射してきたので、方向的には間違っていないことが確認できた。間もなく日没となり、ヘッドランプをつけてさらに下っていくと、カムイ天上分岐の標識が現われて正しいルートをたどっていることがわかった。

やがて、短縮コースとトムラウシ温泉コースの分岐に出た。短縮コースの登山口までは七〇〇メートルの距離だが、そこからさらに七キロもの林道を歩かなければならない。もう一方のトムラウシ温泉コースの表示距離は三・三キロ。当然、ふたりは温泉コースのほうを選択した。
「歩いているときに周囲にフキが見えはじめたので、里が近いことがわかった。それがすごく嬉しかった。そのうちに白いものが見えてきて、『雪渓かね、道かね』と話していたら、車がピューッと通っていった」（星野）
道路に飛び出し、寺井が携帯電話を取り出して下山の一報を入れようとしたが、圏外で通じなかった。そこに報道関係の車が通りかかり、「乗せてあげますよ」という言葉に甘えて乗り込むと、短縮コース登山口に設けられていた遭難対策本部へと搬送された。そこにはたくさんの人がいて、大きなバスも停まっていた。
「だったら短縮コースのほうに下りていたのに」（星野）
星野と寺井の下山時刻は午後十一時五十五分。バスの中で事情聴取を受けたのち、トムラウシ温泉まで送られ、そこで再び夜中の三時ごろまで事情聴取が行なわれた。
彼らが参加したツアー登山が八人もの死者を出す大量遭難事故になったことを、このときのふたりはまだ知らない。

喜びのない生還

話を十六日のトムラウシ公園のあたりまでもどす。大谷と阿部を清水に託して山崎ガイドを呼びにいった里見は、下りていく途中で、岩陰で休んでいる平戸と谷に行き合った。平戸は元気そうに見えたが、谷は静かだった。「今、山崎さんを呼んでくるね」とふたりに声を掛けたものの、聞こえたかどうかはわからないという。

そこからしばらく下っていったところに分岐があり、足跡がついていた左の道へと入っていった。その分岐というのがどこだかわからない。岩場に正規のルートとは違う踏み跡がついていたのかもしれないが、とにかく里見が左にルートをとって進んでいくと、その先で久保に追いついた。このとき久保はビバークをしようと思っているところだったが、里見が下りてきて「こんなところでビバークしたら死んでしまうから、いっしょに下ろう」と言ったので、行動を続けることにしたという。

だが、この時点でふたりは正しいルートを見失っていて、下っていくはずの道はどんどん上り坂になっていった。登っていく途中に工事中のような箇所があった。ロープが張られていて、ブルーシートが敷かれ、土嚢もいくつか積まれていた。そこを過ぎると、木に結ばれたリボンが見つかり、道標も現われた。どうやらふたりはいつの間にか正しいルートにもどっていて、それを逆にたどっていたようだ。

結局、途中でおかしいことに気づき、ふたりは引き返すことにした。下りでは足の速い里見が先行する形となり、そのままひとりでどんどん下っていき、前トム平の下部まで下りてきたところで、ハイマツのところに黄色いザックが見えた。「あっ、山崎さんだ」と思ってそこまで下りてみると、ハイマツの上で大の字になっている山崎ガイドがいた。

まさか意識を失っているとは知らず、ただ寝ているだけだと思った里見は、山崎ガイドのそばで大声でまくしたてた。

「山崎さん、起きて起きて。上では四人の女の人たちが動けなくなっているのよ。あなたの持っているテントを持っていって張ってあげて。ガイドさんはガイドさんらしい仕事をしてよ」

その声が届いて、山崎はようやく目を開けた。だが、「早く起きて」と言われても起き上がることができない。「じゃあ救援を頼んで。警察に電話して」と里見が言うと、のろのろと携帯電話を取り出した。しかし電話はつながらず、「だったら西原さんと瀬戸さんにメールをして」と言ったら、一生懸命携帯を操作しはじめた。このときの山崎の反応は終始朦朧とした感じで、動作も極めて鈍かったという。

そこへ遅れていた久保が下りてきた。そのとき彼が言った言葉が、里見の記憶にくっきりと焼きついている。

「このやろー、こんなことやらかして。この責任をどうしてくれるんだ」

だが、久保自身はこの発言を強く否定している。彼は「お前さんは客ではなくガイドなんだから、ガイドの仕事をちゃんとやってもらわなきゃ困る」と言い残して、ひと足先にひとりで下りていった。

その場に残った里見は、上で行動不能に陥っている四人の女性を助けるため、なおも山崎ガイドをせっつき続けた。しかし、山崎ガイドは動けず、瀬戸ガイドと西原ガイドにもなかなか連絡はつかなかった。なにも動きがとれないまま、時間だけがどんどん過ぎていった。大谷と阿部のところに引き返すことも考えたが、一度道に迷っていたので、ひとりでもどれる自信がなかった。そのうちに用を足したくなったので、下の林の中に入っていって用を足そうとしたときに、うしろから「おほん」という声が聞こえてきた。それが清水だった。

結果的に下山組のしんがりを歩くことになった清水は、平戸や谷と別れてから、一度も休まずにノンストップで歩き続けてきた。歩いているときは頭が真っ白な状態で、なにも考えていなかった。

「頭に入っていたルートを間違えないように、ということだけを無意識に実行していた。疲れは全然感じなかった。ペースはゆっくりしたものだったが、ただひたすら足を前に出していた。岩城さん、阿部さん、大谷さんらのことは一度も考えなかった。自分としたらそれが情けない。ふつうだったらものすごく気にしていると思う」

ひとり下山していたときのことを、今になってそう振り返る。途中の雪渓上と岩場でルートを間違えそうになったが、周囲を慎重に観察したらすぐに正しいルートが見つかった。「トムラウシ公園」の標識を見たときには、「もうここまで下りてきたのか」と思った。前トム平で再び標識を確認し、その先の岩場を越えると一面のハイマツ帯に差し掛かった。そこに山崎ガイドがいた。

彼はゆるやかな斜面にもたれかかるようにして仰向けになっており、そばにザックがおいてあった。印象的だったのは、彼の親指だった。何度も「山崎さん」「山崎さん」と声を掛けたのだが見向きもせず、携帯を持った手の親指だけがひたすら動いていた。

「いくら呼び掛けても応答がないので、『先に下山するよ』と言って、その場を離れた。そのときは躊躇がなかった。なにも思わなかった」

そこから緩やかに下っていき、林のなかに入ったところで里見に出くわした。彼女は用を足していたようだったので、「ゴメン」と言ってうしろを向き、その先の雪渓をゆっくり下りていった。歩きながらうしろをちらっと振り返ると、里見があとに続いているのが目に入ったので、雪渓の下部まで下りてきたところで合流した。

このとき里見は自分がコース上のどのあたりにいるのかわからず、大谷と阿部がいる場所を清水に尋ねると、「もうずっと下のほうまで下りてきている」と言われた。

「それで諦めてしまった。結局、私は彼女たちを見捨てたことになってしまった。ふたりの様子は聞けなかった。自分がもどらなかったことがいちばん心に引っ掛かり、聞く気になれなかった。聞かなくても、『ああ、ダメなんだな』と思った」

コマドリ沢分岐から新道に入り、斜面をジグザグに登っていった。登りではペースをガクンと落とし、呼吸が乱れてきたら小休止をした。

「歩きながら里見さんとぽつぽつ話をした。なにを話したかは記憶にない」（清水）

途中で時計を見たら午後七時前後になっており、そろそろ暗くなりはじめていたのでヘッドランプを準備した。「新道」と書かれた立派な看板を過ぎて間もなく、前方から近づいてくるヘッドランプの明かりにふたりは驚かされ、清水は手に持っていたヘッドランプを相手に向けた。

「あんた誰？」

そう声を掛けられ、言葉の独特のイントネーションからそれが久保であることが清水にはすぐわかった（久保は「救援隊ですか。アミューズの参加者ですが」と言ったという）。

「同じツアーの客だ。自分はトムラウシ温泉に下山するが、あんたはトムラウシ山に登っているよ」

「ほんとう？　信じられない」

「あんたはどこまで下りていったの？　どうして登っているの？」

「わからない」

「谷を下りていって尾根を登っていったところで、清水さんと里見さんが別方向からやってきた」と久保は言っていた。おそらくコマドリ沢分岐から旧道に入り込んでしまい、新道に合流した地点で再び方向を間違え、トムラウシ温泉に下らずに逆方向に行こうとしていたのだろう。

そこから三人はいっしょに下りはじめた。分岐では、清水が「短縮コースは林道歩きが長いから、トムラウシ温泉コースのほうへ行く」とふたりに説明して右にルートをとった。下っていく途中、先頭の清水がふと気がつくと、うしろからは誰もついてきていなかった。下っていくと、先の開けた場所まで行って待っていると、やっとヘッドランプの明かりが見えてきた。

合流したときに、清水は久保に「あんた、コースわかるの」と尋ねられた。

「コースはわかる。この先は一本道で分岐はない。ひたすら歩けば林道に出る。もし離れても、紛らわしいところがあったら、しっかり目印をつけとくから」

そのときに里見が「ここからは先頭が清水さん、私が真ん中で、最後が久保さん」と言って歩く順番を決め、下山を再開した。しばらくすると久保が遅れはじめ、ひとりだけ離れる形となったが、迷う心配もないことからふたりはそのまま下山を続けた。

ふたりが林道にたどり着いたのが零時五十分。寺井・星野コンビと同様、通りかかった報道陣の車にピックアップされ、直接トムラウシ温泉へと搬送されていった。

ひとり遅れていた久保は、途中でビバークすることにして、シュラフカバーを被ってマットの上に寝転んだ。午前一時半から二時間ほどぐっすり眠ったのちに再び歩き出し、三十分ほどで林道に飛び出した。ここで一般車両に拾われてトムラウシ温泉へと運ばれた。

久保が歩きはじめたころと前後して、トムラウシ公園の上部でビバークをした平戸も行動を再開する。

「三時ちょっと過ぎぐらいから起き出して片づけをした。四時になったら出発するつもりでいたが、三時四十分ごろから歩きはじめていた」

出発前に平戸はトムラウシ山のほうに向けてヘッドランプをかざしたという。まだ上のほうに留まっている人が、この明かりを見ているかもしれないと思ったからだ。

下りていく途中、ヘリコプターが上空を飛んでいるのが見えた。

「私の上も旋回していたので、私が下山していることはわかったと思う。途中で振り返ったら、たぶん私がビバークしていたあたりだと思うが、ヘリから救助隊員が吊り下げられて下りていくのが見えた」

前トム平のあたりにさしかかったとき、ヘリが近くに着陸して救助隊員が駆け下りてきた。「大丈夫ですか」と聞かれたので、「ええ、大丈夫です。自分で下りられると思います」と答えたら、「そうですか」と言ってもどっていった。

「自分では自力で下りられると思っていたし、下りてみたいという気持ちもあった」

しかし、すぐにまた救助隊員が引き返してきて、「いや、やっぱりヘリに乗ってください」と言われ、ヘリで山麓に搬送されていった。それが五時過ぎのことであった。

行動不能に陥って北沼の近くでビバークしたガイドや参加者の状況については、生存者へのインタビューができなかったため、『事故調査報告書』より行動概要を抜粋しておく。

山崎ガイドと十人のツアー客を送り出した瀬戸ガイドは、北沼分岐の先の雪渓を登り切ったところに所持していたツエルトを張り、その場に残った永井に手伝ってもらいながら行動不能の三人の女性のケアに当たった。ひとまず落ち着いたのち、彼は「南沼キャンプ場にテントを張っている人たちがいたら力を貸してもらおう」と考え、南沼キャンプ場に向かった。その途中で携帯からアミューズ社に〈すみません。七人下山できません。救助要請お願いします。トムラの北沼と南沼の間と、北沼の二カ所です〉と救助要請を依頼するメールを入れた。それが午後四時三十八分のことである。〈南沼キャンプ場の手前で岩城がうずくまっていた。声を掛けたが反応がなく、首筋に触れても脈はなかった。さらに南沼のキャンプサイトに行くと、青いビニールシートの塊が二つあった。中を開けるとテントや毛布、ガスコンロなどがあったので、担いだり手に持ったりして来た道を戻った。途中、岩城に毛布を掛けてあげ、ビバークサイトに帰着する〉(『事故調査報告書』より)

南沼に置かれていたテントやコンロなどは、登山道整備業者がたまたま現地にデポしておいたものであり、〈これがなかったら、もっと犠牲者はふえていただろう〉と報告書は指摘している。デポ品をビバークサイトに持ち帰った瀬戸ガイドは、永井といっしょにテントを設営し、その中に三人の女性を収容して手当を続けた。しかし、ガスコンロによる保温や心臓マッサージなどの甲斐なく、宮本は息を引き取ってしまう。

ただ、意識を失っていた大内は意識を取り戻し、しばらくすると元気になってきた。もうひとりの杉中の状態も落ち着いているように見えたので、瀬戸ガイドは水汲みを兼ねて再び南沼を往復し、ガスコンロやボンベや毛布を補充してきた。その途中でアミューズ社や地元の新得警察署と何度か携帯でやりとりをし、午後八時ごろテントにもどったところ、杉中が意識不明に陥っており、すぐに心臓マッサージを施したものの息を吹き返すことはなかった。その後は、三人とも雨具を着たまま膝を抱え、うとうとしながら朝を待った。火の番は、瀬戸ガイドと永井が交代で行なったという。

あたりが明るくなってきた翌朝四時前、西原ガイドと浅上がビバークしている北沼分岐付近まで偵察に出た瀬戸ガイドは、そこでふたりの遺体を発見する。ツエルトは風で飛ばされ、近くの岩に引っ掛かっていた。

この日の天候は晴れ。朝六時五十分に陸上自衛隊のヘリコプターが北沼に飛来し、遭難者は全員山麓へと搬送されていった。

7月17日、北沼分岐先の第2ビバーク地点で救助される遭難者（写真＝北海道新聞）

第2章 証言

山崎 勇

面識のなかった三人のガイド

――ガイドの仕事を始められたのはいつごろからですか。

山崎　事故の四、五年前ですかね。最初は地元のアウトドアショップのお手伝いのような形で始まって、三年ぐらい前からアミューズの仕事が入ってくるようになりました。最初の一、二年は、月に一回あるかないかの手伝い的な仕事で、サブガイドばかりでした。メインで頻繁に出るようになったのは事故の一年半くらい前からです。

――ガイドを始める前までは個人で山登りを。

山崎　そうですね。もともとはロッククライミングだったんですが、岩場に行くまでの山歩きなどを経験しているうちに、やはり登山が楽しくなってきて。性格的にとことん突き詰めたがるほうなので、アルプスの縦走やアルパインクライミングとか、けっこうリスキーなこともやってきました。

――山岳会には入られていたんですか。

山崎　僕に山を教えてくれた人が地元のアウトドアショップにいたので、その人にくっついていろいろな岩場に行ったり、アルプスを縦走したりしていました。

――個人で登っていた時期を含めると、登山歴は何年くらいですか。

山崎　始めたのが十代のときですから、十四、五年、もっとになるのかな。アルパインなどを本格的に始めたのはここ十年くらいのことだと思います。

――それで、地元のアウトドアショップを通してガイドの仕事をやるようになったと。

山崎　はい。「暇だったら来てくれない？」って感じで。個人で登っていたときは単独行が多かったので、最初は面倒くさいという気持ちもあったんですけど、連れていった人が喜んでくれたり、「いっしょに行ってよかった」とか言われたりすると、だんだんそれが楽しくなってきて。まあ、ええかっこしいのところもあるんですけどね。

――なにかしらのガイドの資格はお持ちでしたか。

山崎　いいえ、持っていません。ただ、取ろうかなとは思っていました。本格的にガイドの仕事をやるんだったら、やっぱり必要だよなと思いはじめたときに、今回の事故があったんです。

――アミューズ社の仕事を始めたときに、問われたのは過去の経験だけでしたか。

山崎　そうですね。知り合いにアミューズのガイドの人がいて、その方の紹介でした。とくに審査があったわけではありません。軽い山歩きからぼちぼち始めて、そこらで会社の方もチェックすると思うんですけど、そのうちに「彼だったらアルプスを任せてもいいかな」というような判断になっていくんでしょう。その基準はファジーだと思います。

——アミューズ社との雇用形態はどうなっていたんですか。

山崎　一回ごとの契約です。専属ガイドという形で登録させてもらって、ツアーに行くたびにギャラが発生し、その場で精算するという形でした。雇用保険はありませんでした。

——ほかのツアー会社では仕事をやってらっしゃらなかったんですか。

山崎　はい、やっていません。「ほかのところではやらないでください」というようなことを言われてましたので。

——ガイドの方へのトレーニングや机上講習などはやっていましたか。

山崎　四半期に一回くらい。セルフレスキューのロープワークの類いの講習をやるだけでした。低体温症などについても、いちおう机上の理論で知ってはいましたが、実際に直面してみると、こんなにも呆気なくなるものかと思いました。気づいたときにはもう遅かったです。自分がなったからよくわかるんですけど。

——同行するツアーの行き先は、アルプスもあれば近郊の山もあるんですか。

山崎　そうですね。僕がよく行っていたのは、アルプスと鈴鹿山脈と台高山脈ですね。そのあたりはわりと詳しかったです。僕としても、知っているところへしか行きたくないというのがあるので。今回の大雪山は、自分の知らない山でしたけど。

――行く山を自分では選べないんですか。

山崎　「こういうプランがありますが、どこか行きますか」といった形でした。人気のあるガイドでしたら、ある程度の選択権はもらえます。

――最初のころはサブガイドとして行っていたんですか。

山崎　サブが多かったですね。言ってみればポーターというか、雑用係でしょうね。お客さんが食事をするのに、三十分ぐらい先行して、お湯を沸かして待っているとか。

――ツアー登山に対して危うさのようなものは感じていましたか。

山崎　もちろん感じていました。雪山へ連れて行くのにも、アイゼンの着け方を知らない人がほとんどなんですよ。初冬の富士山などへ行ってアンザイレンするときも、ロープワークも知らないというレベルですからね。冬山に登るのなら、そうしたことを知っているのは当然じゃないですか。そんな人たちを連れて行っていいんですか、という話です。ですから、そういうリスキーなところには行きたくないというのはありましたね。

――ただ、ガイドさんの側から会社に対して、「もう少し参加者の審査基準を厳しくしてほしい」といったようなことを言える状況ではないと……。

山崎　添乗員や社員の人たちとの会話のなかで、「これはちょっとヤバイんじゃないの」という話が出ることはありましたけどね。だからといって、僕らの口から会社に面と向かってどうのこうの言うことはなかったですね。言ってみればクライアントですので。

――それを言ってしまうと、仕事がもらえなくなるということでしょうか。

山崎　それもありますね。で、アミューズのツアーでは、決定権は添乗員にあるんです。ガイドじゃないんですよ。添乗員が「行く」と言ったら、ガイドはそれに従うしかないんです。一度、確認をとったことがあるんです。「こういった場合、どちらに責任があるんですか」と。そうしたら、「添乗員の決定に従ってくれ」と明確に言われました。

――添乗員というのは、旅程管理の資格を持っている人のことですよね。

山崎　すべての旅程を管理する人間のことですが、僕らはツアーの責任者というとらえ方をしていました。基本的に添乗員は会社の人間で、添乗員は添乗員、ガイドはガイドという形でツアーは構成されています。ただ、今回の事故では、西原さんが添乗員兼ガイドでした。添乗員がガイドを兼任することはたまにあるのですが、行き先が遠いところだったので、彼ひとりに全部任せることにしたんだと思います。

——ふつうは添乗員のほかにガイドがついて、だいたい二人くらいで率いているんですか。

山崎　まず添乗員がひとりいて、雇われガイドがひとりいて、そのほかにサブガイドがひとりつくという形が一般的ですね。それが最も多かったパターンです。

——このときも同じパターンでしたね。

山崎　西原さんが添乗員兼ガイドで、現地スタッフとして瀬戸君が来て、僕がサブガイドでした。

——三人のガイドは、お互いに面識がありましたか。

山崎　ゼロです。新千歳空港で初めて会いました。西原さんはアミューズでは古株だったので、瀬戸君も名前は知っていたみたいですけれど。

——でも、いっしょに山を歩いたことはなかった。

山崎　「ない」と言ってました。

——事前に電話で打ち合わせはしたんですか。

山崎　打ち合わせはしました。で、「当日はよろしくお願いします」と。

——不安はありませんでしたか。

山崎　それは不安でしたね。西原さんが北海道の山を熟知しているとか、何回も行ったことがあるというんだったら話はまた別なんですが、「今回は僕も初めてなんだ」ということを空港で聞いたんです。ガイドがまったくトムラウシを知らないんですよ。「冗談でしょう。先に言ってくれよ。だったら止めてたのに」って思いました。ほんとうに新千歳空港から帰りたくなるぐらい嫌でした。

——わかっていたら止めていましたか。

山崎　嫌ですね。前の年にアルプスのツアーで何度かいっしょになったラクパさんがいるということで、「じゃあ、行こうかな」というくらいのノリでしたから。ただ、自分の山に対する挑み方がアマかったのは確かです。いくらサブガイドというポジションだとしても、会社側の人間として行くわけだから、やっぱり下調べは充分にしなければいけなかったし、同行するスタッフは誰なのかということくらいは聞くべきでした。でも、行ってしまった以上は、まな板の上の鯉ですから、やるしかないと思いました。

——行きの飛行機の中で、山崎さんが「これは会社がくれた夏休みみたいなものだ」と言っていた、という生存者の方の証言がありますが。

山崎　そんな感じで受け答えした記憶はあります。サブガイドでしたから、お湯沸かし、雑用、ポーター、ボッカをやればいいのかなという軽い気持ちだったことは確かです。それについては否定しません。そのとおりです。

――西原さんが北海道の山に来るのは初めてだと知って、不信感みたいなものを感じましたか。

山崎　不信感はありませんでしたが、やはり「大丈夫かな。ケガ人もなく無事に下りてこられたらいいいな」とは思いましたね。

なぜ出発を強行したのか

――出発の前日に天気予報をチェックしたそうですね。
山崎　しましたね。爆弾低気圧になるかもしれないけど、エスケープルートはあるんだろうかという話をしていました。このコースは、一度山に入ってしまうと、なかなかエスケープルートがないじゃないですか。それを西原さんは「イヤだな」と言っていたんです。でも、そのあたりのことは瀬戸君に丸投げしていたと思います。
――エスケープルートがないことについて、具体的な話はなかったんですか。
山崎　いちおう「こういうルートがある」という説明は瀬戸君のほうからあったんですけど、そのルートにしてもけっこう歩きますから、「これでエスケープになるの？」という話ですよね。エスケープルートの話は、西原さんと瀬戸君が中心になってしていました。「あんたはサブだから、言われたことだけやってくれ」という空気は確かに感じました。でも、それは僕もわきまえているつもりです。自分がメインガイドのときは、サブに口出ししてほしくありませんから。そのときも西原さんと瀬戸君に任せようと思ってました。

——三人の間でのコミュニケーションはどの程度だったんですか。

山崎　事務的な打ち合わせ程度でした。みんな初対面同士ですから、そんなに打ち解けるわけもないし。言ってみればその場限りのチームですので、信頼関係はなかったと思いますね。ただ、僕と西原さんはタバコを吸うので、休憩時にいっしょにタバコを吸うときにはいくらか話をしました。西原さんは、「イヤなもん受けちまったな。こんなところにはもう来たくない」というようなことを言っていました。彼は彼なりに思うところがあったんじゃないでしょうか。そういった気持ちは僕も同じでしたけど。

——一日目からそう感じていたんですか。

山崎　そうです。ヒサゴ沼避難小屋に泊まっているときは、西原さんはもうほんとうに「こんな山には絶対に来ない」と言ってました。

——参加者の方たちの登山歴は事前にチェックするんですか。

山崎　まったくわからないです。このツアーに参加するくらいだから、星いくつのツアーには参加しているんだろうという程度の情報です。リピーターの方がたくさんいる会社なので、何度か会った方がいらっしゃることはありますけど。このときは、久保さん以外は初めて会う人ばかりでした（註・実際は過去のツアーでいっしょになった人はほかにもいる）。

――一日目は、参加者のなかにもどされた方がいたそうですね。

山崎　二〇〇〇メートルを超えると体調が悪くなる体質だったらしいです。でも、本人は「私はこうだから」と、開き直ったような感じでした。

――そのほかはとくに問題もなかったようですね。

山崎　そうですね。天気も景色もよかったし、みんな満足して登っていました。で、白雲岳の分岐からは、皆さんが白雲岳に登っている間に僕らが小屋に先行して、水を汲んだりお湯を沸かしたりしていました。

――この日にテントの試し張りをしたという話も聞いたんですが。

山崎　しましたね。前回使って濡れたままだったので、乾かしたかったんです。前回のトムラウシのツアーのときにヒサゴ沼避難小屋で使ったやつを、そのまま袋に入れてあったんです。それを下山後に宅配便で旭岳温泉の宿に送ってあったわけです。

――そうやって使い回しているんですね。山崎さんが担いでいたのは、四人用テント一張だけ。

山崎　ラクパさんとどう分担したか忘れちゃったんですけど、一張か二張です。ほかに鍋やバーナーのボンベなどを詰め込みました。重かったですよ。肩にめり込むくらい重かったです。でも、それがふつうだったので、別になんともありませんでしたけど。

――テントを張ったのは乾かすためだったんですね。

山崎　そうです。あと、次の日に使うことになるかもしれないので、いちおう点検しておこうということで。そこで点検しても遅いんですけどね。

――二日目に天気が崩れました。

山崎　やっぱり来たかという感じでした。ただ、二日目の行程にはアップダウンがあまりないということがわかっていたので、なんとか行けるんじゃないかと思っていました。

――登山道の水はけがかなり悪かったみたいですね。

山崎　そうですね。結局、皆さん足がぐちゃぐちゃに濡れていたので、今さら気にしたってどうしようもないということで、「濡れてもいいから気にせず歩きなさい」って、言ったと思います。朝から晩までずっとそうでしたから、ご年配の方はかなり疲れたでしょうね。

――話を聞いたかぎりでは両極端でしたね。疲れたという人もいるし、全然大丈夫だったという人もいましたし。

山崎　やはり個人差はありますよね。同じ状況に陥っても、平気な人は平気でしょうし、大変な人は大変なんでしょうからね。

――前日、吐いていた方はどうでしたか。

山崎　朝からご飯を食べられなかったとおっしゃっていたので、「なるべく食べなきゃあかんよ」とか、「飲み物だけでも」とか、いろいろと声をかけた記憶はあります。

――遅れそうな人がいるかどうかは、当然、どこかの時点でチェックしますよね。

山崎　体調の悪い人はいないか、歩くペースが極めて遅くなった人はいないかといったことは、目の届く範囲で気をつけてはいます。でも、ひとりで全体を把握できるかといったら、十五人もいるんですから、やっぱり把握できませんよね。

――ツアー登山では、みんなのペースについていけなくて遅れる人が出るという話をよく聞きますが、そういうことは頻繁にあるんですか。

山崎　基本的に遅い人のペースに合わせるようにはしています。僕がツアーを率いるときは、当日一～二時間歩いてみて、その日のペース配分を決めていました。ただ、あまりにも遅すぎる場合は、サブガイドがマンツーマンで遅い人につき、ほかの皆さんには先行していただくということもあります。そんなに頻繁にあるわけではありませんけどね。

——二日目に泊まったヒサゴ沼避難小屋の環境がよくなかったそうですね。

山崎　皆さんがおっしゃるほど、窮屈ではなかったと思います。でも、「濡れたものを干せない」という声は上がっていたようです。物干用の鉄線が一本張ってある程度でしたからね。ほかにも「あれができない」「これができない」という苦情がいろいろ出ていたみたいなので、西原さんにはウンザリ感があったでしょうね。

——翌日の行動について、三人でミーティングはしたんですか。

山崎　していません。翌朝になって、「じゃあ、どうしようか」という話になりました。で、西原さんと瀬戸君が話をして、出発を三十分遅らせて様子を見ることになったんです。三十分くらい遅らせたところでなにも変わらないんじゃないかと思いましたけど、それは口には出していません。三十分経って、どうするのかなと思って横で聞いていたら、「行こう」ということになって、「ええっ、マジで？　冗談でしょ」と思いました。

——行くことにした根拠はなんだったんですか。

山崎　わかりません。

――天気がよくなるという予測ですか。

山崎　じゃないですか。見切り発車だったと思います。午後から快方に向かうハズだ、と。でも、ハズってなんなの？　ということですよね。今の状況を見れば、「この状況で行くんですか？」という話になるはずなのに、「行こう」と決断したわけだから。「ああ、行くんだ、こいつら。じゃあ、行くしかないよな」という考えでしたね。出るという決断をした以上は、サポート役に徹するしかありません。

――その決定に従わざるを得ないという意味では、お客さんと同じような立ち位置ですよね。

山崎　たしかに口を出せる立場ではありませんでしたけど、お客さんにしてみれば、僕は会社側の人間ですよね。その人間が、行くと決まったことに対して「やっぱり行きたくない」なんて言ったら、おかしな話になっちゃうじゃないですか。黙るしかないですよね。僕らにも、連れて行った側の人間として責任はあるんです。

――ふたりが喋っているのは、山崎さんにも聞こえたわけですよね。

山崎　聞いてました。横にいましたんで。黙ってましたけど。

――どういう会話をしてたんですか。

山崎　「昼から天気がよくなるみたいだけど、どう思う？」みたいな話でしたね。でも、ラジオを聞いたわけでもないし。ラジオを持っていなかったことが指摘されていましたけど、あとで聞いたら、僕の荷物の中からラジオ付き懐中電灯が出てきたらしいです。そういえばあったなと。そのくらいにしか思ってなかったので。あそこでラジオが通じるかどうかも疑問ですし（事故調査特別委員会の現場検証では、ラジオの感度は良好だったという）。

——生存者のひとりは、出発間際に山崎さんが近くにいたので、「台風みたいな天気ですね」と話しかけたら、山崎さんが「台風と同じです」と答えたと言っていました。続けて「こんな日には行きたくないわね」と言ったらしいんですけれど、山崎さんは答えなかったそうです。

山崎　この天気は台風と同じだよ、というのは自分の本音です。台風の日に山登りをする人がいますか？　いませんよね。行ったって楽しくないし、北海道まで来て、あんな風雨のなかで稜線を越えるようなリスキーなことはしたくありません。半日待って天気がよくなるんだったら、待てばいいじゃないですか。だから西原さんが生きていれば、僕も言いたいことはいっぱいあったんです。自分の人生も、あの瞬間に変わったわけです。それはそれで僕の運命だったと思いますが、いまだに毎晩、思い出すんですよ。北沼の分岐で、浅上さんが僕の腕の中で亡くなっていったときのことを。なんであそこで出発したかというのは、僕も聞きたいです。

——そのときの判断材料のひとつとして、帰りの飛行機便が決まっているということも考慮されたんでしょうか。

山崎　停滞となると、飛行機便を全部とり直さなくちゃならないし、翌日の宿もまた手配しなければなりません。そうしたことを考えると、多少無理してでも下りたほうがいいという西原さんの判断だったのかもしれません。逆の立場で、僕が添乗員兼ガイドだったらどうするかといったら、実際そうなってみないとわかりませんね。でも、そういうことは考えると思いますよ。

——この日の午後には、アミューズ社のツアー登山の別パーティが小屋に入ってくることになっていました。それが出発を強行した一因にもなっているとお考えでしょうか。

山崎　その話は聞いていましたけど、出発した要因とは思いたくないですね。

聞けなかった「引き返そう」のひとこと

——ヒサゴ沼避難小屋を出発してすぐに雪渓が出てきますね。そこでアイゼンの装着に手間取ったそうですね。
山崎　アイゼンの着け方がわからないというお客さんが何人かいたので、装着を手伝いました。
——事故調査報告書によると、稜線に出た時点で状況が悪ければ、天人峡へのエスケープルートをとらざるを得ないと瀬戸さんは考えていたようですが。
山崎　僕は聞いていません。
——稜線に出たときに、「どうしようか」という相談はしなかったんですか。
山崎　なかったですね。あって然るべきだと思いますけど、そういうのはなかったです。
——日本庭園のあたりでは、そうとう風が強かったそうですね。
山崎　日本庭園を越えたあたりじゃないですかね。そこらへんで浅上さんがひとり遅れはじめました。フラフラして見るからにおかしかったので、肩を貸しながら「がんばって、がんばって」と励まし続けました。その時点で、「来た！」と思いました。いちばん恐れていたことが来ちゃった、と。
——その時点で危機感を覚えたわけですね。
山崎　無事に帰れるのか、なにもなければいいなあという不安は常にありましたね。

出発した時点から。

——引き返そうと思えば、まだ引き返せましたよね。

山崎　引き返せたと思います。でも、先行している人たちはとっとと行っちゃうし、追っかけるしかないですよね。

——トランシーバーは持っていなかったんですか。

山崎　僕は持っていませんでしたが、瀬戸君と西原さんは特定小電力のトランシーバーを持っていたみたいです。もっとも、持っていても使えたかどうかは……。あのタイプのトランシーバーで相手の話を聞き取れたことは、僕は一度もないもので。

——風が強い場所で、山崎さんが風に向かって耐風姿勢をとるように指示されたことを、何人かの方が疑問に思っていました。風上ではなく、風下に向くんじゃないかと。

山崎　まともに立つこともできないくらいの風だったので、風上に向かいながら歩かないと。

——風上に向かって耐風姿勢をとれということですね。

山崎　とにかく、「飛ばされちゃいけないという頭があったので、「風に向かって踏ん張って歩いてください」と言った覚えはあります。あの状況では、自分の言ったことがうまく伝わっていなかったかもしれませんが。

——北沼に行くまでに、引き返すことは一度も考えなかったんですか。

山崎　静岡のパーティに抜かされる前、ロックガーデンのあたりの岩がゴツゴツしているところを登っているとき、「ヤバイよ。これ、マズイっすよ」と言いました。「やっぱり引き返そう」と言われるのを、どれだけ待っていたか。でも、「おまえ、なに言っとんだ」みたいな感じでそのまま先に行っちゃったんで、「行くんだ……」と。それ以上言っても仕方がないので、じゃあ、自分のできることをするしかないなって思ったんです。

——ロックガーデンを上がった先の水浸しになっている登山道で、お客さんのひとりがなるべく濡れないように道の端のほうを歩いていたら、山崎さんに「真ん中を歩け」って怒鳴られたと言っていたんですが、それは覚えていますか。

山崎　覚えてないですね。なにかの理由で危なっかしく見えたので、そう言ったんじゃないかと思います。

——北沼に下りていく広い丘の上で十～二十分待たされた、と言っていた人もいます。

山崎　わからないですね。僕は浅上さんに肩を貸しながら付きっきりで歩いていたので。

——それは列の真ん中あたりですか。

山崎　列の後半くらいですね。そのうしろに西原さんがいました。しばらく歩いて行ったら、北沼のところでみんなが待っていたんです。

――北沼へ下りていくときも風が強かったそうですね。

山崎　すごかったです。冬の富士山ぐらいの風だったかもしれません。まともに立っていられませんでした。ほんとうに怖かったですね。しかし、なにが怖かったかって、浅上さんがああいう状態だったので、そのままあそこに釘付けになることがいちばん怖かったです。結果的には恐れていたとおりになっちゃったんですけどね。人によっては一時間以上待機していたと言っていますが、僕には三十～四十分ぐらいに思えました。それだけでも充分体力が奪われていきました。

――流れを渡るときに、転んでしまったときのことはよく覚えてますか。

山崎　体を支えながら渡っているときに、ドバーンと落ちちゃったんです。その瞬間、「ヤバい」と思いました。その後、急激に体温が奪われていきました。

――そのあたりで浅上さんが動けなくなったんですね。

山崎　僕が抱きかかえていました。もう目を閉じようとしていたので、何度か顔を叩きながら、「起きて！　起きて！」「しっかりして！　しっかりして！」と。持っていた温かい紅茶を飲ませたりして、ずっと介抱していました。そのあたりから記憶は断片的になっていくんですけど、瀬戸君たちが先行して風の当たらないところを探しにいき、その間、僕はずっと浅上さんに付きっきりになっていました。そうしたら西原さんが来て、「俺が代わるから、先を追いかけてくれ」「瀬戸ひとりだから行ってやってくれ」と言われたので、「じゃあ、よろしくお願いします」と言って、先行しているみんなを追いかけたんです。それが西原さんとの最後の会話でした。

——追いついてみたら、ほかにも動けなくなっている人が何人かいたわけですね。

山崎　ですね。そのときに瀬戸君から「動ける人を山崎さんが連れて行ってください」と言われたんです。だけど僕は道を知らないし、低体温症の症状も出ていたから、とてもまともには下りられないと思い、ならばおまえがみんなを連れていったほうがいいんじゃないかという意味で、「体力があるのはおまえのほうだろう」と言いました。

——自分の体調の異変は、どのあたりで自覚しましたか。

山崎　浅上さんを抱きかかえていたころから、どんどん体温が吸い取られていく感じがしていました。先行した人たちを追いかけていくときも、明らかに身体がおかしかったので、「ああ、来たかな」と思っていました。

——低体温症だという自覚はありましたか。

山崎　ありましたね。じっとしていたときはガタガタ震えていて、だけど動けば治るかなとも思ってました。とにかく身体を動かさなくちゃいけないと。

――瀬戸さんが現場に残り、山崎さんがお客さんを率いて歩き出してすぐ、行動食を食べるために休憩をとったそうですが。

山崎　かもしれませんね。

――その先でパーティがバラバラになっていきます。

山崎　瀬戸君に「南沼で一回点呼してください。そこで下りられる人間だけ下ろしてください」と言われていたから、南沼でうしろを振り返って人数を数えました。全員がそろうのを待って「みんないますか？」と確認することはしていません。で、明らかにふたり足りないんですよ。それは覚えてます。でも、僕の体調もますますおかしくなっていて、手も足も棒みたいに固くなっているし、震えも断続的にあるし。結局、ふたりを探しに行くことはできませんでした。そのときに「もう僕も死ぬんだろうな」と思い、「とにかく救助を要請しなくちゃいけない」ということだけ考えていました。今思えば、携帯電話を取り出して通じる場所を探せばよかったのかもしれないけど、そんな考えはまったく思い浮かばず、自分が下りて連絡しなければということで頭がいっぱいでした。

――低体温症で冷静な状況把握と判断ができなくなっていたんですね。

山崎　みんながばらけていて、僕のうしろに何人もいることはわかっていました。だけど、あの状態で連れていけるかどうかといったら、連れていけないです。だったらみんなの前で力尽きて倒れたほうがよかったのか。でも、僕があそこで行動不能に陥ったことが、あれだけ大勢の遭難者を出してしまった一因かもしれないし……。

――所持していたテントのことも、まったく思い浮かびませんでしたか。

山崎　全然頭になかったです。あとから思うわけですよ。俺が四人用テントを持っていたんだから、南沼でテントを広げて、動けなくなっている人を収容すればよかったって。そういうことを、生き残ってから毎日思っていました。

――南沼の分岐からは、「救助要請をしなければ」という一心で下りていったわけですね。

山崎　たぶん下まで下りられないとわかっていましたけど、とにかく身体の動く限り……。そのときにうしろを振り返らなかったから、言ってみればみんなを見捨てたってことですよね。

支えてくれた人たちのありがたさ

――星野さんに励まされながら下りていったのは覚えていますか。

山崎　覚えてます。携帯電話がつながって警察と話をしたのも記憶にありますが、なにを喋ったのかはほとんど覚えていません。ただ、救助を要請しているのが伝わったんだということはわかりました。そのあと、星野さんに「先に下りていいですか？」と言われたので、「下りてくれ」と言った覚えはありますが、そこからまったく記憶がありません。次に覚えているのは、集中治療室の中にいたことです。最初は状況がわからなかったんですけれど、意識が回復してちょっとしてから、「ああ、生きてるんだ。死ななかったんだ」と。それがだんだん「なぜ死ねなかったんだろう。いっそのこと死んだほうがラクだったのに」というふうに変わってきましたね。

――事故の顚末はすぐに知らされたんですか。

山崎　意識をとりもどしたときに、すぐ「ほかの人たちはどうしましたか？」と聞いたんですけど、病院側が気を遣ってくれて、「ここではわからない」と言って教えてくれませんでした。その日の夜中にうちのヨメが駆けつけてきて、そのときに初めて八人亡くなったことを聞きました。いちばんびっくりしたのは、西原さんが死んだことです。浅上さんが亡くなった責任を感じて、自ら選んだんじゃないのかって思ってしまいますね。「自分が北沼に残る」と言った時点で、そういう気持ちがあったのかもしれません。本人が亡くなっているから、聞きたくても聞けませんが。

——北沼分岐で、西原さんの様子がおかしいというのは感じられましたか。

山崎　そうですね。浅上さんを託すときに、目が虚ろだったような気がします。うろたえているというか、狼狽していたような感じはありましたよ。

——一般論で言えば、いちばん弱っている人をフォローするのではなく、むしろパーティ全体を見るのがチーフガイドの役割ですよね。

山崎　今まで公の場では言っていませんでしたが、西原さんが虚ろな感じに見えた時点で、「ああ、もうダメだ。この人には任せられない」と思っちゃったところはあります。だったら瀬戸君と俺でなんとかしなくちゃいけないな、という方向に切り替わりましたね、あの目を見た瞬間から。

——入院中は、事故の原因について山崎さんなりにお考えになったと思いますが。

山崎　ああしておけばよかった、こうしておけばよかったと、いろいろな後悔ばかりしていました。引き返すチャンスはいっぱいあったのに、なぜ引き返さなかったんだろうとか、お客さんがバラバラになったときに、どうして僕はテントを広げなかったんだろうとか。でも結局、ヒサゴ沼避難小屋を出発したことがすべてだと思います。北沼まで来てしまって、ああいう状態になっちゃってからでは、もう遅すぎます。この仕事に対しては、山に連れて行ったお客さんが喜んでくれることに、自分なりに誇りを持ってやってきたんですけどね。これを一生の仕事にしようと思っていた矢先の事故だったんです。そこで完全に終わったというか、ひとつの目標が消えちゃいました。友達は「山に行こう」と誘ってくれるけど、誰かといっしょに山へ行くことが怖くてできないんです。いつかトムラウシには行かなきゃいけないと思いますけど。線香も上げたいし……。

——事故後のアミューズ社の対応はどうですか。

山崎　「軽はずみなことはしないでください」みたいなことは言われました。でも、これまでお客さんの意見はいっぱい報道されてきましたが、連れて行く立場の人間の意見はひとことも出ていないんですよね。僕も一年間黙ってきましたけど、いいにつけ悪いにつけ、次に繋げるためにも、やっぱり言うべきことは言わなくちゃいけないと思いますし。発言したことによって会社の体制が変わって事故がなくなるのであれば、そのほうがいいに決まっているじゃないですか。同じような思いは、誰にもしてほしくありませんから。今、この事故に関して思うのは、会社の落ち度もあるだろうし、西原さんの判断のミスもあるだろうし、僕らのサポートの不備もあるだろうし、そうしたことすべてが噛み合って起きたんじゃないかということです。

——アミューズ社にかぎらず、けっこう危ない橋の上を渡ってやってきているツアー会社は少なくないと思うんですよ。それが幸いにも大きな事故につながらずに済んできたけれど、今回の事故では、ツアー登山の危うい部分がすべて表に出ちゃったような気がします。

山崎　まったくそのとおりじゃないですかね。「これはマズイでしょう」「それはちょっとあり得ないでしょう」ということが、今までにだって多々ありました。なんでこんなリスキーなことを、このギャラでやらなきゃいけないんだって思ったこともあります。事故が起きなかったのが不思議なくらいですよ。その上にあぐらをかいて、今度もなんとかなると思っていた部分はあると思いますよ。この事故はたまたまトムラウシだったけれど、ほかの山でも充分起こり得ることであり、それが今まで起きていなかっただけの話ですから。ツアー登山自体を僕は否定しないし、チームを組めない登山者にはそれはそれで非常にいい方法かもしれません。けれど、危機管理についてはもっと徹底しないとダメなんです。この事故がきっかけになって、それがよくなってくれるといいんですけどね。

――技術も知識もない人が参加してくることは最初からわかっているんだから、そういう人たちにちゃんと対処できるようなシステムにすればいいという話だと思います。だけど、効率や利益を考えるとそうはいかないんでしょうね。

山崎　損得で考えたら、やっぱり損ですよ、会社としては。でも、リスキーな商品を扱っているという自覚は絶対に必要です。命には代えられませんから。

――それがアミューズ社にはなかったということですか。

山崎　いつもやっていることだから、という認識だったんじゃないでしょうか。もちろん、僕らにも認識不足だった部分はあります。それはそうですよね。行ったこともない山へ行くわけですから。それを軽く受けてしまった落ち度があるし、誰が来るのかも確認しなかったし。いろいろなことが重なって最悪の結果になってしまったという、いい例なんじゃないかなと思います。

――この教訓を生かせるかどうかは、ツアー会社だけではなく、個々の登山者を含めた登山界全体の課題だと思います。

山崎　僕らも山をガンガンやっていたときは、事故なんて他人事なんですよ。「バカなことやってるな。こんな日に行ったら、事故るに決まってるじゃないか」って思う程度でしたよ。実際に自分が事故に遭遇するまではね。事故が起きてからというものは、真綿で首を絞められるような感じでした。死のうと思ったことも何度もありました。ビルの上から何度も飛び降りようとしました。でも……今こうして生きてるんですけどね。たしかに山は楽しいんです。四季折々で同じ景色は二度とないし、自分の存在なんかちっぽけに見えるし……。そういう素晴らしさに満ちた山で、このようなイヤな思いをしてほしくありません。同じ過ちを二度と繰り返してほしくないと思います。

――この事故によって人生がまったく変わってしまったとおっしゃっていました。

山崎　受け入れるには辛すぎる現実でしたが、起きたことは起きたこととして受け入れないと先には進めません。決して忘れることはできないし、消化できるわけはないんですけど、半年以上かかって、ようやく自分のなかで受け入れられたと思っています。この一年は長かったですよ。人生のなかでいちばん長かったかもしれないですね。家族たちにずいぶん助けられました。支えてくれる人たちのありがたさを知った一年だったかなとも思います。そういう意味では、感謝しながら生きていきます。今後の生き方は、亡くなられた方たちにも見られているだろうから、中途半端なダラダラした生き方はできないし、しっかり生きていかなきゃいけないなと思っています。

（二〇一〇年六月二日、岐阜県内にて収録）

第3章

気象遭難

飯田肇

遭難時の気象状況

この遭難は、低気圧の通過とその後の寒気の流入による悪天により引き起こされた、典型的な気象遭難である。夏季にも関わらず、気温、風、降水等で厳しい気象条件下にさらされ、低体温症を引き起こしたのが遭難の主な要因であった。一般に山岳気象遭難の場合、天気図の相関場や近隣の気象官署の観測値からの類推で山岳の気象状況を推測する場合がほとんどであり、現地での詳細な気象状況については、正確に把握されていないことが多い。そこでこの章では、トムラウシ山遭難について総合的に考える基礎情報として、遭難当時のトムラウシ山稜線がいったいどんな気象条件下だったかを、できるだけ正確に推測することを試み、遭難者がどのくらい厳しい状況下に置かれたのかを検討する。

地上天気図によると、遭難の要因となった低気圧は、七月十五日に発達しながら北海道に接近し、十六日に通過している。このころは、七月八日、十日、十三日、十五

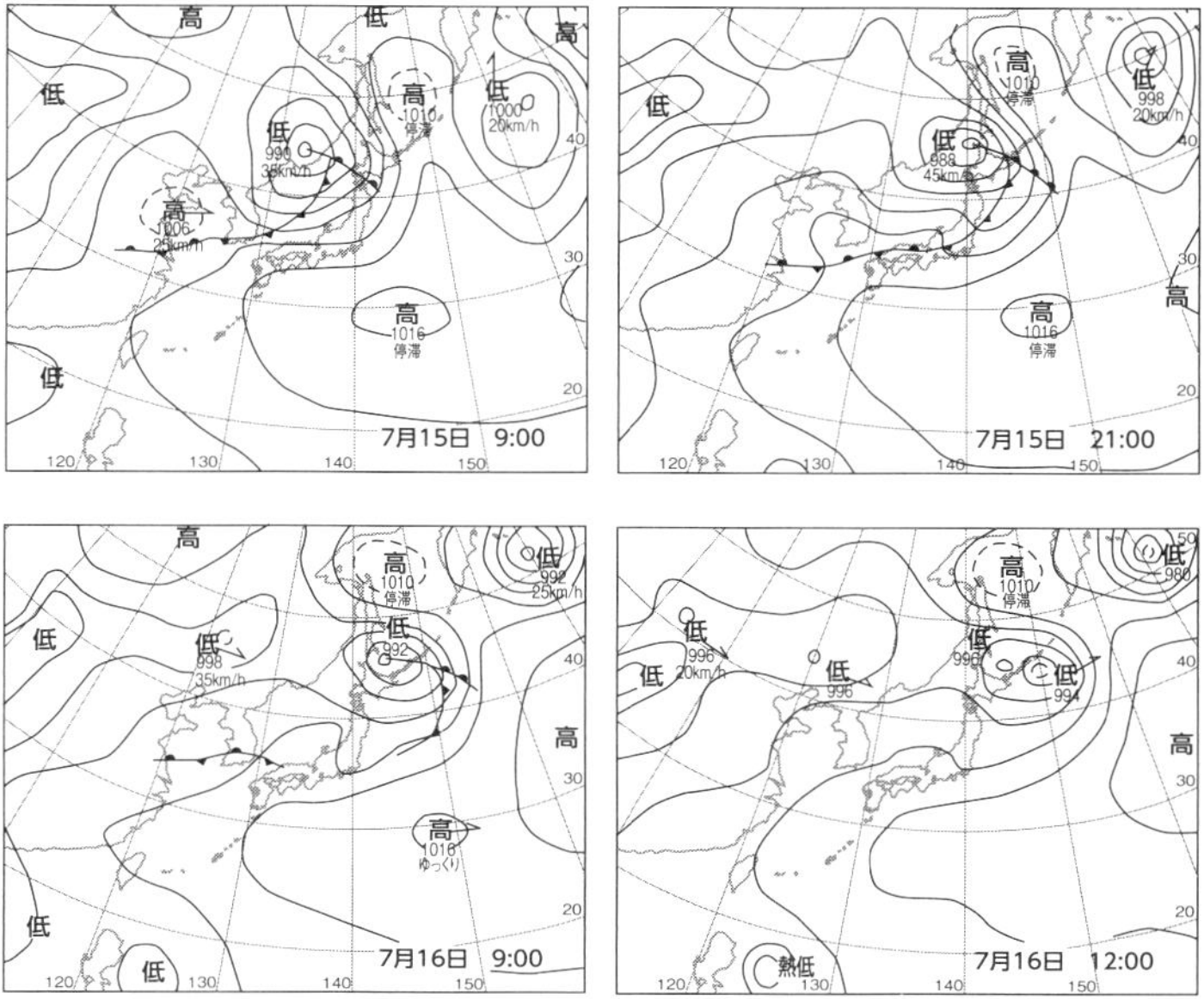

図① 遭難時の地上天気図

〜十六日と周期的に低気圧の通過が見られ、天気が一〜二日周期でめまぐるしく変化していた。

まず、地上天気図から一般気象状況を見てみる（図①）。山行第一日目の七月十四日は、低気圧が朝鮮半島付近にあり、天気は下り坂であったが、夜まで雨に降られることはなかった。

第二日目の七月十五日は、発達した低気圧が接近通過した。低気圧は九時には沿海州付近に進んで、前線が北海道にかかり、朝から風雨が強まり一日中雨が降った。札幌の高層観測によると、十五日九時の、稜線上の高度にあたる一九〇〇メートル付近の風速は一八メートル、風向は南西であった。しかし、気温は温暖前線上を吹き上がる暖気の影響で十六度Cと高かった。二十一時には、低気圧は北海道を通過して東海上に抜けた。気温が高かったことが、十五日に雨天ながら予定の行動をこなせた要因となったのであろう。また、聞き取り調査によると、十五日は稜線上では強風は吹いていなかったと推定される。風が弱かったこと、気温が高かったことが、十六日との決定的な違いであった。

次に、遭難日の七月十六日について見てみると、十五日に通過した低気圧は、十六日未明に宗谷海峡を東進した。この低気圧は閉塞化が進み、閉塞前線が形成されているが、大雪山系では、当日未明から寒気とともに強い西風が吹きつける状況であった。この低気圧はゆっくりと東進したため、大陸から吹き出す寒気も強い状況が維持された。札幌の高層観測によると、十六日九時の一九〇〇メートル付近の気象は、気温が八・五度Cと急下降し、風速も一九メートルを記録している。また、風向は西北西に変化している。

　このとき低気圧は北海道を抜けつつあったが、上層は寒気が入り下降流の場だった。大雪山の稜線付近は、西斜面を吹き上げる上昇流と上層からの下降流がぶつかり、特に強風が吹きやすい場となっていたと予想される。十二時の天気図では、従来の低気圧の隣にもうひとつ小さな低気圧が発生して、この低気圧の発達が大雪山の天気回復をさらに遅らせたことも考えられる。

　では、現地でこのような天気の予想は可能だったのだろうか。十六日朝五時の天気予報では、上川地方は「南西の風のち北西の風　くもりで所により朝まで雨」、十勝地方は「西の風のち北西の風　くもりで昼過ぎから晴れ所により明け方は雨」であった。これらを情報源として、ガイドは、天気は回復すると予想して出発したのだろう。確かに、登山中に入手しやすい平野部の天気予報や地上天気図のみからでは、十六日の悪天を予想することは難しかったかも知れない。

しかし、平野部では低気圧通過後に下降流場に入り天気は回復してくるが、山上ではなお上昇流が残るので天気回復が遅れることを充分に考慮して、現場の厳しい気象状況と照らし合わせて判断していれば、出発や途中引き返しの判断も違ったものになっていただろう。また、一般的に、今回の山行期間中は発達した低気圧が通過することによる悪天に見舞われることが充分に予想されたが、登山日程やコースの変更等についての検討されることはほとんどなかったように見える。さらに、大雪山のような高山では、夏山といえども、今回のような強烈な風や急激な気温低下が起こり得ることに対する基本的な認識が不足していたようにも見える。

トムラウシ山周辺の気象状況

聞き取り調査からの推測

聞き取り調査でまとめられた遭難パーティの行動概要から、現地の気象状況に関する事柄を表①にまとめた。このなかから要点を次に示す。

七月十五日

一日中雨だったが、風は弱く寒さは感じなかった。ただし、服装や装備が濡れた人が多く、翌日までほとんど乾かなかった。

七月十六日

前夜から風雨のかなり強い状態が朝まで続くが、五時三十分の出発時には風雨が断続的となり、出発することになる。主稜線近くで西風が非常に強くなり、天沼からロックガーデンにかけては、「ハイマツの上に吹き飛ばされる」「風に吹き飛ばされ、帰って見たら痣だらけ」「木道の端を持って強風に耐えながら必死に歩く」「ものすごい

	8:30	ロックガーデン	風雨は依然強い。ロックガーデンの上の広い平で風がまた一段と強くなった。 ものすごい風になった。とてもではないが、真っ直ぐに立って歩けない風だ。記憶では冬の富士山くらいの強風だった。
	10:00	北沼徒渉点	北沼からの水が氾濫して、川幅2mほどの流れになっていた。流れは15～30cmの深さに急激に増水していった。お客様を支えているときに風で体を持っていかれ、全身を濡らしてしまった。 北沼は白く大きく波打っていた。小さな沼がこんなに、と怖かった。
	10:30	北沼分岐	北沼では猛烈に寒く、体が勝手に震えて止まらなかった。
	12:00	北沼分岐ー南沼キャンプ場	このころは風も弱まり、雨もやんでいた。
	16:00	前トム平	このころには雨も上がり、風もそんなに吹いてはいなかった。
	16:54	前トム平	じっとしていたら寒くてやりきれない。
	17:00		ヘリコプターによる捜索を開始するが、悪天候による視界不良のため40分ほどで捜索を断念する。
	19:10	南沼キャンプ場	雨はやんでいて、空も明るく、月明かりもあった。 風はなく天気は晴れ。

表1 ――トムラウシ山周辺の気象状況(聞き取り結果)

月日	時刻	場所	天気状況
7/14	5:50	旭岳温泉	ガスかかるが寒さは感じない。
	6:30	姿見駅	旭岳まで風強い。トムラウシ山方面視界あり。
	9:00	旭岳	風弱まる。
7/15	5:00	白雲岳避難小屋	雨。風はなく寒さは感じない。視界悪い。
	15:00	ヒサゴ沼避難小屋まで	ずっと雨で道がぬかるみ歩きにくい。服装や装備が濡れた人が多く、翌日までほとんど乾かなかった。
7/16	5:00	ヒサゴ沼避難小屋	昨夜来の風雨が強い状態続く。 2時ごろ風雨強く小屋に雨吹き込む。朝から大荒れ。風雨ひどかった。ヒサゴ沼に白波が立つくらいの風。
	5:30	ヒサゴ沼避難小屋出発	出発時には断続的な風雨に。雨はパラパラ。 風は強いが立っていられないほどではない。 出発をためらう人もいた。 ヒサゴ沼では風がそれほどでもなかったので、主稜線に向かった。
		雪渓終わりから主稜線まで	西風が非常に強く、苦労して進む。
		天沼ーロックガーデン	クワウンナイ川源頭から吹き上げる西風が強さを増し、木道歩きで非常に難渋する。 時にハイマツの上に吹き飛ばされるので、ガイドが耐風姿勢を教え、風の息する瞬間を狙って前進する。 最も風が強く、目が見えない。皆ときどき風に吹き飛ばされており、帰って見たら全身痣だらけ。 木道の端を持って強風に耐えながら必死に歩いた。

風で真っ直ぐに立って歩けない」等の証言が続く。主稜線に出てから八時三十分ごろにロックガーデンを通過するまでの間、風速二〇メートル以上の強風が吹き荒れていたことが窺える。最大瞬間風速は平均風速の一・五〜二倍に達するといわれるので、この間の最大瞬間風速は三〇〜四〇メートルにも達したと考えられる。台風の暴風圏のなかを登山していたような状態である。一方、この間の雨に関する証言はあまり多くない。出発時くらいまでは降水量が多かったが、その後は風が主体で、降水量は減少していたと考えられる。

十時の北沼徒渉点でも強風が続いた。北沼が風で大きく波打っていて、これが水位上昇に関与したことも考えられる。十二時ごろには、北沼分岐や南沼キャンプ場で風も弱まり、雨も止んでいた。これから午後にかけて天気は回復傾向にあった。トムラウシ山南斜面の前トム平では、十六時ごろ雨も上がり風も弱まっていた。そして十九時ごろには、南沼キャンプ場付近でも月明かりが見えるほど天気は回復して、晴れとなる。

周辺気象官署観測値よりの推測

山岳の気象は平野部の気象と大きく異なる。ここでは、遭難のあった七月十六日のトムラウシ山稜線付近の気象状況を、各種気象情報からできるだけ詳細に検討した。解析は、株式会社メテオテック・ラボにより行なわれた。

解析地点

ヒサゴ沼避難小屋一六九一メートル、稜線コル一七九五メートル、ロックガーデン一八六二メートル、北沼分岐二〇一九メートル、南沼キャンプ指定地一九四九メートル、前トム平一七三五メートル

解析手法

対象地点は高高度の山岳に位置し、気象庁の通常気象観測のない地域である。このため可能な限り、近隣の地上気象観測並びに高層気象観測データを入手し、地形変化から生じる大気循環場や気温変動への地形効果を推測しつつ、現地での各気象要素を推定した。

①風向風速

近隣のアメダス観測値と札幌の高層気象観測値を用い、札幌上空の風が発散・収束することなく現地へ到達したと推測して基本系風向風速値を求め、その後、それぞれの地点への地形特性別に変化する風を算出した。

②降水量

降水量は位置的な変動が激しく、アメダス観測値から外挿《がいそう》するのが困難なため、当日のレーダーアメダス解析雨量図を参考にし、地点ごとに一時間降水量を読み取って解析した。

③気温

札幌の高層気象観測から最適気温減率を求め、各対象地点のアメダス観測値に地形因子的要素を加味して、現地の気温を推定した。

解析結果

図②に解析結果を示す。遭難現場となった北沼の気象推移を見ると、気温は早朝から夕方まで八～十度Cで、夏季としては寒冷な状態が続いたと推測される。また風速を見ると、早朝から夕方まで二〇メートル前後で推移している。二〇メートル前後の風速は、気象庁の風力階級で「八」の強い風、「九」の非常に強い風（暴風）にあたり、風に向かって歩けない、転倒する人も出る、しっかりと身体を確保しないと転倒する、にあたる。日中二〇メートル程度の風速が継続していたとすれば、登山状況としては限界に近いものだったと考えられる。

降水量について見ると、早朝六時の八ミリがピークで、その後数ミリまで減少している。前日の十五日と比較すると、早朝までを除いて降水量は少なかったと推測され

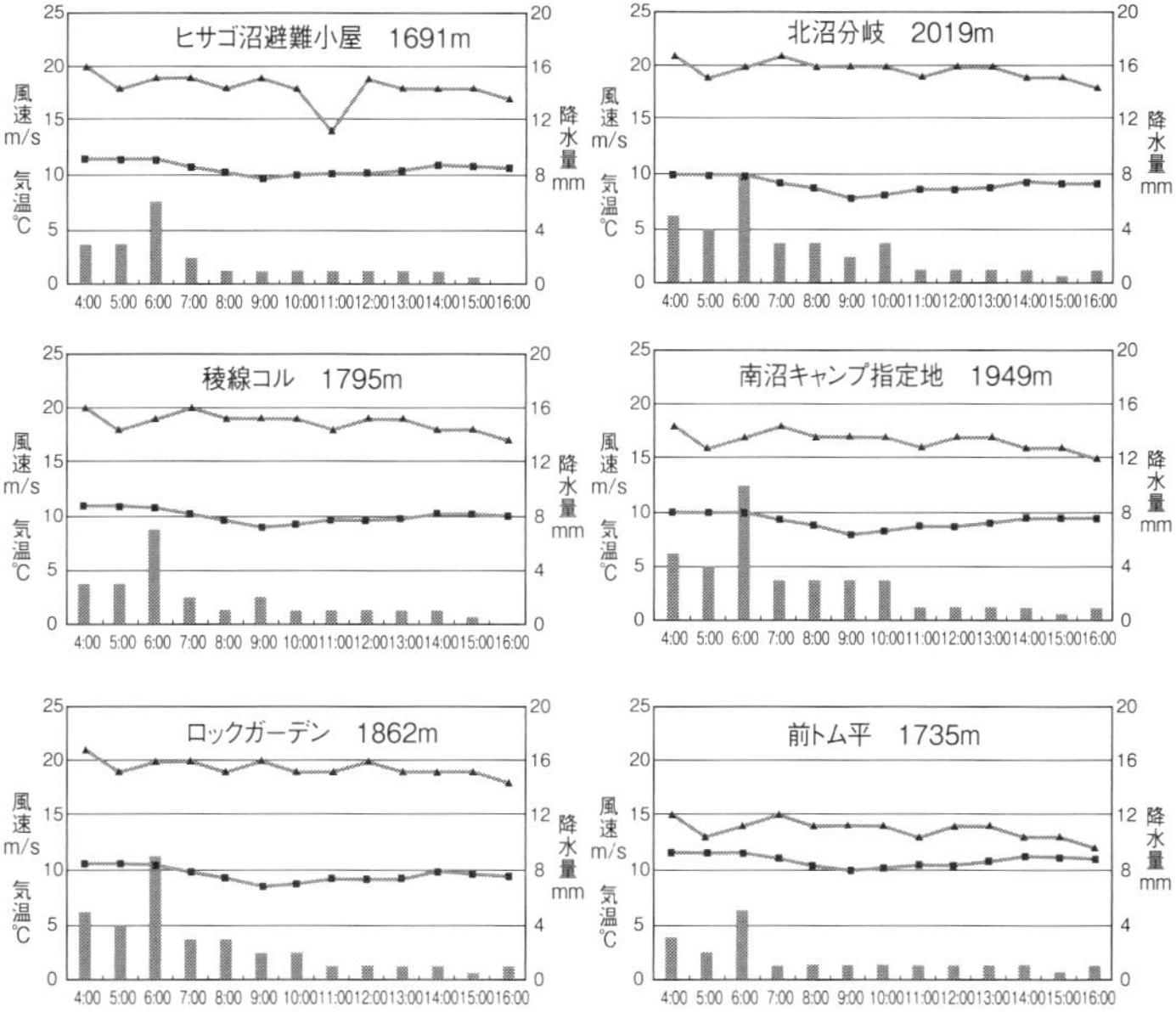

図②　トムラウシ山周辺の気象状況（周辺気象官署観測値よりの推測結果）

る。

各地点を比較すると、気温はどの地点でも十度C前後で推移している。風速は、稜線コルからロックガーデン、北沼にかけて二〇メートルで推移していて、稜線上が劣悪な気象条件だったことが窺える。また、南沼キャンプ地から前トム平へとトムラウシ山南斜面に回り込むにつれて、風速が一五メートル前後に減少する。降水量については、各地点とも六時の五~八ミリをピークにその後は減少しているが、夕方までわずかながら雨が続いたと推測される。

大雪山・五色観測サイトにおける気象観測からの推測

大雪山の高山帯では、北海道大学大学院地球環境科学研究院GCOEが無人気象観測装置を使って気温、風向風速、降水量などの気象観測を行なっている。ここでは、その観測データから遭難発生時の現場の気象を推測する。

図③は七月十六日の大雪山、白雲岳北東一・六キロに位置する五色観測サイト(標高約二〇一五メートル)の気温、気圧、風向風速、降水量のデータである。五色観測サイトはトムラウシ山の北一七キロに位置している。観測サイトは山稜上の風当たりが強い場所なので、同じように稜線上の風当たりの強い場所であった今回の遭難現場

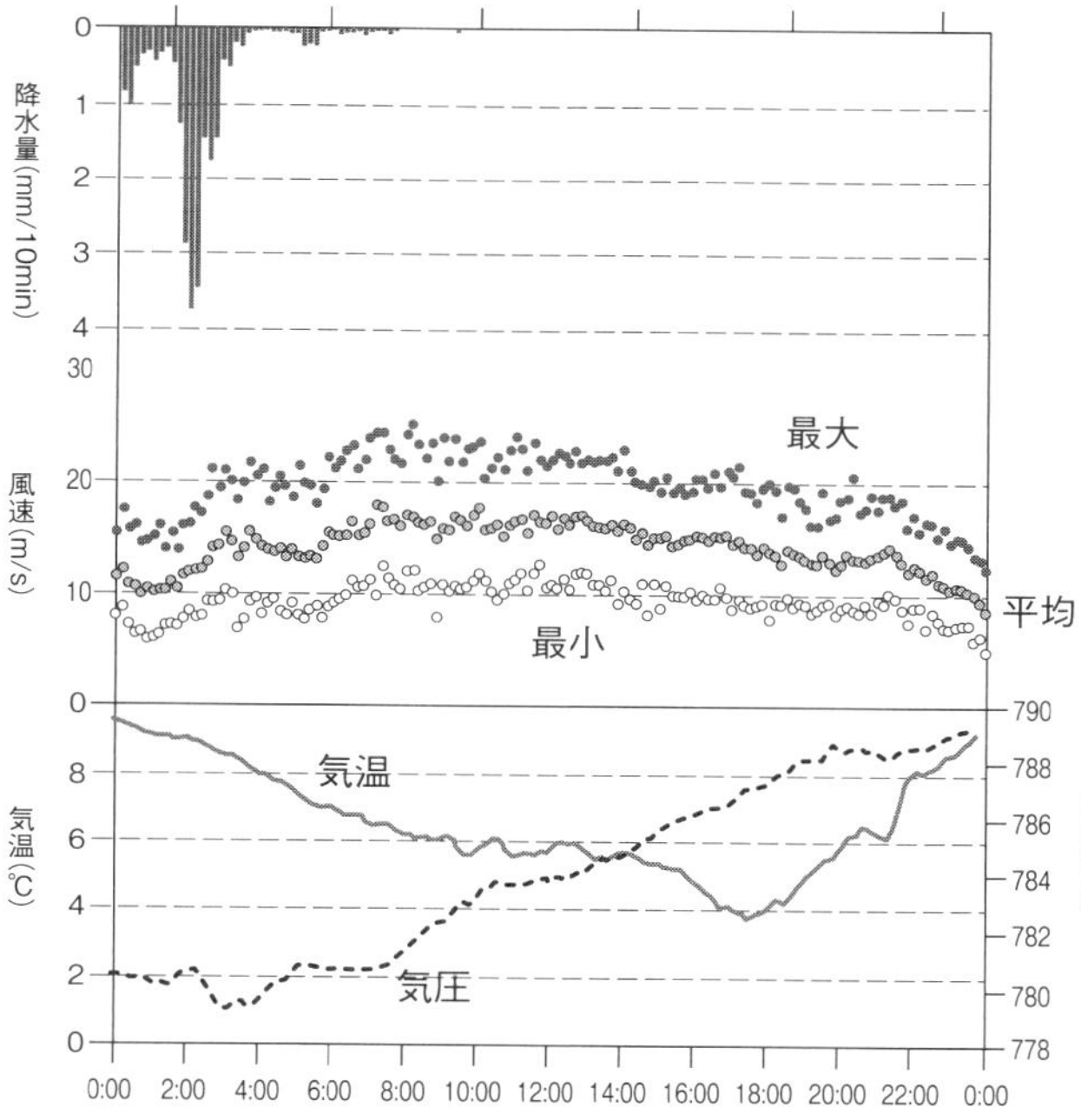

図③　大雪山・五色観測サイトにおける気温、気圧、風速、降水量の時間変化(2009年7月16日)

(北海道大学大学院地球環境科学研究院GCOEによる)

の気象を推測するのに適したデータであるといえる。

気圧

零時から八時にかけて七八〇ヘクトパスカル前後と低い値が続くが、八時以降、上昇に転じた。気圧の変化から推測するとパーティが出発した五時三十分は、まだ悪天候のピークの真っただ中であったと思われる。

気温

パーティが出発した五時三十分の時点で七度Cであった。その後、パーティが稜線に出た六時から十四時ごろにかけて六度C前後で推移し、十四時になるとさらに低下し始めた。十七時三十分に日最低気温三・八度Cを記録、十七時三十分以降、気温は上昇に転じた。

この日は、日中の気温が七月としてはかなり低く保たれていた日であったといえる。しかし、大雪山の高山帯では、七月の最低気温が三・八度Cを下回ることは珍しくない。このため、この日が特異的に寒い日であったとは言えない。

風速

パーティが出発した五時三十分から二十一時ごろにかけての平均風速は一五～一八メートルであった。このことからパーティ出発後、強風は夜中まで収まらなかったことがわかる。特にパーティが稜線に出た六時ごろから十四時ごろにかけて、最大風速が連続して二〇メートルを超えており、歩行困難に陥るほどの強い風が、持続的に吹いていたことが窺える。

降水量

夜間の二時から三時にかけて、時間雨量が一二ミリに達する、地面一面に水たまりができるくらいのやや強い雨が降っていた。しかし、三時以降雨は弱まり、八時になると止んだ。パーティが強い雨に打たれたのは、出発直後から八時までの二～三時間程度であったと推測される。

まとめ

これまで述べた推測のなかで、五色観測サイトにおける気象観測値が聞き取り調査結果とも多くの整合性があり、最も遭難現場の気象状況に近いと考えられる。

パーティは、六時ごろから十四時ごろまでの間、標高一九〇〇～二〇〇〇メートルの稜線付近で、風速一五～二〇メートルの強風に継続的にさらされていた。しかし、聞き取り調査では、風の息や地形的な要因で風が比較的弱くなる時間帯も存在した。そのことが、引き返しや退避行動の決断を遅らせた要因になっていると考えられる。

また、行動中の気温は六度C程度まで低下していたと考えられる。気温は夕方まで下がり続け、十七時三十分に三・八度Cの日最低気温を記録している。周辺気象官署観測値よりの推測では気温は八〜十度Cで推移しているが、実際はもう少し低温で、しかも日中に気温の下降が続いていた。また、強雨は八時ごろまでに弱まり、その後降水量はほとんど記録されていないが、霧雨と強風が相まって登山者の衣類を濡らしたものと考えられる。聞き取り調査では十二時ごろから風が弱まったという証言があるが、これはトムラウシ山の南斜面側に回り込んだため、地形的に西風を受けにくくなったものであろう。周辺気象官署観測値よりの推測でも、南沼キャンプ地と前トム平では風速が弱まっている。

遭難時の気象の特異性

遭難時の気象現象の特異性

今回の遭難の直接の原因は、気圧の谷の通過後に寒気が流入したことによる。それでは、遭難時に大雪山では稀にみる極端な気象現象が起きたのであろうか。今後の同山域での登山を考える上で、遭難時の気象（気温、風速）がこの時期の大雪山としてどのくらい特異な現象であったかを検討する。

まず、札幌の高層観測データで八〇〇ヘクトパスカル付近の観測値を見ると、遭難前日の七月十五日九時では気温十六度C、風速一九メートルであるが、遭難日の七月十六日九時では気温八・四度C、風速二〇メートルとなっている。前日と比較すると気温が七・六度Cも低くなっている。

ここで、十六日の気温、風速を過去の記録と比較してみる。表②に、札幌の七月午前九時の八〇〇ヘクトパスカルでの月最低気温、月最大風速の極値を示す。月最低気

順位	1	2	3	4	5	6	7	8	9	10
月最低気温℃	0.5 1968 7/4	1.5 1967 7/1	2.4 1979 7/5	3.2 1960 7/6	3.3 1992 7/12	3.4 2003 7/1	3.4 1993 7/20	3.6 1962 7/7	3.9 1966 7/5	4.5 2004 7/1
月最大風速(m/s)	31 1969 7/14	31 1965 7/11	29 1967 7/3	28 1961 7/7	26 1982 7/17	25 1994 7/14	24 1996 7/30	24 1977 7/2	23 2001 7/8	23 2000 7/22

表 2 ――札幌の 7 月午前 9 時の 800hPa での
月最低気温、月最大風速の極値（1957-2009、気象庁）

年	7 月平均気温（℃）	7 月最低気温（℃）	8 月平均気温（℃）	8 月最低気温（℃）
1987	9.9	3.7	10.5	5.7
1988	9.9	3.8	13.9	7.8
1989	11.6	2.7	11.8	3.8
1990	—	—	—	—
1991	9.4	3.9	11.5	0.5
1992	9.3	2.5	10.7	2.1
1993	9.9	0.2	10.5	3
平均	10	2.8	11.5	3.8

表 3 ――大雪山・白雲岳避難小屋（2000m）の
1987 ～ 1993 年 7、8 月の月平均気温、月最低気温
（曽根・仲山 1992；曽根 1994）

年	7月平均気温（℃）	7月最低気温（℃）	8月平均気温（℃）	8月最低気温（℃）
1998	9.4	2.6	9.9	3.6
1999	—	—	—	—
2000	—	—	—	—
2001	10.9	3.6	10.8	4.1
2002	10.9	4.8	10.1	0.1
2003	9.7	6.6	11.6	8.7
2004	11.8	4	12.2	3.9
2005	10.1	4.5	11.9	4.5
2006	—	—	12.7	6.2
2007	9.7	5.2	11.9	5.4
2008	9.7	3.9	10.7	2.1
2009	9.7	4.3	12	3.4
平均	10.2	4.4	11.4	4.2

表4 ――北アルプス内蔵助山荘（2780m）の
1998～2009年7、8月の平均気温、月最低気温
（福井、飯田　2010年）

温の極値を見ると、一位が〇・五度C、十位が四・五度Cで、遭難日十六日の気温八・四度Cは十位の記録にもはるかに及ばない。また、月最大風速を見ると、一位が三一メートル、十位が二三メートルであり、十六日の記録二〇メートルよりもはるかに大きな値となっている。これらから、十六日は低温強風の悪条件下ではあったが、数十年に一度というような極端な気象条件下ではなかったということができる。

次に、北海道大学により大雪山・白雲岳避難小屋（二〇〇〇メートル）で観測された七月、八月の気温を表③に示す（曽根・仲山、一九九二／曽根、一九九四）。これより、七月の月平均気温は十度Cで、七月十六日遭難時の気温六度Cは月平均気温より四度C低い。しかし、七月の最低気温を見ると、六年間の平均で二・八度Cと低く、極値では〇・二度C（一九九三年七月）という氷点下に近い値が記録されている。これは、七月十六日の最低気温三・八度Cと比較しても低い値である。これらより、遭難時と同様の低温は、大雪山では七月に毎年のように記録されていることがわかる。

また、北海道大学大学院地球環境科学研究院ＧＣＯＥによる五色観測サイト（二〇一五メートル）での二〇〇九年七月の気象観測結果を図④に示す。図より、遭難日の十六日に匹敵するような強風、低温の悪天候が七月八日に見られる。平均風速が一七メートル、最大瞬間風速が二五メートルに達し、最低気温は六・六度Cを記録している。また、七月十日の悪天候では最低気温が四・一度Cとなっている。これらより、二〇〇九年七月のわずか一カ月間でも遭難時と同様の気象状況が起きていることから、遭難時の状況は大雪山として決して特異な状況ではなかったということができる。

他山岳地域の気象との比較

次に、大雪山と他山域（北アルプス等）との、遭難に結びつくような夏季気象現象の比較検討が必要であろう。

大雪山・白雲岳避難小屋（二〇〇〇メートル）では北海道大学の研究グループにより一九八〇年代から長期にわたって気温観測が行なわれており、一部のデータは論文として公開されている（曽根・仲山、一九九二／曽根、一九九四）。北アルプスでは、立山の内蔵助山荘（二七八〇メートル）と剱御前小舎（二七五〇メートル）で東京都立大学と立山カルデラ砂防博物館が一九九八年以降、気象観測を行なっている。これらの観測データを使って大雪山と北アルプスの夏季気象現象の比較を行なう。

表③に白雲岳避難小屋（二〇〇〇メートル）の一九八七～一九九三年七、八月の月平均気温、月最低気温、表④に内蔵助山荘の一九九八～二〇〇九年七、八月の月平均気温、月最低気温を示す。月平均気温を見ると観測年は異なるが白雲岳避難小屋、内

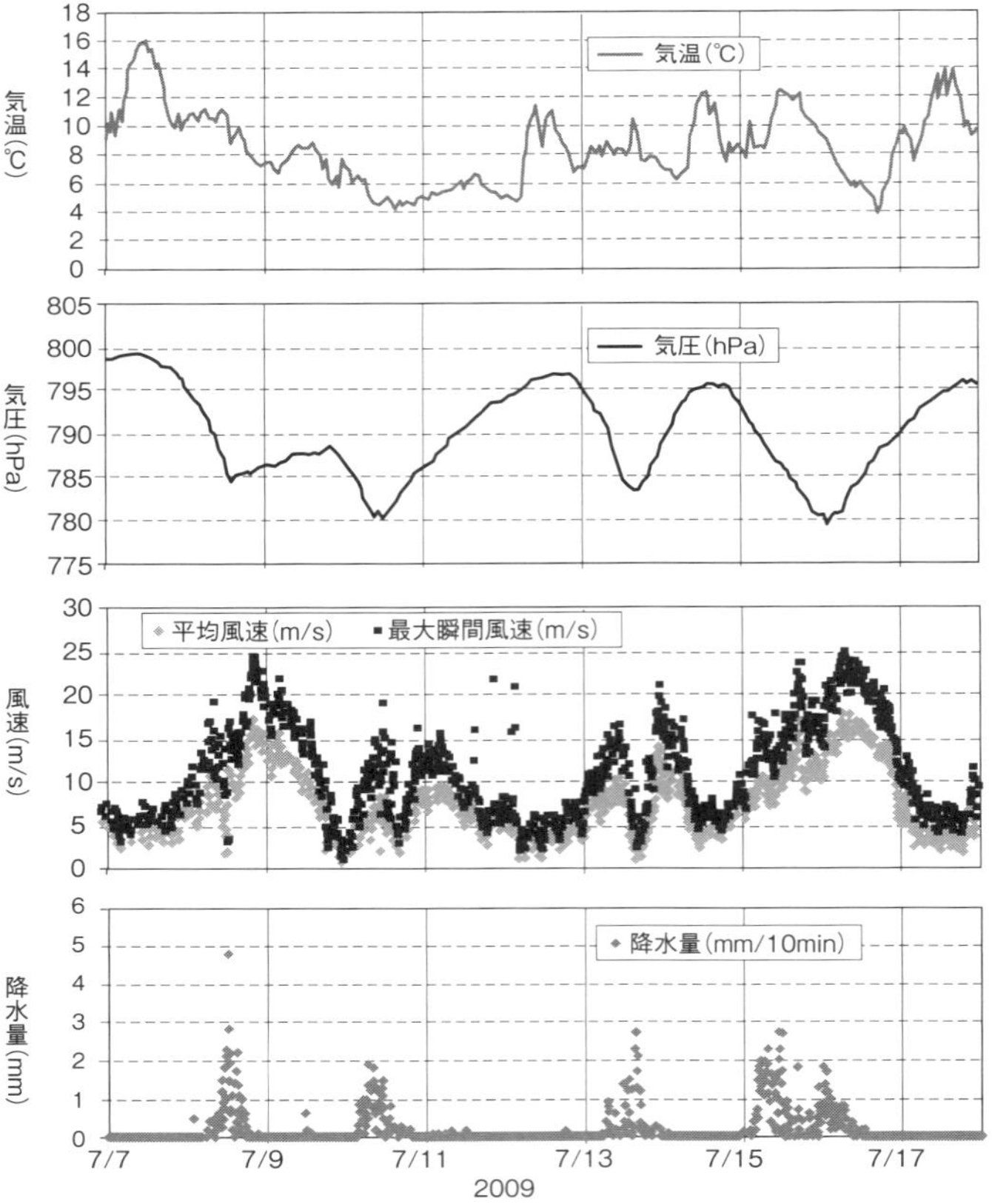

図④　大雪山・五色観測サイト(2015m)における気温、気圧、風速、降水量の時間変化(2009年7月)

(北海道大学大学院地球環境科学研究院GCOEによる)

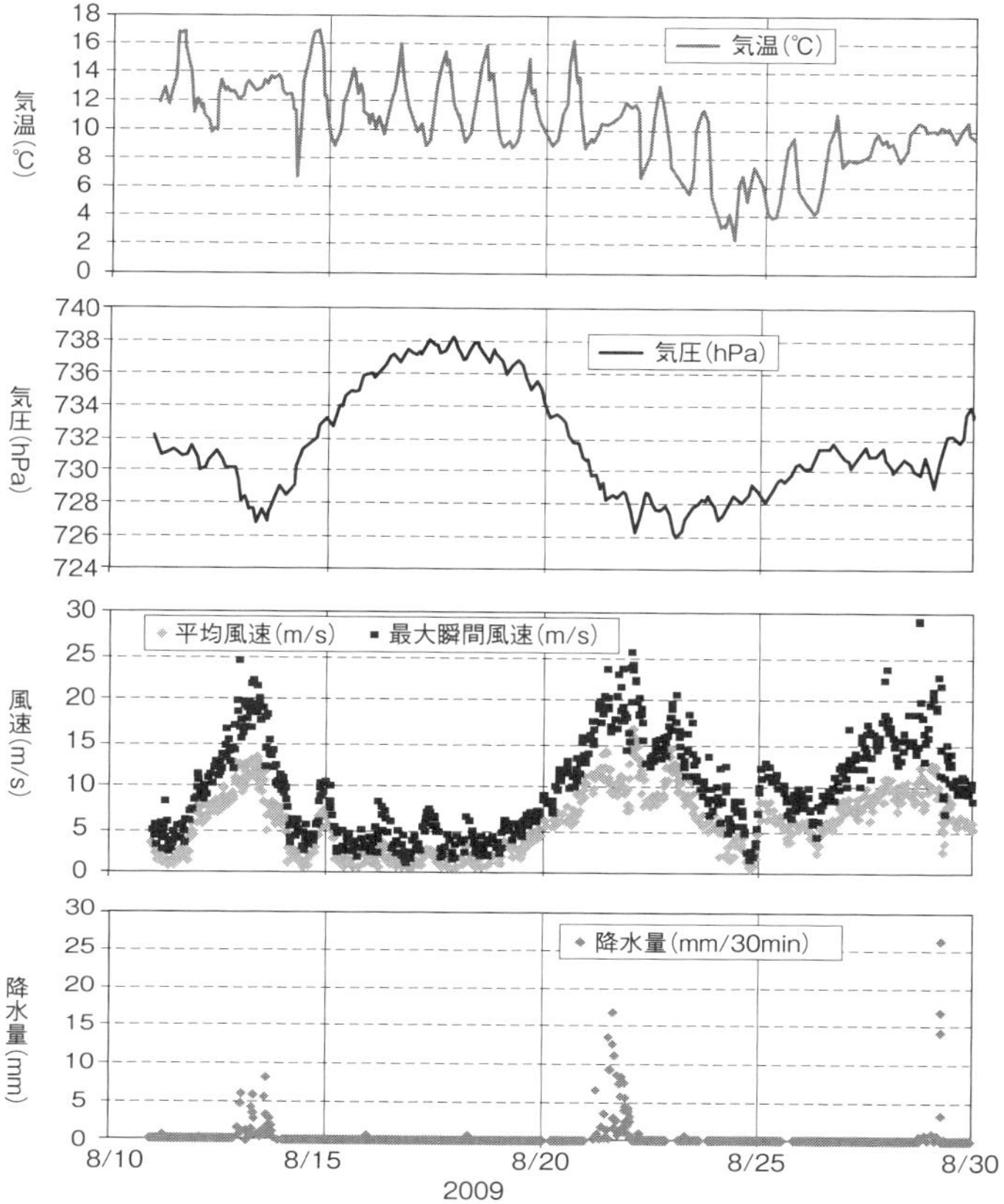

図⑤　北アルプス剱御前小舎(2750m)における気温、気圧、風速、降水量の時間変化(2009年8月)

(福井・飯田,2010)

蔵助山荘とも七月が十度C前後、八月は十一・五度C前後とほぼ同じ値であった。七月の月最低気温は、白雲岳避難小屋が平均二・八度C、内蔵助山荘が平均四・四度Cと白雲岳避難小屋の方がやや低かったが、八月の月最低気温は白雲岳避難小屋、内蔵助山荘とも平均で四度C前後とほぼ同じであった。また、白雲岳避難小屋では一九九三年七月に〇・二度C、内蔵助山荘では、二〇〇二年八月に〇・一度Cと、夏季にもかかわらず零度C近くに達する低温が記録されていた。以上のことから白雲岳避難小屋と内蔵助山荘の七、八月の気温状況は平均的に見るとほぼ同じであり、両山域とも夏でも気温が零度C近くまで下がることがあることがわかった。

次に、今回の遭難が発生したような寒冷前線通過時の北アルプス・立山での気象状況を見てみる。

図⑤は剱御前小舎で観測した二〇〇九年八月十〜三十日の気温、気圧、風速、降水量の時間変化を示す。この期間のうち八月十三日前後と二十二日前後に寒冷前線が通過している。天候がより大きく崩れた八月二十二日の事例を見ると、気圧は八月二十一日から急低下し、二十三日未明には最低値の七二六・一ヘクトパスカルを記録した。風速は気圧が下がりはじめると同時に強まり、二十一日朝方から二十三日早朝にかけて最大瞬間風速は一五〜二五メートル、平均風速は一〇〜一五メートルで推移した。

気温は二十二、二十三、二十四日とも未明から八時ごろまでかなり低く、二十二、二十三、二十四日明け方の最低気温はそれぞれ六・五、五・三、二・三度Cと夏山としてはかなりの低温を記録している。ただし、日中は二十二、二十三日とも十二〜十三度Cまで気温が上昇した。降水量は、八月二十一日の日雨量が一二八ミリに達し、そのなかでも二十一日十六時三十分には三十分間雨量で一七ミリ、時間雨量で二六ミリに達する強い雨が記録されている。

今回の観測結果から、夏の剱御前小舎でも寒冷前線通過時には継続的に一五メートルを超える暴風が吹き、気温も二度C近くまで下がることがあることがわかった。したがって、寒冷前線通過時には夏の北アルプスでも、トムラウシで遭難が発生した七月十六日に匹敵する強風、低温といった気象現象が発生している可能性が高いといえる。

これらより、七月十六日のトムラウシの気象は、大雪山では例年のように起きている気象状況であり、決して特異な現象ではない。また、同様の気象状況は、北アルプスの稜線付近でも起きていることが確認された。二〇〇〇メートル級の大雪山の稜線付近の気象状況は、三〇〇〇メートル級の北アルプスの稜線付近の気象状況に匹敵するものであり、夏山といえども零度C近くの低温下、風速二〇メートル近くの強風下にさらされることがあることを、登山に際して充分考慮しなければならない。

気象から見たトムラウシ山遭難の問題点

事故原因として考えられる気象的要因

この遭難を引き起こした気象的要因として考えられることを以下にあげる。

事前の天気判断

低気圧の通過、その後の寒気流入による悪天が充分予測されていたが、登山計画に反映されなかった。

当日朝の天気判断

平野部向けの天気予報を高標高の山岳にも当てはめて出発の判断をした。平野部では低気圧通過後に下降流場に入り天気は回復するが、山上ではなお上昇流が残るので天気回復が遅れることが多い。高山では平野部より天気回復が遅れることを考慮していなかった。

行動時の天気判断および臨機応変な危機回避行動

出発後、稜線到達時や天沼からロックガーデン通過時に、登山行動の限界を超えるような強風に遭遇したが、その時点で引き返しや退避行動をとらなかった。

強風に対する認識

単なる低温や降雨だけではすぐに遭難には結びつきにくい。強風が加わると危険度が一気に増すことに対する認識が不足していた。

濡れに対する認識

衣類が濡れていると、強風や低温と相まって低体温症の危険度が大きく増すことに対する認識が不足していた。

北海道の高山に対する認識

トムラウシ山は、緯度の高い北海道の高山であるため、夏季でも最低気温が五度C以下、時には零度C近くになる。夏季の低温に対する認識が不足していた。

今後の検証課題

今後の検証課題としては以下が考えられる。

トムラウシ山特有の気象現象の把握が必要である。たとえば、縦走路中での風と地形との関係、風の強い地域と弱い地域の検証。

強風を伴う霧雨と濡れとの関係の検証。

旅行会社のツアー登山における気象判断基準、悪天時の予備日設定の有無についての検証。

また、今後の同様な遭難事故防止のためにも、この遭難の検証で得られた知見を旅行会社やツアー登山参加者、一般登山者に効果的に情報発信することが必要不可欠であろう。

第4章

低体温症

金田正樹

低体温症との接点

私は、医学部を卒業するにあたって、ケガした身体を元の機能にもどす治療の専門医、整形外科を専門にすることにほぼ決めていた。しかし、近いうちにヒマラヤ登山をしたいという夢も実現しようと思っていた。そのためにはどうするか。整形外科を専攻するために大学の医局に入り修業を始めたら多忙であり、先輩や教授の目が光っているなかでヒマラヤ登山を実現させることは不可能に近い。この仕事と夢を実現するために考えぬいた結論は、まず麻酔の技術を学ぶことであった。

医師国家試験に合格し、二年間で麻酔標榜医のライセンスを取り、そしてヒマラヤ登山を実現するために麻酔科教室に入局した。

医者の全体数からみて最も少ない麻酔医は、各科の手術麻酔管理で多忙を極めた。この病院の麻酔科の特徴は、心臓や脳の手術に「低体温麻酔」という麻酔法を行なっていたことである。全身麻酔下に氷で全身を冷やし心臓を止めて心臓や脳の手術をし、終わったらお湯で復温して元にもどすという特殊な麻酔を実施していた。

私と低体温症の接点は、一九七一年のこの「低体温麻酔」にあった。「低体温麻酔」は乳幼児の先天性心疾患（心臓内の壁が生まれつき塞がらないで壁に穴が空いた状態の心房、心室中隔欠損症、大動脈と肺動脈がつながったままの状態で動脈血が肺に流入してしまう動脈管開存症など）の手術に応用された。もうひとつは脳血管にこぶができそこが破裂して脳内出血を起こす脳動脈瘤に、低体温にして脳の代謝を下げてから、このこぶにクリップを懸けるという手術にも使われた。

麻酔剤はすでに過去のものとなりつつあった「エーテル」を使う。エーテル麻酔は当時の麻酔剤より心臓や循環への影響が少なく、深い麻酔を得られるという特徴があった。エーテル麻酔をかけ、多量の自律神経遮断剤を投与して、寒冷の感受性を完全に遮断してしまう。呼吸停止剤を使って人工呼吸に切り替え、患者を厚いビニールで覆い多量の氷水で冷却していく。血液が冷却によって固まらないよう薬剤を投与し体温を二十度Cまで下げ、心停止剤を使って約一時間心臓を止めたうえで、心臓の欠陥部を縫うなどして手術を終える。

手術を終えると、心蘇生剤や心臓を直接マッサージして心臓を動かし、手術槽にお湯を入れて体温をもどす。体温二十度Cの皮膚は氷のように冷たかった。

体重一〇キロ以下の乳幼児の先天性心疾患の患者を、この方法による低体温麻酔下の手術で、最低体温が直腸温十八度C、平均血流遮断時間四十二分であったとしても、手術の成功率は約八〇パーセントもあった。コストが安く、大掛かりな装置（人工心肺器）がいらないので、乳幼児の心臓の手術には有用な麻酔法であった。ただし、低体温についてはまだ解明されていないことも多く、臨床と平行して動物実験も行なわれていた。

しかしこの方法は、その後、より精巧な人工心肺装置ができたことにより麻酔法としては普及することがなかった。

死因が低体温症と報道されたトムラウシ山遭難の事故調査を依頼されたとき、当時の記憶がよみがえってきた。押し入れの段ボールの中に少し残っていた当時の低体温の実験データを引っぱり出したとき、薄茶色になった論文用紙が輝いて見えたほどだった。

現在、この麻酔法は用いられることはなくなったが、低体温を利用した治療法は行なわれている。頭部外傷、脳出血、蘇生後脳症など脳細胞に重大なダメージを受けた際に、それ以上の脳障害を進行させないために人為的に水冷式ブランケットなどを用いて体温を三十一度C近くに下げ、脳組織障害を抑える治療が行なわれているのである。

二〇〇七年十一月、元サッカー日本代表監督のオシム氏が急性脳梗塞で意識不明になった後にこの「脳低体温療法」を行ない、驚異的な回復をしたことはまだ記憶に新しい。

このように人間の体温は人為的に下げることができ、それを治療法として応用し、日常的に使っている。しかし一方で、山の遭難や水難事故で偶発的に体温が下がり、死に至ることもある。この偶発的な低体温症については、その実態がまだよくわかっていない。

ここでもうひとつ、私の低体温症患者の経験を話したい。

一九九〇年八月、イラクが突如クウェートに軍事侵攻を開始したことから湾岸戦争が始まった。

それより前の一九八〇年九月、国境問題における石油の利権をめぐって、イランとイラク間で紛争が勃発した。いわゆる「イライラ戦争」で、その後八年続いたことになる。やっと国連の調停によって停戦を迎えたが、イラクはこの戦争で莫大な負債を抱え込んでしまった。これを打破するためにイラクのサダム・フセイン大統領は、今度はクウェートが自国の石油を盗掘していると難癖をつけ、軍事侵攻してしまった。

世界中は蜂の巣をつついたように大騒ぎになり、再三の撤退の勧告にも関わらず、イラク軍はクウェートを撤退しなかった。そこでアメリカ軍を中心とした多国籍軍が結成され、一九九一年一月十七日に「砂漠の嵐」作戦を決行して、イラク軍を追い払った。

このとき、日本は九十億ドル、一兆円を超える資金を多国籍軍に払った。多国籍軍の勝利に終わったが、逃げるイラク軍がクウェートの多くの油田に火を放ったために濛々と立ちこめる油煙で環境汚染が起こり、ペルシャ湾に流れ出た真っ黒い重油の中でうごめく水鳥の映像は、印象的で残酷だった。

イラク北部に住む反政府組織・クルド族は、これを機会に蜂起して政府の転覆を謀ろうとし、その後押しをアメリカがした。まだ精鋭部隊が残っていたイラク軍が、この蜂起に逆襲をかけたために、二〇〇万人のクルド人はイランとトルコの国境に大量の難民となって逃れた。三月のまだ寒い時期だった。

湾岸戦争に資金しか出せなかった日本は名誉挽回とばかり、国際緊急援助隊の医療チームをいち早くこの地に送った。まだ国連の難民高等弁務官事務所も、難民受け入れ体制が整っていない時期だった。

医療実働隊の第二陣の医師三名、看護師六名、調整員四名の計十三名がイラン入りしたのは、難民が流入してから一週間後のことだった。首都テヘランから八〇〇キロ北西部にあるイラクとの国境に接するナガデー村周辺の荒野には、二十四万人の難民が着の身着のままの状態で路上生活を強いられていた。後手に回った国連の援助が行き届かぬまま、私は一週間後にできる国連の病院テントを任されることになり、それまではナガデー村にある唯一の病院イマムホメイニ病院を手伝うことになった。五十床ほどの倉庫のような作りのこの病院には、イラン人の医師のほかに出稼ぎのバングラデシュ人の医者がいる。朝から押しかける難民の患者をけっして熱心に診ようとはしない。二階の病棟には乳児の入院患者が二十名ほど寝かされている。ほとんどが下痢症と呼吸器疾患だった。部屋全体が悪臭に満ち、ドアを開けて入るのにも勇気がいった。

朝は零下近く下がる気温だが、暖房が充分な病院ではなかった。

初日の夜のミーティングで看護師たちから、今日はふたりの赤ちゃんが亡くなった、と報告を受けた。翌日もひとり亡くなり、われわれ医者は病棟の赤ちゃんを診てくれ、と頼まれた。

悪臭のする病室では、おとな用の一ベッドに五名の赤ちゃんが寝ている。皺が寄りげっそりした顔、手足がやけに細く見える。赤ちゃんのかわいらしい容姿は微塵もなく、年をとった赤ちゃんという印象だった。下痢が続くことによって脱水症になり、げっそりしているのだ。命からがら逃げてきた母親からは、満足な母乳が出ない。経口補水液の投与や点滴の指示を出すが、痩せた腕の血管に点滴の針が入らない。針を刺しても弱々しい声で泣いている。

夜のミーティングで、最も若い看護師から「赤ちゃんの肌が冷たい！」という発言があった。肌が冷たい？　さっそく歩いても数分の病院へ行ってみた。掛けてある暖かいとはいえない毛布を外してみると、ベッドと身体の間にはゴム製のシートが敷いてある。オムツは薄い布で、日本にあるオムツとはほど遠いしろもので、下痢の便とおしっこでびしょびしょに濡れている。背中に触ると冷たい。イランの看護師さんはオムツ替えもあまりやっていないし、難民の母親に替えのオムツなどない。

「死因は低体温症だ」と気がついたときには、もう十二名の赤ちゃんが亡くなっていた。私にとって最も苦手な小児科患者の診察とはいえ、なぜあの赤ちゃんの肌に触らなかったのか悔やんでも悔やみ切れないほど悔しい気分でいっぱいだった。

頻繁に換えることがない濡れたオムツが赤ちゃんの体温を奪い、低体温症になり、亡くなってしまったのだ。これは人為的なミスとも言える。極限の状態で逃げて来た難民たちへの医療であるが、病気そのものを治すことに眼を奪われ、根本である体温の管理に充分な配慮ができていなかった。

死亡原因が判明した以上、その原因を早急に改善してやらなければならない。赤ちャんのベッド状態を改善すること、沐浴をして身体をできるだけ清潔にすること、オムツ交換を一日に数回すること、下痢による脱水に充分な電解質液を補充することにした。

われわれは日本政府の援助で来ている以上、日本大使館が全面的にこれに協力している。われわれと共に渉外交渉の役目のために同行してくれたのは、イラク戦争後にその復興支援に奔走中の二〇〇三年十一月二十九日、イラク・テクリート村周辺でテロにより銃撃されて亡くなった外交官、奥克彦一等書記官だった。低体温症で亡くなった赤ちゃんの経緯を彼に話し、オムツ用の布の購入をなんとかならないかと相談した。

「わかった。それはおやすいご用です。任せてください。とりあえず、テヘランから紙オムツを送るように手配しましょう」

沐浴、紙オムツの使用は、低体温症を予防し、赤ちゃんの回復を早めた。

われわれの医療は、病気を治す手段として薬を投与する、手術をする、リハビリテーションで機能を回復することなどに専念し、治すことが当たり前だと思っていた。オムツを換えるだけで命を救うということは思いもよらなかったことで、先入観を捨て、現場での医療を考えていかなければならないことを痛感した出来事だった。

低体温症の基礎

低体温症の定義

心の優しい人は温かい血が流れているが、冷酷な人は冷たい血が流れていると比喩される。そんなことはない。人間はどんな性格であろうが、同じ温度の血が流れている。生きている証拠は、身体が温いことである。

車がガソリンなどの燃料をエネルギーとして走り出すように、人間も体温を維持するためには燃料（食べ物）が必要である。成人の一日のエネルギーは二五〇〇～三〇〇〇キロカロリー必要で、これが体温の素にもなり、そのほとんど（約八〇パーセント）は熱になる。

スーパーコンピューターなどの精密機械は、環境が高温であったり低温であったりしては正常に機能しないので、温度を一定にした環境に置く必要がある。人間も生命を維持する精密機械である以上、温度を一定に保つ必要がある。人間の司令塔である脳は、酸素不足と温度変化に弱いと言われている。高所登山をすると、最初に酸素不足のための頭痛に見舞われる。体温が下がると脳細胞の機能が低下して、歩くバランスが悪くなり判断力もなくなってくる。人間は三十六度C台に保たれている体温で、脳、心臓、肺、筋肉すべての器官が正常に働いているが、これから一度C下がったら「低体温症」という、れっきとした病気であることを認識しなければならない。

さて、低体温症（Hypothermia）とは、体温が三十五度C以下に下がった病態だと定義できる。

この体温とは、腋の下や口腔内で測定したものではなく、身体の中心部または脳に近いところで測ったものをいう。食道温、直腸温、鼓膜温などがそれを示すが、肛門部から測定する直腸温が一般的である。

低体温症は寒冷にさらされた時間の長さにより三つに分類される。カッコ内は寒冷にさらされてから発症するまでの時間である。

急性低体温症（六時間未満）

急に冷水などに浸かって、体温が下がった場合に起こる。

一九一二年四月十四日、イギリス・サザンプトン港からニューヨークへ処女航海に出て大西洋・ニューファンドランド沖で氷山に衝突して沈没した、あのタイタニック号の一五〇〇人を超える死者の死因は、冷たい海水に浸かったための低体温症だったと言われている。氷山が浮いていた海なので、そのときの海水温は二度Cだったと言われているが、この温度であれば、急激な低体温症になり、心停止まで長い時間はかからないだろうと推測される。急性低体温症で最も多い死亡者を出した事例は、このタイタニック号の沈没によるものだった。

亜急性低体温症（六〜二十四時間）

登山などで長く寒冷にさらされた場合に起こる。

一九〇二年一月二十三日、日露戦争をひかえ寒冷地での軍の行動データを得るために、青森と弘前の連隊が真冬の八甲田山で雪中行軍を行なった。しかし二日目に強い冬型の寒波が襲来して山中で遭難、青森連隊二一〇名中一九九名が低体温症で死亡した。これは世界最大の山岳遭難事故であり、新田次郎の『八甲田山死の彷徨』にも書かれている。このときの気温はマイナス二十度Cで吹雪、軍服は防寒の役目を果たさず、食料が凍り、体温を産生するエネルギー不足のために低体温症になり大量の犠牲者を出したと思われる。当時の記録には死因は凍死とあるが、これはすべて亜急性の低体温症による死亡だった。この遭難で生存した人の多くは、凍傷で手足の切断を余儀なくされたが、当時の装備から考えると当然のように思われる。

慢性低体温症（二十四時間以上）

病気により体温の低下をきたしたものである。甲状腺機能低下症、低血糖症、副腎機能低下症などのほかに、肝硬変の末期などに体温が低下する。病的な体温低下症を慢性低体温症という。

治療の目的で人為的に低体温にしたり、病気で体温が下がった低体温症と、水難や山岳遭難などによる低体温症を区別するため、後者を「偶発性低体温症」（Accidental Hypothermia）という。

体温を奪うさまざまな現象

人体の熱を奪う現象には、対流、伝導、蒸発、放射がある。

対流

身体表面の体温は暖かいために対流を起こしているが、風が吹くと対流は大きくなり体温を奪うことになる。外気温が高くても、強い風が吹くと体温喪失は大きくなるので体感温度は外気温よりも低く感じることになる。

伝導

冷たい金属や氷の上に座ると、体温との温度差で熱が奪われる。氷の上に直接座るとお尻は冷たいが、この間に断熱マットを敷くと熱の伝導は遮断されてお尻は冷たくない。

蒸発

水が水蒸気になるときに気化熱として熱を奪う。暑い日に汗をかいて身体を冷そうとするときに熱を奪う。

放射

身体から直接的に熱を放射している。熱の放射を少なくするためには衣服を着ていればいい。

体温はどのようにして下がるのか

外気温が下がると皮膚の血管は収縮して体外へ熱を逃さないようにする。それでも外気温が下がると、自分で熱を作って三十六度C台の恒温を保とうとする。人間の熱を作る場所は筋肉、特に骨格筋にある。外気温が下がり続けると、身体の熱産生を増やさなければならないので、全身の筋肉を不随意に急速に収縮させて熱を作り出そうとする。これが「震え」(shivering)である。この筋肉の収縮エネルギーが熱になるが、体温下降の速度が早まれば、震えも大きくなっていく。身体の中心温度を一定に保ちたいから、身体の表面温度を犠牲にしても脳や心臓などの内臓の温度は下げないようにするのである。

筋肉を収縮させ熱を作り出すには、燃料となるエネルギーがいる。その燃料とは炭水化物（糖質）、脂肪、タンパク質である。これらの食べ物はグリコーゲンや脂肪として体内に取り込まれ、最初は糖質が消費され、次に脂肪、最後にタンパク質が分解される。

体温は、熱の喪失と熱の産生のバランスが崩れると低温にも高温にもなる。

登山行動中に低体温症になった場合、それを回復させる熱を作るエネルギー（食料の補給）が充分でなければ熱を作ることができず、低体温症は進行する。

各臓器に与える影響

人間の体温調整の中枢は、脳の視床下部というところにある。暑ければ汗をかき、寒ければ震えを起こして熱量を増やす行為は、すべてここから調整の指令を出している。いったん下がり出した体温に、この司令部は忙しく反応することになるが、体温が三十度C程度になると、この司令部は機能を喪失して死に至る。低体温により、各臓器に与える影響は以下のとおりである。

脳

体温が三十五度C以下に下降するとバランスが悪くなり、会話にも支障をきたすようになる。三十三度Cで意識は朦朧として、三十度Cで意識を失ってしまう。

心臓

体温が低下するにしたがって心臓のリズムを作るペースメーカーが遅くなり、心拍数が減少、心臓が全身に送り出す一回の血液の量も減少する。三十三度Cでは心臓の収縮が悪くなる、心臓の空回りのような心房細動を起こす。二十八度C以下になると、心停止に至る。

血液

身体に酸素を運ぶ役目は、赤血球中のヘモグロビンである。肺の呼吸で入ってきた酸素とヘモグロビンが結合し、血流によって身体の隅々まで運ばれ、ヘモグロビンから酸素が遊離して組織、細胞に送られる。しかし低体温になると、このヘモグロビンから酸素がうまく遊離できずに、組織は酸素不足に陥ってしまう。

肝臓

低温のために肝臓の機能が低下し出すと、酸の排泄がうまくいかずに血液の酸性度

36℃	寒さを感じる。寒けがする。
35℃	手の細かい動きができない。皮膚感覚が麻痺したようになる。しだいに震えが始まってくる。歩行が遅れがちになる。
35～34℃	歩行は遅く、よろめくようになる。筋力の低下を感じる。震えが激しくなる。口ごもるような会話になり、時に意味不明の言葉を発する。無関心な表情をする。眠そうにする。軽度の錯乱状態になることがある。判断力が鈍る。
＊山ではここまで。これ以前に回復処置を取らなければ死に至ることがある。	
34～32℃	手が使えない。転倒するようになる。まっすぐに歩けない。感情がなくなる。しどろもどろな会話。意識が薄れる。歩けない。心房細動を起こす。
32～30℃	起立不能。思考ができない。錯乱状態になる。震えが止まる。筋肉が硬直する。不整脈が現われる。意識を失う。
30～28℃	半昏睡状態。瞳孔が大きくなる。脈が弱い。呼吸数が半減。筋肉の硬直が著しくなる。
28～26℃	昏睡状態。心臓が停止することが多い。

表1 ――体温の低下とそれぞれの症状

は高くなる。これを「酸血症、アシドーシス」という。

体温変化とそれぞれの症状

体温の低下とそれに伴う症状は表①のとおりである。

登山中の低体温症は、濡れ、低温、強風などを防ぐことが不十分の場合、行動してから五〜六時間で発症し、早ければ二時間で死亡する、とJ・A・ウィルカースンが述べている。

低体温の症状が発症し、震えがくる三十四度Cの段階でなんらかの回復措置をとらないと、この症状は進行して死に至る。条件によっては、体温低下が急激に進行するために時間的な猶予はない。

三十四度Cの段階で震えが激しくなったころには、すでに脳における酸素不足で判断能力が鈍くなっている。そのため本人または周囲の仲間に低体温症の知識がなければ、何が起こっているかわからないままにその回復を遅らせてしまうことになる。したがって、この三十四度Cの症状がポイントとなる。

トムラウシ山パーティの低体温症

二〇〇九年七月十六日、大雪山系で、一日に十名もの登山者が真夏に低体温症で亡くなった。これは日本の山岳遭難史上初めてのことであり、世界に類を見ない大量遭難だった。しかし、山岳遭難で低体温症で亡くなるケースは珍しいものではなく、「疲労凍死」だったと報道された遭難のほとんどが、低体温症が直接の原因だったといわれている。

山岳遭難を調べている山森欣一氏によると、ここ三十五年くらいの遭難事故で死因が「疲労凍死」とされた件数は二十三件で、八十五名が死亡したと報告されているが、その数はもう少し多いだろうと思っている。それは春先や秋、晩秋のころの例が多いが、真夏の遭難事故の例は極端に少ないからだ。

では「疲労凍死」とは、どういう状況の死亡なのだろうか。

登山に疲労はつきものであるが、行動中に疲労を貯めないために随所で休憩を入れ、行動食を食べ、水分を補給するのが登山のセオリーである。しかし、休憩ができないほどの悪天候に寒さが加わっているような環境であれば、疲労に体温の低下、エネルギー源の減少が加わり低体温症を発症するものと思われる。疲労だけで死亡するとは考えられず、それに寒さが加わって初めて身体にかかる重篤な負荷が死亡に結びつくのである。

凍死とは「凍えて死亡する」という意味で、夏の疲労凍死は、厳密な言葉の意味からすると該当しなくなる。古くから疲労凍死という言葉は日常的に使われてきたが、これらの死は低体温症による死亡であって、正確には（医学的には）「偶発性低体温症による死亡」ということになる。疲労凍死という言葉は、低体温症に完全に置き換えるべきだと考えている。

過去の遭難例で、低体温症の発症の詳細な記録が残っているものや、発症からその経過に至る実態について医学的に解明されたデータは少ない。現在の医学書や山の医学書は、ほとんどが低体温症について一般的なことしか記載されていない。そういう意味では、今回のトムラウシ山の遭難事故の生存者の証言と救助された人たちのデータは、これまで不明だった病態について貴重な資料を提供してくれたことになる。

低体温症を知っていたか

生存者全員のインタビューによると、山で起こる低体温症については知らなかったと述べ、またガイドの二名も低体温症に関して、その詳細については知らなかったと答えた。夏でも起こり得る低体温症の知識がなかったので、生存者はもちろん、亡くなった方々もあの悪天候のなかで自分の身に何が起こったのか知るすべがなかった。低体温症は冬山で起こるものという先入観から、真夏のそれは想像できなかったのかもしれない。

いつから低体温症になったか

ヒサゴ沼避難小屋を五時三十分に出発、稜線に到達すると強烈な風に見舞われる。気温六度C、風速一五メートルでは体感温度がマイナス十度Cになるが、この時の気象条件はこれ以下だったとも思われる。

天沼付近の水平木道、日本庭園での強風下の歩行は、耐風姿勢をとるために歩行スピードが極端に落ち、それだけ強風にさらされている時間が長くなり、そのために体温を下げる要因になった。また、この姿勢は筋肉の緊張度を増すために運動エネルギーを多く消耗しやすい。

このコースで最も登りになるロックガーデンは、巨石がゴロゴロした上を歩くためにバランスがとりにくく、ましてや強風下であればいっそう歩きにくい。小屋からここまで四時間、さらに強風下での一時間の登りにより、六十歳代の人の体力はかなり消耗したものと思われる。

ロックガーデンの最後は急登になるが、ここで岩城敏（六十六歳）の歩行スピードが落ち、岩の上に座り込むようになる。ロックガーデンを登り切るとハイマツ帯があり、やがて広い丘の上になって北沼分岐へはゆるい下り坂になる。

ここで浅上智江（六十八歳）が歩行困難になり、ガイドに支えられながら下りてくる。そのときの受け答えがスローであったことは、ここもしくはこれ以前に低体温症を発症していたものと思われる。

北沼分岐に到着すると、この沼から溢れ出た水は川になり、これを徒渉することに時間を費やされる。渡り終えたときに、浅上の容態が極端に悪くなる。立っていられない、返答できない、温かいお湯を飲むのがやっとという状態で、すでに体温が三十三度C以下に下がっていたと思われる。しかし、浅上が震えていたという証言はなかった。浅上の処遇のためガイドたちが忙殺され、ほかの人たちは、この北沼分岐でしゃがんだ姿勢で待機することになる。

このパーティの行動記録（時計による）はないが、証言からこの待機時間は短い人で二十分、長い人で二時間と開きが大きかった。北沼分岐を出発する十一時三十分ごろまで、強風下のもとにさらされ、ほぼ全員が低体温症になる。

北沼以前に低体温症を発症した人は二～三名で、この待機した時点から発症した人がほぼ全員と推定される。

症状から推測した低体温症の経過

低体温症は、体温の変化によってその症状が変わってくる。

この症状を的確に把握すれば低体温症の前駆症状がわかり、以後の対策、低体温症の対処、予防に役立つものと思っていた。

生存者の証言から、死亡者の行動、表情、言動などで体温を推定したが、風雨のなか、雨具のフードで顔面をすっぽり覆っているためにその表情を見ることができなかったことや、歩行スピードの低下や転倒を繰り返す動作は、雨に濡れた道や岩が滑るためでもあり、それが低体温症の症状であったかどうかは判別しがたいものがあった。

しかし、奇声を発したこと、呂律の回らない言動、意味不明な言葉など、言語の異常で体温が推定できる。たとえば、よろよろ歩きを始め、全身的震えの症状が始まったころを三十五度C、意味不明、奇声、呂律の回らない言動を発したころを三十四度Cとし、意識障害、意識不明になった時点を三十二度C以下と推定したが、確かではない。この北沼分岐で待機した十数名の人たちは「猛烈な寒さが襲い」、次に「止まらない震え」がきて、そして「眠気が襲った」と表現した。

震えが始まる三十五度Cから眠気を感じる三十四度Cまで下がる時間が非常に短い。体温の下がるスピードが早いだけに、急性低体温症と言っても過言ではないだろう。症状を進行させる条件が変わらないのであれば、眠気を受けて眠ってしまえばそのまま意識を失い、死に繋がってもおかしくない。眠気を感じたときに、「このまま死んでしまうのかな」「山で死ぬのは意外と楽かな」と思った、と表現している。

では、なぜ身体がガタガタと震えているときに「眠気」がくるのか。

全身的震えがきているときに眠くなるという症状は、相反しているように思われる。食事をとり、お腹がいっぱいになったとき、瞼が重くなって眠くなる経験は誰でもあるだろう。これは食べ物が胃の中などに入ると、それをこなすために消化器系は活発に活動し、そのために多量の血液、酸素を消費することになる。人間の血液量は一定であるから、消化器系に血液が多く供給されると、脳に行く血液は減少し眠くなる。

これは生理的なものであるから、脳にダメージを与えるものではない。

しかし、低体温症時の震えは、全身の骨格筋を不随意的に激しく収縮させて熱を作り出そうという現象である。人間の生命に対して危機的な状況であり、熱の産生を最大優先し、筋肉に血流量を増やすために脳血流はその犠牲になる。血流量が減らされ、脳貧血のような状態で眠くなるのだろうと推測する。震えの著しかった人に、この「眠気」の症状出現の頻度は高かった。

人間がほかの生物と違って高等な知恵や機能を有しているのは、脳の中の前頭葉に人間らしい運動機能、言語、精神機能をつかさどる中枢があるためである。

今回の調査によると、低体温症の症状は早期から脳障害を発症することがわかった。酸素不足と低温（血流による）に弱いと言われる脳細胞であるが、言語中枢も典型的に弱い場所であるようだ。低体温によって言語を発する抑制がとれ、自分の意志とは関係ない「キャー、アーという奇声」「意味不明な言語」「呂律の回らない言い方」「赤ちゃん言葉」などを発している。体温三十四度Cのときは、運動機能、言語、精神状態が症状として最大に現われやすいので、この段階で的確な手当てをしないと、以後、急激に症状は悪化するものと思われる。

北沼分岐で待機した十四名はすでに低体温症になっていたが、出発に際してしゃがんだ状態から立ち上がって歩き出した瞬間から、その症状が急激に悪化する。「意識が朦朧とする」「つまずいて歩けなかった」「右と左の区別ができない」「意識が飛ぶような感覚」だった、と表現している。

また「自分ではまったく気がつかなかったが、手が土で真っ黒になり、爪の間に土がたくさん入っていたので、ここで四つん這いになって歩いたかもしれない」と証言した人もいた。この待機時間は急速に体温を低下させ、静止状態から運動状態になったときに、冷たい血液が体内に一気に流れ出し、脳や筋肉が機能障害に陥ったのだろう。ここで体温は三十四度Cから三十三度Cに加速的に下がっていったものと思われる。この待機から再出発した人たちのうち六名がわずか数キロの間で亡くなったことは、強風雨下に無防備でとどまっていたことがいかに急速に体温を下げたかを物語っている。

待機から十六名が歩き出したが、すぐに三名の女性が低体温症で倒れ、これに二名の男性が介護につき、残った十一名が前に進んだ。しかし、この先の登山道上で四名が死亡する。

北沼から南沼にかけては広い遮蔽物もない場所ではあるが、捜せば大きな岩があり、ビバークしようと思えばできないことはない。しかし、ツアー登山を続けている参加者に、ビバークの経験やそれを思い起こす知恵はなかった。ツアー登山でビバークをするなど、まったくの想定外であったのだろう。

この二〜三キロの間で低体温症は急激に進行し、高所登山のように一歩歩くのに数秒以上かかるような早さの歩き方だったと思われる。北沼分岐からここまでの間に「奇声を上げた」という人が、全員、死亡している。そのときの体温は三十二〜三十一度Cまで下がっていたと思われるが、この間が最も悲惨で、悲劇的な状況だった。

死亡までの経過

山行の正確な時間記録がないので、複数の生存者から亡くなった方の様子を聞き出してその低体温症の経過を推定した。

北沼分岐で二名、ここから十分ぐらい先のテント内でビバークした二名、南沼キャンプ場周辺で一名、そしてトムラウシ公園手前で三名が亡くなっている。

発症から死亡までの推定時間は、二〜四時間以内が五名、六〜十時間半以内が三名であった。死亡者の半数以上が二〜四時間以内で亡くなっていることは、低体温症が加速度的に進行し、悪化したものと思われる。急性低体温症の定義が寒冷にさらされてから六時間以内というのであれば、これはまさに「急性低体温症」だったと言える。

最初に低体温症を発症した浅上は、ロックガーデンの登りからよろよろし出しており、このとき、伊豆ハイキングクラブに追い越されている。その時間が九時三十分、北沼到着が十時三十分ごろ、待機したメンバーが登山を再開した十一時三十分すぎには反応もなく、ツエルトにくるまっていたという証言がある。そのときにはすでに心肺停止状態だったと推測される。低体温症になる前を三十六度C台とし、心停止になる体温を二十八度C以下とすれば、この間、体温が八度C下がるのに二時間しか要していなかったことになる。これは単純に計算すると、体温が一度C下がるのに十五分程度という急激な体温下降だったことがわかる。なぜそんなに早いのか。

このスピードであれば、「震え」を起こして熱を作ろうとしても、とても間に合わない時間である。小柄な人なので、耐風姿勢が続く歩行でかなりのエネルギーを消耗し、朝食の摂取カロリー量が少なかったので疲労とともに熱産生のカロリー不足が低体温症を進行させ、脳における体温調整の視床下部の機能不全が早期に起こったものと思われる。

浅上に付き添いビバークしようとした西原ガイドは、その一～二時間後に亡くなったと推定される。現場に開けていないザックがあったこと、ツエルトが飛ばされてなかったこと、徒渉時にすでによろよろし、体調が悪かったことなどがその要因である。

現場は岩がゴロゴロした吹きさらしの場所であり、とてもプロの登山ガイドがビバーク地として選ぶ場所ではない。

北沼分岐で一時間待機した後に亡くなった人は、歩き始めた時点ですでに三十四度Cに下がっていただろうと思われる。

標準タイムであれば二十分で行く北沼と南沼との間で三名亡くなっているが、この間に「四つん這いで歩いていた」「転倒を繰り返して真っ直ぐ歩けなかった」「奇声を上げていた」「左右の区別ができなかった」「目が見えないと訴えていた」「直立不動で立っていた」などの証言から推測できることは、次第に三十三度C以下の体温になっていたものと思われる。

今回のアミューズ・パーティの遭難のほかに、トムラウシ温泉から単独で頂上に向かったと思われる男性（六十四歳）が南沼付近で遺体となって発見されている。どのコースを通って、どういう状況で亡くなったのか調べようがなかった。もし、この日に上がったのであれば、伊豆ハイキングクラブの人たちとすれ違ったはずであるが、彼らは登山道上で会っていないという。早朝、登山口を出発したとして、相当な風雨のなかで南沼着は昼ごろになっていたはずである。生存者の人たちもその存在を知らない。その行動は謎である。

低体温症からの回復

今回の遭難者のうち五名が、現場からヘリコプターで救助された。このうち三名は低体温症から回復した例である。

山崎勇ガイド（三十八歳）の場合

北沼から溢れ出た水が川になった地点を徒渉中に誤って転倒、全身ずぶ濡れになる。このことを後に「最大のミスだった」と証言している。

北沼分岐で低体温症になった一名の処遇に戸惑い、ここでの待機時間が長くなったこのときに彼の体温は一気に下がり、歯の根も合わないほどの震えに襲われる。このときすでに三十五度Cになり、トムラウシ分岐に着いたときには遅れだすツアー客がいたが、意識障害の出はじめた山崎には捜すだけの気力はなく、遭難の通報を入れることだけを考える。死を覚悟して早足で歩き続け、次第に足が棒のようになり、膝が曲がらなくなって転倒を繰り返した。トムラウシ公園付近では意識が薄れる三十三度Cになり、人を救う気力と体力はすでになかった。

十六時ごろに前トム平に到着し、携帯電話で遭難の通報を入れようとしたが、でたらめな番号を押していた。このときいっしょだった星野（六十四歳）によると、彼はよく転び、呂律の回らない会話だったと証言している。すでに意識は朦朧とし、前トム平から巨石のトラバースぎみの下山路（当時ここには雪渓があった）を下り、ザックを降ろして携帯を出そうとして、そのまま前のめりにハイマツのなかに転倒、意識を失う。この光景は久保（六十五歳）も見ている。

北沼分岐で低体温症を発症してから五時間弱であり、三十三度C以下に下がって意識を失ったと思われる。

以後、通りかかった登山者が彼を発見したのが翌十七日の十時四十四分、救助ヘリコプターで病院に収容されたのが十一時三十五分で、そのときの体温が三十四・七度Cだった。大声で呼べば答えられる程度の意識で、治療により意識が正常に戻ったのが十二時五十分ごろ、この間、彼は二十一時間意識を失っていたことになる。

回復できたのは、前トム平付近ではすでに風雨は弱まり、体温を下げる気象状況が改善していたことと、ハイマツの中で体温が保たれたことによるものと思われる。いわゆる仮死状態になっていたものと思われるが、このときの体温下降は一時間に一度Cの割合で下がった。彼は「意識はストーンと落ちるようにして失った」と証言している。

今回、警察が捜索を開始したのは十六日午後で、翌十七日朝四時には自衛隊と道警のヘリが飛び立っている。最初に自力下山した人は十七日の零時五十五分に、彼と最後に会った久保は朝五時には下山し、警察とコンタクトしている。

ここで警察が彼らから的確、迅速に遭難場所を聞き出し、捜索ヘリに伝えていたなら、もっと早く収容できたものと思われる。快晴の条件下でありながら、捜索開始から六時間以上かかって、山崎ガイドを収容したことになる。捜索上の大きな問題ではないだろうか。

大内厚子（六十一歳）の場合

登山歴十六年。ときどき登山中に吐くことがある。初日の旭岳から白雲岳避難小屋までの間で何度か吐く。衣服は下着の上にノースリーブのメッシュ状シャツ、その上に長袖のスリーシーズン用シャツ、下はサポートタイツの上に膝までの山ズボン、その上に五年使用のゴアテックス製の雨具を着ていた。

天沼からロックガーデンにかけての風は強烈で、何度も転倒した。北沼の徒渉が終わって待機したときから身体が一気に冷え、自分でも止められないほどの震え、歯がガチガチと鳴るほどで「これで死ぬのか」と思ったほどだった。

歩きはじめると、意識が朦朧として十数メートル、時間にして約五分行った所で意識を失った。瀬戸ガイド（三十二歳）と永井（六十九歳）が体調の悪い杉中（五十九歳）

と宮本（六十二歳）とともに岩陰に連れて行き、ビバーク態勢に入る。

後に瀬戸ガイドが南沼で見つけたテントを張り、これに収容されたが、このとき宮本は危篤状態になり、蘇生術も効なく亡くなってしまう。

大内はこのテントに収容された記憶がない。テント内でガスコンロが焚かれたために暖められて体温が上がり、七時間後に寒いという感覚がもどるとともに震えながらも会話できるようになった。寒いのでダウンジャケットを着、雨具のまま時にお湯やスープを飲んで夜を過ごした。十七日の朝五時三十分ごろに、自衛隊のヘリに救助された。

大内の例も、意識を失っているので三十二度C以下に体温が下がり、いわゆる仮死状態になっていたものと思われる。待機したときから低体温症が始まったので、意識を失うまで二時間とかかっていない。運よくテントが張れた場所で暖がとれたことと、衣服がそれほど濡れていなかったことが、体温下降をストップさせた原因であろう。

しかし、同じテント内でビバークした同年代の二名が亡くなっている。一名は十八時ごろテントを設営した時点で心停止状態になり死亡、もう一名は二十時四十分ごろに亡くなっている。低体温症を発症してから約七時間と約十時間生存していたことになる。このビバーク地点は北沼分岐とは目と鼻の先ぐらいの距離である。待機の際、急性、加速性の低体温症になったが、風を避ける行為（テント内でビバーク）で延命できたものと思われる。しかし、テント内で亡くなったことは、重ね重ね残念としか言いようがない。

平戸佳菜子（五十五歳）の場合

登山歴七年。十六日のウエアは速乾性の下着、長袖のシャツにTシャツを重ね着、タイツの上に山用のズボンをはき、ゴアテックス製の雨具を着用した。ウエストポーチにチョコレートなどを入れて行動中に食べていた。北沼分岐での待機から歩き出したとき、意識は朦朧としはじめ、真っ直ぐに歩けない人が多いなと思いつつ、自分もふらふらした状態であり、すぐに隊列が崩れた。

トムラウシ分岐までの歩行はふらふらした状態で、ストックで自分の身体を支えながら歩いた。寒かったが震えは自覚していない。

トムラウシ公園付近で歩行困難となり、道端に座り込んでビバークを覚悟し、ザックからマットを取り出して敷き、シュラフをかぶって朝を待った。このとき、谷（六十四歳）に「ここで救援を待とう」と声を掛け、近くで彼女もビバークしたが、十八時ごろ、息を引き取った。

十七日三時四十分ごろ、夜明けを感じたので歩き始めた。一時間ほどで前トム平に着き、ヘリに救助された。山崎ガイドが倒れていた場所とは目と鼻の先ぐらいの所での救助だった。

自己判断でビバークしたのは平戸だけである。生還できた理由として、もともと体力があったこと、ビバーク地点にマットを敷いて断熱を図ったこと、雨具の下にフリースを着たこと、ときどきチョコレートを食べていたこと、ビバーク時に雨風が止んでいたことなどが考えられる。

他パーティの低体温症

伊豆ハイキングクラブ

二〇〇九年七月十六日、アミューズ・パーティと同様、ヒサゴ沼避難小屋からトムラウシ温泉に向かった伊豆ハイキングクラブは、アミューズ・パーティを追い越して、十三時間でトムラウシ温泉に無事到着した。しかし、その途中でひとりのメンバーが低体温症になっていた。

女性四名、男性二名、平均年齢六十五・八歳のパーティは、層雲峡からトムラウシ温泉まで三泊四日の日程で入山した。テント持参で、詳細な食料計画、防寒対策のほかに訓練山行まで行ない、この山行に備えたという。

初日の十三日は風雨のため、白雲岳避難小屋の予定を変更して黒岳石室に宿泊。

翌日は晴れで、忠別岳避難小屋まで進み、十五日は雨のなかを昼ごろにヒサゴ沼避難小屋に入る。その後三時少し前にアミューズ・パーティ十九名が雨に濡れながら入ってくる。リーダーはトムラウシ登山の経験者で六十九歳の女性であったが、降り続く雨と風の音、翌日の行動の心配などで、その晩はほとんど眠ることができなかった。

十六日朝になっても風雨は止まず、出発をためらう。

しかし、午後には晴れるという予報、アミューズ・パーティの出発、予定の行動などから、一行は出発してしまった。稜線に出ると、風速二〇メートルを超える強風にあおられて時に吹き飛ばされながら、ロックガーデン付近でアミューズ・パーティを追い越す。このころから寒さで震えを感じ、時には「眠気」を伴うようになる。この眠気に誘われて「山で死ぬということは意外と楽だなあ」と思うようになったが、「歩かなきゃいけない」という気持ちが強くなり、転倒を繰り返しながら歩いた。北沼分岐に十時過ぎに到着すると、北沼の水が溢れ、波打っていたことに驚いたものの、立ち止まると寒いので休憩をとらずに歩き続けた。

強い風と雨はトムラウシ公園の先まで続いた。

トムラウシ分岐を過ぎたころからひとりの女性（六十七歳）の歩き方がよろよろし出す。後ろで支えた仲間も支えきれないほどふらついていたというが、本人の自覚はまったくなく、震えも伴わなかった。夢遊病者のような歩き方のうえ、無関心でスローな答え方をしていたので休憩をとり、カロリーメイトを食べ、お湯を五杯飲み、ダウンジャケットを着る。ここまで、ヒサゴ沼避難小屋を出発してから六時間経過していた。ここから彼女はふたりの男性に介助されるような格好で下山する。

前トム平からコマドリ沢への下降のころには体調ももどり、足取りがしっかりしていた。十三時間におよぶ長い行動で、全員短縮路に到着したときに、後続で下山するだろうと思っていたアミューズ・パーティの遭難を知った。

用意周到な計画でのトムラウシ山行であったが、天候に左右されやすい山の行動にはリスクマネジメントの意識が必要である。ほぼ全員、低体温症の知識は浅く、本人も低体温症に陥ったという認識はなかった。

症状から推測すると、体温は三十四度Cもしくはそれ以下だったと思われる。山中で回復できるぎりぎりの体温で、条件によってはそれから危険な状態になっていたかもしれない。この症例も後述の美瑛岳の例と同じで、脳症状が先にきて、熱産生のための「震え」がきていない。

お湯を飲んだこと、行動食を食べたこと、ダウンジャケットを重ね着したことなどが低体温症から回復できた原因と思われる。

しかし、一歩間違えばこのパーティも遭難したかもしれない。周到な準備、仲間意識、前日の短い行程による体力の温存、短い休憩などが、無事、下山できた理由と思われる。

とは言え、この悪天候下での行動決定については、リーダーとほかのメンバーの間に意見の相違があり、意見をまとめられないまま出発してしまった。ヒサゴ沼避難小屋での出発の判断は、安全策（停滞またはエスケープルートへの転進）を優先すべきだったと考える。

美瑛岳でのガイド登山

トムラウシ山でこのような遭難事故が起きた同じ日、同じ大雪山系で、同様の遭難事故が起こっている。

二〇〇九年七月十六日、大雪山系・美瑛岳を縦走登山中の女性客三名、ガイド三名のパーティが遭難、一名の女性が低体温症で死亡した。

三泊四日の予定で十勝岳、美瑛岳、トムラウシ山登頂後にトムラウシ温泉に下山する計画で、初日は十勝岳登山口の望岳台から十勝岳、美瑛岳を登って美瑛富士避難小屋までの行程だった。天候は雨だが、予報は午後には晴れるとのことだったので、予定より三時間半遅らせて七時半に歩きはじめた。

出発したときには霧雨のような雨で、風はそれほど強いとは思えなかった。

三時間後の十一時半には十勝岳の頂上に着いた。風は無風に近いか、時に突風が吹く「縞模様のような風」だった。そこから美瑛岳までは、全員足並みもそろった元気な歩き方をしていた。ウエアは速乾性の下着、シャツ、フリースに雨具だったが、十勝岳から平ヶ岳にさしかかると強烈な風に見舞われる。

美瑛岳分岐を過ぎたころに六十四歳の女性の具合が悪くなり、もうひとりの女性も股関節の痛みを訴えたために、その場で十五分くらい休憩して重ね着をした。それまで普通に歩いていた女性が、急激にふらふらと歩けない状態になったのはその直後だった。もつれるような歩き方をするようになったが、「震え」はなかった。衣服は濡れておらず、お湯を飲み、どら焼きを食べる元気はあったが、次第に歩行困難になり、ガイドがおぶって小屋まで行こうとする。

もうひとりの股関節痛を訴えた人も歩行不能になったためにひとりのガイドとビバーク態勢に入り、あとの四人は小屋へ向かった。十九時前、背負われて小屋へ行く途中に、背中の上ですっとのけぞる格好で意識がなくなった。小屋で蘇生術を行なったが、生き返ることはなかった。時間は二十一時だった。

悪天候でもあり、最初に女性が具合が悪くなった時点の十八時前に救助要請の電話を入れた。小屋まで十数分の所でビバークしたふたりは、ときどき意識が薄くなったという。このふたりも低体温症になっていたものと思われる。

歩けなくなった人が救助され、救急車の中で測った鼓膜温は三十三度Cであったが、なんら障害なく回復した。

このケースは、低体温症が発症してから死亡するまで四時間ぐらいと推測される。ウエアは雨と風に耐えられないようなものではなく、行動中も行動食をとっていた。ある時点から忍び寄るように低体温症が進行し、脳症状を発症して眠るように意識を失い、亡くなる。

この例は、低体温症の進行する過程で「震え」の症状がなかったことに特徴がある。体温が下がれば、それを補うために全身の震えを起こして熱産生を促し、回復しようとする過程は必ずくる症状だと思っていたが、その過程がない。

最初の疲労症状と低体温症の初期症状との区別が、山中ではできにくいことを物語っている。

日本山岳耐久レース

二〇〇五年十月九日、奥多摩で行なわれた日本山岳耐久レース(ハセツネ・カップ)で、一名がレース中に低体温症になる。

このレースは七一・五キロの山道を二十四時間以内に走り、タイムを競うトレイルランと呼ばれる競技である。当日は雨で、泥まみれの山道を走る状況だった。

奥多摩といえども十月の夜の山道は寒い。競技スタッフが道端に休んでいる競技者を発見し、声をかけたが返答がなく、無関心な表情だった。山道を駆けるために軽装で、下半身はスポーツタイツで、上半身は速乾性のシャツにウインドブレーカーを着ていたが、びしょ濡れの状態で、意識が朦朧としていた。低体温症を疑い、ツエルトやレスキューシートで身体を包んでシートの上に寝かせ、お湯をペットボトルに入れて腋の下に入れ、保温に努めた。そのうちに心肺停止になり人工呼吸、心マッサージを施したが、手足は冷たく、唇はチアノーゼだった。懸命な蘇生を行なって二十分後に自発呼吸が再開し、後発隊により寝袋が運ばれ一層の保温に努めた。発見後二時間で救助隊が到着、担ぎ上げて病院に搬送して一命を取りとめた。

状況から判断して、れっきとした低体温症であったと思われる。

雨の中を走ったことにより衣服が濡れて体温が下がり、軽量化のためにエネルギーとしての食料摂取が不足し、山を走るだけの熱を作ることができなかった。体温が下がって意識を失い、心肺停止に至ってしまったと推定された。おそらく体温は三十度C近くになっていたものと思われる。発見が早かったこと、諦めないで心肺蘇生をしたこと、ペットボトルの湯たんぽで温めたこと、そして「低体温症の知識」があったことが、山中での低体温症患者を救った要因である。

白馬岳のガイド登山

二〇〇六年十月七日、祖母谷温泉から不帰岳を経由し、白馬岳から親不知まで三泊四日の予定で入山した女性六名、ガイド一名のパーティが、白馬岳主稜線の手前で吹雪の悪天候に遭い、遭難した。四名の女性が低体温症で死亡する。

雨であったが、午後は晴れるとの予想で祖母谷温泉を出発。全員快調に登りはじめたが、清水岳を過ぎたころより雨に雪が混じるようになる。十四時三十分清水平に着き、ここから白馬山荘までは二時間弱で到達する距離だった。

裏旭岳あたりから完全にミゾレになり、風も強くなる。十五時三十分ごろ、白馬岳主稜線（縦走路）近くで霰混じりの強風になり、パーティが遅れ出す。強風のためにメンバー倒れはじめ、歩行困難な状態になる。パーティが二分され、救助要請のためにメンバーをビバーク態勢にして、ガイドは白馬山荘に向かう。ガイド自身も低体温症になり、小屋に到着したころは全身の震えで立っていられない状態だった。

小屋の従業員らで救助に出動し、四名が救助されたが、二名が死亡。翌日、ビバーク地点でさらに二名の死亡を確認した。死亡した地点は小屋まで三〇〇メートルしかなかった。このときの天気は台風崩れの温帯性低気圧が本州の東海上で発達しながら北上し、その後に大陸からの寒気が入り込んだために、山岳地帯は吹雪になり、時には風速二五メートルの悪天候だったと証言している。

この遭難事故の時間経過を見ると、強風のためかよろけるように歩き出したときが低体温症の始まりで、発症から死亡するまで約二時間だったと思われる。

低体温症の医学的考察

真夏の低体温症による遭難事故は、同じトムラウシ山で二〇〇二年七月にも起こっている。時期といい、台風接近による悪天候といい、今回の遭難状況と非常に類似している。愛知の女性パーティ四名と福岡の八名のパーティが、トムラウシ山頂付近で一名ずつ低体温症で亡くなるという遭難であったが、この教訓が生かされることなく、同じ山で同じ悲劇を繰り返してしまった。真夏の遭難事故の原因としては考えにくい低体温症であるが、気象条件によっては体温が急に下がり、死亡に至ることを登山者は認識しておかなければならない。

生体内の変化

トムラウシ山の第二ビバーク地点と第四ビバーク地点から救助された三名は、搬送先の病院で検査および治療を受けている。このときの容態および検査値を分析してみた。またこの症例のみならず、過去に低体温症で治療した例との比較も行なった。

山崎勇ガイド（三十八歳）の場合

七月十七日十一時三十五分、山崎ガイドはＪＡ帯広厚生病院救急救命センターに搬入される。四肢が冷たく、全身的な痙攣が持続していた。両膝、前胸部に打撲痕が多数あり、その周囲に発赤が見られた。これは転倒を繰り返したことを物語っている。意識は大声で呼べば反応する程度（ＪＣＳ 20、Japan Coma Scale は意識レベルを表わす分類。数字が大きいほどレベルが低い。意識清明で0、痛み刺激に反応なしで３００）で、自分の名前などを答えることができなかった。血圧は１３３／43、脈拍１００、直腸温三十四・七度Ｃだった。表②は異常を示した血液検査値で、カッコ内は正常値の上限である。

病院収容後、すぐに点滴と加温式ブランケットにて身体を暖めた。治療三十分後には意識がはっきりしだし、一時間後には体温三十六・三度Ｃに回復した。

永井孝と大内厚子の場合

第二ビバーク地点から救助された二名のうち一名は、意識を失った女性である。表③は、彼らの異常を示した検査値である。

清水赤十字病院にヘリで搬送され、そのまま入院。ともに元気でバイタルサインは安定していた。一名は精神的高揚が見られた。ともに四日間の入院後に退院した。

白血球数	15800（8500）/μl
GOT	185（40）IU/l
GPT	86（45）IU/l
LDH	641（400）IU/l
CK	13000（197）IU/l
血液の酸性度	7.246（7.400）
乏尿 100ml　低血糖　低タンパクあり	

表 2 ――山崎勇ガイドの検査値
（カッコ内は正常値）

	永井孝（69 歳）	大内厚子（61 歳）
白血球数	11000	17000
GOT	207	277
GPT	95	104
LDH	760	517
CK	6939	8410
CRP	1.3	2.4

表 3 ――永井孝と大内厚子の入院時の検査値

立山・真砂岳での中高年登山者の場合

一九八九年十月八日、北アルプス・立山の真砂岳付近で中高年のパーティが悪天候（吹雪）に見舞われて、十名中八名が低体温症で死亡した。

平均年齢五十五歳の山仲間が集まった男女十名のパーティで、室堂を出発したころは晴れていたが一ノ越山荘に着いたころは雪に変わっていた。彼らの登山装備は夏山用のものが主で、零下まで下がる気温や雪道を歩くには充分なものではなかった。雄山頂上に着くころには、疲労と寒さで体調を崩す者もあった。引き返すならこのときであったが、富士ノ折立付近で吹雪になり、一〇メートルの風が吹き歩行困難な者が出はじめる。このときにすでに何人かは低体温症が進行していたものと思われる。富士ノ折立と真砂岳の中間点の稜線で、風をよける態勢（ビバーク）も取らずに、次々と倒れてしまう。

救助を求めて先行したふたりは、吹雪のため内蔵助山荘に行き着くことができずに別山でビバークし、翌日、剱御前小舎に飛び込む。

救助され富山市民病院にヘリ搬送された三十八歳男性は、低体温症から回復している。そのデータによると、全身的に震えが激しい状態であり、体温（直腸温）三十四度C、血圧は70／0の低血圧でショック状態だった。白血球が20800と増加し、肝機能は高値を示し、低血糖、低タンパク症を示していた。

この遭難は悪天候を無視して前に進んだことに尽きるが、気象条件によっては低体温症になるということを知らなかったことが主な原因である。雄山から先の吹雪のなかで体温下降が急激に起きて、ふらふら歩き出したときにはすでに低体温症の危険領域に入っていたものと思われる。脳の低温により、判断力、思考力が低下した時点で、引き返すという決断ができなかったものと推測される。主稜線を一歩離れて風の弱い所で集団でビバークしていたら、これほどの犠牲者は出なかったかもしれない。

八甲田スキーツアー遭難者の場合

二〇〇七年二月十四日、青森・八甲田山でスキーツアー客とガイド計二十四名が前嶽の斜面において幅二五メートル、全長三〇〇メートルの雪崩に遭遇、二名が死亡、八名が負傷した。当時は気温マイナス四度C、風速三三メートルの猛吹雪のなかだった。

悪天候のなかの捜索は困難をきわめた。八名の負傷者は腸間膜損傷、腎損傷、骨盤骨折、前腕骨折，脊椎骨折などの多発性外傷を合併した重症例が含まれていた。これは雪崩に巻き込まれ、斜面を転がり落ちた際に立ち木などに衝突したり、身体が回転することによって起こった高エネルギー外傷であった。

このなかに前腕開放性骨折の七十四歳男性と、多発性肋骨骨折、血気胸、肺挫傷、下腿骨折の五十九歳女性が低体温症を合併していた。遭難から四時間後に病院に搬送されているが、厳冬期のスキーツアーであるため防寒の装備は整っていた。しかし、救助してから搬送までの保温は充分ではなく、低体温症はこの期間に発症したものと思われる。五十九歳の女性は、病院に搬送されたときには直腸温二十九・一度Cだった。

この症例も酸血症（7・16）とアシドーシスを示し、白血球14000、肝機能異常を示した。この症例は経皮的心肺補助装置（皮膚を通して動脈と静脈に管を入れて血液を温めて循環させる装置）を用いて低体温症を脱している。

これらの症例は、気象条件は違っていても低体温症になったことは同じである。これらの検査値から低体温症になると生体にどんな変化を与え、それがどのような影響を与えたかを分析してみよう。

検査値の分析

CKの高値

CK（クレアチンキナーゼ）とは骨格筋などの筋肉内にある酵素で、筋肉細胞のエネルギー代謝に重要な役割をしている。筋肉に障害があるとその数値は上がるが、激しい運動、マラソン、山登りなどで筋肉を著しく使う運動をした後でもその値は上がる。普段は心臓や筋肉そのものの病気を調べる指標になるが、運動でも高値を示し、この場合は病気による高値と違い運動後に正常値にもどる。

正常値は男性57〜197IU／ℓ、女性32〜180IU／ℓ。

通常の山登り後にもCKは高値を示すが、これは骨格筋運動の指標であり、その評価でもある。

山本正嘉氏らによれば二十四時間山岳耐久レース後のCKは、2134IU／ℓ、四二・一九五キロのフルマラソン後で1476IU／ℓ、一〇〇キロのウルトラマラソン後で9000IU／ℓだったと報告している。

前述した三名のCKは単純に比較すると、一〇〇キロマラソンと同等、またはそれ以上の筋肉負荷をかけたことになる。

それにしても、山崎ガイドの13000IU／ℓという値は異常に高い。これらの高値は何からきたのか。

三日間の登山という運動で筋肉が壊れたこと。強風下での耐風姿勢により、筋肉の伸縮性収縮により筋肉が壊れたこと。転倒による打撲で直接的に筋肉が壊れたこと。

低体温による震えで熱を作る手段として筋肉内のタンパクを分解したことなどにより、ＣＫが高値を示したものと考えられる。

また、第二ビバーク地点から救助された二名のうち、大内は低体温症で意識を失っていたためにその回復に筋肉タンパクを多く分解したためであり、永井は瀬戸ガイドとともに弱った人たちの介護などに奔走したが、その場にとどまったので運動量が少なくてすみ、ＣＫは高くなかったと考えられる。

心筋梗塞など病的なときのＣＫの高値は問題があるが、運動後の高値はそれほど問題ではない。運動をやめ安静にしていると筋肉繊維が修復され、ＣＫ値も元にもどる。しかし、１００００を超える値は、トムラウシ山中において身体にいかに大きな物理的なストレスがかかったかを物語っている。

肝機能異常とアシドーシス

体温が低下すると、人間の脳、心臓、肺、腎臓などすべての臓器の機能は、恒温のときと比べて著しく低下する。低温になって機能が活発になる臓器はなく、肝臓も例外ではない。

人間の血液は、酸とアルカリのバランスで中性に保たれている。これを「酸塩基平衡」という。血液が酸性に傾いたものを「酸血症・アシドーシス」といい、アルカリに傾いたものを「アルカリ血症・アルカローシス」という。

正常はPH7・4であるが、7・35以下になったものは「アシドーシス」と定義される。

これは動脈血を採取し，血液内の酸素量などといっしょに酸塩基を測定することができる。アシドーシスが軽度のときは脱力感、疲労感、吐気、嘔吐などの症状が出るが、重度になると意識を失うことになり、PHが7以下になると錯乱状態になり、昏睡、死に至る。

低体温になると肝機能も低下し、固定酸が蓄積しやすくなり血中の酸が増えて血液が酸性に傾いていく。これを「代謝性アシドーシス」という。

この現象は、私が行なった低体温の動物実験でも証明できた。

軽度のアシドーシスは復温で自然に元の正常PHにもどるが、重度になった場合は重曹水を注射して、中性にもどさなければならない。八甲田山の例は、体温二九・一度CでPH7・16と高い酸性に傾いていたために重曹水で中性にもどしたが、山崎ガイドの例は加温とともに自然に正常にもどっている。

低体温症の意識障害はこのアシドーシスと大いに関係あると思われるが、その証明はできない。筋肉運動のエネルギー源として糖が分解されると乳酸が蓄積するが、これが低体温になると排泄されなくなり、乳酸が溜まってしまい、血液内の乳酸値が高まり「乳酸アシドーシス」になる。もうひとつ、低体温時の震えも、筋肉の運動により乳酸が増えることになる。

このように低体温症のアシドーシスになる現象は、低体温による肝機能低下で酸が蓄積されたこと、糖が分解された乳酸が低体温で増え、排出されないこと、震えによる乳酸の増加などが複合されて血液が酸性になったものと思われる。

低体温症になって血液がアシドーシスになると、心電図上に「J波」と言われる特有の変化が起こるとされている。これも動物実験によっても証明されているが、「J波」が現われると心室細動（心臓が小刻みに震えるような状態で、心臓から血液を送り出すのが不可能な状態、心停止に近い）に移行しやすくなる。体温が三十二度Cぐらいのときに現われる波形と思われるが、今回のデータのなかにはそれを見いだすことはなかった。

低体温症では、この血液が酸性になるアシドーシスが生命に最も影響する現象であると考える。

お酒の好きな人は、健康診断の際、肝機能のGOT・GPTの高低で一喜一憂したことがあるだろう。GOT（グルタミン酸オキサロ酢酸トランスアミラーゼ）、GPT（グルタミン酸ピルビン酸トランスアミラーゼ）は肝臓の細胞の中にある酵素である。肝臓の細胞が壊れると、この値は増加する。解毒作用を有する肝臓は、お酒を飲み過ぎて度を超すとこの値が増加し、肝臓の機能がうまく働いていないことを示す。GOTは肝臓のほかに筋肉内にも存在するので、筋肉が壊れるようなことがあればGOTは増加するが、GPTは肝臓のみに含まれているので筋肉疾患では増加しない。

このGOT、GPTは肝臓の機能を知る重要な検査である。正常値はともに40IU／ℓ。山崎ガイド、永井、大内はGOTが増加し、GPTも軽度増加していた。GOTの増加は、筋肉運動により筋肉が壊れたためにその酵素が増えたものと思われる。GOTが100～500IU／ℓの中等度の増加は筋肉疾患のときによく見られるが、これに低温による肝機能低下がどう影響したかは判明できなかった。

白血球の増加

白血球は外部から体内に入って来た細菌などの異物を排除する役目がある。たとえば、肺炎になると白血球数は肺炎菌を食い殺すために、一・五～二倍近くに増える。トムラウシ山、真砂岳、そして八甲田山の例も、すべて白血球が二倍からそれ以上に増えている。しかし、低体温症は細菌などの異物が侵入したわけではない。

なぜ白血球が増えるのか。低体温は一般に「免疫能が下がる」と言われている。いわゆる、外敵に対する生体防衛力が弱まった状態である。体温が一度C下がると免疫力は三〇パーセント低下すると言われ、細菌に対する抵抗力が弱るので感染症などを起こしやすくなる。低体温でこの免疫能の低下が生体内に起こると、外敵の侵入しやすい状態と認識し、これに備えるために白血球を増やしたものと思われる。

しかし、運動負荷が高くなると免疫系が変動して「運動性の白血球増加」という現象が起こると言われている。白血球の増加は、低体温による免疫能低下と運動性の白血球、両方によるものと思われる。

このほかにも乏尿、低血糖、低タンパクなどが見られたが、乏尿は脱水のため、低血糖と低タンパクは「栄養不足」と「震えによる熱産生」によるエネルギーとしてこれらの栄養素を燃やしたので減少したものと思われる。

トムラウシ山の場合、これらの検査値の異常は、四日間後の退院時にはほぼ正常な検査値にもどっている。もちろん、点滴などの治療が行なわれたり食事をとれるようになったことによるものと思われるが、低体温が回復すると自然に元にもどるものもあると思われる。これらの検査値の異常は生存者のものであり、これがどのように進行して死に至るのかはわからない。

結論として、登山中に低体温症になると筋肉繊維が壊れ、肝臓の機能が低下し、免疫能が低下し、低血糖、低タンパクになることがわかった。

もうひとつ最も重要な変化は、血液が酸性になる「アシドーシス」になり、これの悪化は生命に直結すると考えられる。

外傷後ストレス障害（Post Traumatic Stress Disorder・PTSD）という病名がある。災害、事故、事件などで危うく死ぬところだった、重傷を負うかあるいは人が殺される現場、悲惨な現場に遭遇したとき、強い恐怖感、無力感、戦慄を覚え、それが心身に大きく影響し、不安、不眠、集中力喪失、思考力減退など、さまざまな症状を呈するものをいう。

このＰＴＳＤは、一九九五年の神戸の地震の後で被災者に多く見られた疾患である。九死に一生の思いで生存できたが、親や子ども、親類の死などがあり、復興とともに心身症になり、うつ状態になっていった人たちがたくさんいた。

さて今回の調査は、遭難からほぼ三カ月を経て、生存者たちにインタビューし、あらかじめ現在の精神的な状況についてアンケート用紙で答えてもらった。眠れますか、いらいらしませんか、思い出しますか、など二十数項目について質問をしたが、その結果、彼らの八割以上の人がなんらかの心的なストレスを抱えていた。事故からすでに三カ月近い時点で、ＰＴＳＤと思われる徴候がある人もいたが、ほとんどの人は症状が中等度のように思われた。しかし、死を覚悟して歩き続け、仲間が倒れた姿を目のあたりにして記憶が消えないなど、事故が大きいので、その精神的ショックが深い人がいたことも事実であった。

悲惨な戦争や多くの人が亡くなった大地震と山の遭難は状況こそ違え、その当事者が心に受けるトラウマは同じである。

無事下山し、マスコミに取り囲まれたりすると、死の淵から生還したことに精神が高揚し、インタビューを受けると饒舌に話し出す。生命に対する脅威のなかで生き残ったことへの称賛、安堵感、感謝、開放感が生じるために、ほっとしてハイな状態になる。事故後の心理状態としてこの時期を「ハネムーン期」と呼ぶ。しかし、現実的に時間が経つと、悲観、罪悪感、幻滅感などの感情を抱く時期がくる。これを「幻滅期」という。そして、この時期から自分の人生について前向きになり、精神的逆境を乗り越えて生きようとする人と、それができずにＰＴＳＤに陥ってしまう人とに分かれる。

こうした遭難後の当事者には、早期からメンタルヘルスケアを必要とする。

まず、その聞き手となる人は、その体験に積極的に耳を傾け、繰り返し繰り返し聞くことによって心理的な問題を浮き彫りにする。決して慰めることなく、今までの人生で幾多の困難な出来事に遭遇し、それをどう乗り越えてきたかを巧みに回想させて、心理的対処方法を引き出し、自覚してもらうようにする。

これは早ければ早いほど効果的であるが、そのためには専門のカウンセラーに相談するのが最もよい。

多様な病態を示す低体温症

今回の調査で、これだけ多くの低体温症に関する証言や血液などのデータを集められたことは貴重であった。

これまでに低体温症について書かれた医学書や登山の医学書などを見ると、その項目はほとんど同じで、ありきたりの内容にしか見えなかった。いつも天候のリスクを考えながら行動する登山者として、文章を読むかぎり「生きた文章」に見えない。たとえば、どんな天候で低体温になるのか、どんな症状が最初にきて、どのくらいのスピードでその症状が進むのか、なったらどうすればいいのか、ならないためにはどうすればいいのか、という素朴な疑問に対する解答を、これらの書物から見い出すことができなかった。

特に登山の医学書は一般登山者が読むものであるから、これに答えられなければ有用とは言いがたい。これまで多くの「疲労凍死」と言われた遭難事故があったのだから、これを検証した医学書にすれば、もっと生きたものになっていただろう。この点を踏まえて、低体温症の実態をつけ加えたい。

重要なエネルギー摂取

まず、低体温が起こる要因だが、当初調査の段階で、われわれは雨で衣服が濡れ、それに強風が加わり、体表面での著しい対流と放射で体温を奪われたためであると単純に考えていた。しかし、アミューズ・パーティ、伊豆ハイキングクラブ、それに同時期に遭難した美瑛岳パーティも、衣服がびしょ濡れだったと証言した人は意外に少なかった。

そこで事故調査特別委員会が最も注目したのは、悪天候のなかヒサゴ沼避難小屋からトムラウシ温泉まで一二・五キロ、十時間の行程に充分なエネルギー補給を行なっていたのだろうか、という点にあった。

その結果は、初日から遭難当日までの栄養摂取は決して充分なものではなかった、ということである。若い人と違い、荷物の軽量化のために中高年登山者は食料の量が少ない。お湯は提供しますから食料は自分で持って来てくださいというツアー会社の方針では、どうしてもエネルギーとしての栄養素が少なくなってしまう。

この点が低体温症に結びつく重要なポイントになった、と考えた。

悪天候のときは行動しないのが山登りの原則であるが、悪天候の行動には多くのエネルギーを消費するために、晴天時よりもご飯、パンなどの炭水化物をとる必要がある。しかし、軽量化を重視したインスタント食品はそのカロリーが少なく、強風に耐えるだけの運動エネルギーと低体温に対する熱エネルギーになるだけのものがなかった。防寒・防風対策の装備以前に、この問題が低体温症の第一の要因になったと考えるべきである。

雨のなかで起こる低体温症は湿性の寒冷下で起こり、雪のなかで起こる低体温症は乾性寒冷によるものである。冬山登山はあらかじめ寒さを覚悟した装備を持っているが、夏山では急激な天候変化による寒さ対策の装備は充分とは言いがたい。湿性寒冷は身体、衣服が濡れることにより体温を奪うスピードが早い。

この濡れに対する対策を怠ると症状は進んでいく。当日の雨は土砂降りのような雨ではなく、むしろ細かい雨または霧のような雨と寒さだったという。土砂降りだったら行動しなかったかもしれない。しかし、土砂降りだろうと、霧雨だろうと雨は雨、身体を濡らす要素は同じである。

体温を下げる最大の要素は「風」である。当時の気象記録から最大瞬間風速は二五メートルだったという。過去の低体温症による遭難例に共通していることは、この強風下での行動だ。

真砂岳、白馬岳、そして今回の大雪山系における例も、風速二〇メートル以上の強風に遭遇している。奥多摩の例は雨の山道を走るという競技であり、十月にあのランニング用の服装であれば、疲労と重なり簡単に低体温症になることは予想できた。そよ風のような風でも、軽装であれば体温は下がる。主催組織が低体温症の発生を予測し、それに対する忠告と対処法を確立しなければ、今後も同じことが起こる可能性がある。

八甲田山の例も、悪天候下の斜面で起こった雪崩であるが、斜面を見ると新雪が降ったら雪崩が起こると予想できる場所だった。猛吹雪ではあったが、雪崩発生後の救助・搬送に手間取ったために、搬送中の保温に充分配慮しなかったことが二十九度Cまで体温が下がった理由である。これは雪崩のみに関わらず、山での遭難救助の際、負傷者の保温に充分配慮しなければならないという教訓である。この例も猛吹雪の風が体温を下げたものである。

現在の雨具は、私が山登りを始めたころから比べると雲泥の差を感じるほど高性能である。当時は雨具が貧弱だから、雨のなかを進んで歩くということはしなかった。あの日、大雪山系にいたパーティは雨具の質、その使い方ともに問題はなく、なかにはこの登山のためにゴアテックス製の雨具を新調した人もいた。

ただ、雨具は雨に濡れないための用具であって、防寒具ではない。強い風が吹けば、雨具は圧迫されて雨具と肌の間が密着して寒さがじかに肌に伝わり、体温が下がる原因になる。雨具と肌の間にダウンやフリースのような空気を多く含んだウエアを着れば、その間に空気層ができ、対流が起こりにくく、放熱を抑えることにもなる。亡くなった方の何人かはダウンやフリースの防寒具がそのままザックの中に残っていたケースもあったという。低体温によって自分の置かれた状態が危急時と判断ができないまま、ダウンを着ることもなく、最悪の状態に追い込まれていったと思われる。

低体温症の最も恐ろしい点は、意識レベルが下がるので自分の意志で防御する動作さえできなくなることにある。

兆候としての震え

低体温の症状の発現は多彩であった。前述した体温と症状の関係は、体温の下降段階でそれぞれの症状が順序よく現われるものと思われがちであるが、必ずしもそうではなかった。三十四度Cでくる「震え」がなく、一気に意識を失って死亡した例があるが、これは震えを起こすだけのエネルギーすらなかったためと思われる。また、待機の際、強烈な寒さを感じていた人が、そこから二〇〇メートルぐらい歩いた所で突然、直立不動の姿勢をとり、そのまま倒れて亡くなっているが、これは全身の筋肉が硬直したために仁王立ちのような姿になったものであり、体温が三十度Cに達したときに現われる症状である。

この症状の発現は、私にとって驚きとしか言いようがなかった。八甲田山の雪中行軍のとき、遭難の位置を示すために後藤伍長が雪のなかで、直立不動の仮死状態で立っていたという挿話がある。これも低体温症による筋肉の硬直で骨格筋が硬くなり、その姿勢をとったものと思われる。

体温が三十度Cになるといえば、震えも止まり、死の直前の温度である。このころに精神的に錯乱状態になることがあるとされるが、今回そういう証言は見られなかった。

一九六三年一月に愛知大学山岳部の一行十三名が、薬師岳に登山中、寒波、豪雪に襲われて全員死亡するという遭難事故があった。降雪によるホワイトアウトで方向を見失い、次々と低体温症に見舞われて亡くなった遭難だった。雪解けとともに遺体捜索が行なわれたが、そのなかには衣服を脱いだ状態で発見された者もあったという。これはまさに低体温症の過程で錯乱状態になり、体温中枢機能が不能に陥り、それまでとは逆に身体が熱いと感じて衣服を脱ぎ出すという行為である。低体温症になると奇声を発したり、衣服を脱ぎ出したりする行為は、脳の中枢が麻痺したために起こることであり、これが多彩な症状を呈する低体温症の特徴である。

症状の進行は早ければ十五分で一度C下がり、体温を上げるエネルギーがなければ加速度的に進行していく。この早さは、山中で低体温症の適切な処置をとる猶予がまったくないことを示している。この急激な加速度的な体温低下は、夏の強風下の湿性寒冷によって起こる低体温症の最も特徴的な症状経過だろうと推測される。

低体温症にはこの遭難のように、風で急速に体温が下がる例や徐々に下がる例がある。隅田川畔のホームレスが、酒に酔いつぶれて、三十一度Cの低体温症で救急車で来院したことがある。夕方に飲みはじめ朝に発見されているので、この体温になるのに十二時間近くかかっている。大量のアルコールで自律神経が遮断され、代謝も低下して生き延びたものと思われる。このように風のない所で、時間がかかって体温が下がる低体温症は生存率が高い。

今回の大量遭難に繋がった最大の原因は、北沼分岐における風雨に無防備な状態での一時間の待機であることは間違いなく、ここで体温が三十四度C以下に下がった。そして、歩行を開始した瞬間に一気に冷却された血が全身に回って、加速度的に体温が下がり、早急な死に結びついたということである。もし風の避けられる場所での待機であったら、ツエルト一枚かぶっていたら、これほどの惨事にはならなかったと思う。防寒の衣服を着用し、熱を作るエネルギーが残っていた人が、転倒を繰り返しながらも歩き続け、そして午後には風雨が止んだせいで生存できた。あと一時間早く風雨が止んでいたら、亡くなる人はもっと少なくてすんだであろうが、逆にもう一時間同じ風雨が続いていたら、もっと亡くなる人が増えたであろう。

登山者もしくはその同行者が、低体温症になったと自覚する症状とはいかなるものなのか。

まずは「低体温症を起こす環境」を自覚することが大切である。個人の装備、体力などは異なっているので、この天候なら低体温症になるとは断定できない。過去の夏山での低体温症の例を見ると、雨、気温十度C以下、風速一〇メートル以上の天候で起こっている。しかし、年齢など登山者側の条件によっては、これより条件がよくても起こり得るであろう。低体温症の発症は、強い寒冷がなくても、風、湿度、疲労、栄養状態、ウエアの条件で、誰でもなる危険性があると認識すべきである。

運動のためのエネルギーと寒さに対する体温の基になるエネルギー生産が大きくなり、それが次第に低下しはじめると疲れやすく、歩行に影響を与え出す。低体温症の前触れを把握することは難しい。行動中に寒気がする、足がおぼつかなくなる行動や疲労が著しくなったら、低体温の前駆症状と考えてよい。そして熱を産生するために

三十四度Cである。

「震え」が始まるが、これが一番自覚できる症状である。この「震え」が始まるのは、

回復できる処置は

太田里美氏らによると、低体温症から回復する絶対安全限界温度は、三十四度Cであるとしている。つまり山中では、ここで体温下降を止める処置をすれば回復できるということになる。防風対策、重ね着、温かいものの飲食など、速やかに処置したい。また、環境条件によっては症状変化が早いので、自覚症状を見いだすというよりは「この環境なら低体温症になるかもしれない」という認識が重要である。風雨のなかで着替えることは容易なことではない。しかし、体温の回復には重ね着も含めて空気の層を作る、濡れた衣服を脱ぐという行為が必要で、風を避けた場所でのビバークも必要になってくる。これ以上体温が下がらないようにできるだけ重ね着をし、できればペットボトルや水筒のお湯で湯たんぽを作り、腋窩や股間部を暖めることが必要である。体温を上げるのに、身体をさすったぐらいでは無理で、熱源が必要なのである。

もし現場で心肺停止になった場合は、すぐに心肺蘇生術を開始するべきである。低体温症は全身の代謝が低下しているので、長い蘇生術に耐えられる。このとき、体温

を上げる方法も同時進行すればよいが、諦めずに人工呼吸、心マッサージを続けたい。

一九八六年、ノルウェーで行なわれた災害医療セミナーに出席した際、ノルウェー軍の「ヒートパック」という携帯型温風器を眼にした。電池式のファンが入った容器にチャコールを入れてこれに着火すると、四つの管から衣服を通して手足に温風がいく装置である。温度調整ができ、約二十時間温風を出すことができる。ノルウェーの冬は寒い。外で歩哨に立つ兵士の携帯型暖房器としてこれを開発したという。

これは低体温症の現場での治療に使えると、日本の代理店を通じて輸入してもらい、テストすることにした。五月の剱岳で行なわれた国立登山研修所の研修の際、零下のビバーク地で使用してモニタリングを試み、その結果は上々であった。山岳雑誌に紹介し、山岳救助隊、山小屋に紹介した。しかし、残念ながらその反応は鈍く、普及しなかった。

一九九五年、東京都山岳連盟が厳冬期のシベリアの山に登る際、凍傷予防の相談を受けたので、このヒートパックを持参するようにと二台貸した。頂上付近で雪崩に遭遇して、一名が低体温症になった。ベースキャンプに搬送し、寝袋の中でこのヒートパックを使用して一命を取りとめたという事例がある。体温を上げるには、温風が最適であることを証明できた。これは現場での低体温症の治療に有用と思っている。

現場からの搬送先は、救急救命センターを有する総合病院がよい。

まずは衣服を脱がせ、乾燥した温かい衣類に取り替え、意識レベル、バイタルサイン、直腸温は頻繁にチェックする必要がある。全身状態を把握するために血液検査が必要であるが、このとき、動脈血の血液ガスの測定は必須である。先に述べたように、低体温症は血液が酸性（アシドーシス）になるために、代謝低下とともに薬剤への反応性が低下する。この酸性を補正してあげないと投与された薬は効果を示さない。重曹を用いてこの酸性血を中和することが大切だ。当然、輸液は必要で、加温したものを点滴する。復温は意識レベル、血圧、呼吸などバイタルサインが安定している状態であれば、加温式ブランケットなどで加温する。

体温が低く、意識レベルが低い場合、自分で体温を上げる能力がない重症例は、経皮的心肺補助装置を使用して温かい血液を循環させて体温を上げる。たとえば、低体温症の人をお風呂に入れて体温を上げようとすると、体表面から加温されて収縮していた末梢血管が広がり、内部に血液が溜まった状態になる。身体の中心部にある心臓などは、低温のままのため充分な血液量が身体に回らない状態になり、ショックを起こす。これを復温ショック（rewarming shock）という。

温めることによって末梢の冷たい血液が臓器に流れ出すと、各臓器内の血液はまだ低温のままであり、よけい臓器内が低温になってしまう。これをafter drop現象という。復温時にはこのようなことが起こり得るので、救急救命センターなどの設備のある病院へ行くべきである。しかし、rewarming shockもafter dropもよほど急激に加温しない限り、山中の現場では起こり得ないので心配する必要はない。

最も大切な知識の普及

今回の遭難事故は、ツアー会社、ガイド、ツアー客に低体温症の知識がなかったことが大きな要因だったと思われる。湿性寒冷に強風の環境であれば、真夏とはいえ体温が下がって低体温症になり、死に至ることがあるという知識があれば、この遭難は防ぎ得たかもしれない。最初に体調を悪くした人が、疲労ではなく低体温症の初期症状であったことに気づかなかったことがその始まりとも言える。ガイドのみならず、六〇〇〜七〇〇万人いるとされる日本の登山人口のうち、どの程度の人が山での低体温症の危険性を知っているだろうか。低体温症が晩秋や冬に起こることは知っていても、真夏にも起こることを知っている登山者は少ない。

過去に夏山での低体温症の遭難事故があったにも関わらず、登山者はその教訓を学習する手段が少なかった。「遭難は疲労凍死だった」とかたづけられてきたからである。事故調査をする機関もなく、警察の捜査だけで原因究明され、「ああ、そうだったのか、やっぱり疲労して寒くて死亡したのか」という結論に至るのでは、事故の教訓は決して生かされない。特にこの「疲労凍死」に関しては、事故調査をしたことはほとんどない。その意味で今回のトムラウシ山遭難の調査の意義は大きい。事故の要因に加えて、その背景や追い込まれた心理状況まで盛り込んだ報告を学習していかないと、有効な事故対策、事故予防が生まれてこない。

今回の遭難報道と事実の間には相違点が多々あった。遭難事故が起きると、メディアは誰の責任かと犯人探しの報道が優先され、時にはバッシングと思われるような書き方までされる。それでは遭難の真相は解明されない。大自然の山のなかで、小さな人間の行動は計算どおりにできるはずはない。気象条件に左右され、その判断の誤りが気象遭難に繋がるのであって、町での事件とは違う。もう少し山の状況を知った上で、事実をきちんと書くべきだろう。人間にミスはつきものである。そのミスを解明し、それを生かし、今後の行動に繋がるようにしなければならない。そのためにも、報道は重要な情報なのだから、正確に伝えてほしい。

あの悪天候のなか、伊豆ハイキングクラブの人たちは十三時間という長時間行動の末にトムラウシ温泉に着いた。東大雪荘の食堂に遅い夕食をとりにいったときの話が最も印象的だった。

「自分たちの席の隣に、食べられることのない十八人分の食事がありました」と――。

悪天候のなか、下山すれば温かい温泉と美味しい食事が待っていると思いながら出発し、歩き続けた遭難者たち。この言葉を聞いたとき、亡くなった方たちの冥福を祈らずにはいられなかった。

この遭難の教訓は、登山者一人残らず低体温症の実態を知ってほしいということにある。

ツアー登山という形態の登山が生まれて久しいが、ツアー登山だろうが大学の山岳部だろうが単独登山だろうが、山というフィールドでは気象条件は同じである。雨具が高性能になった、登山靴がよくなったとはいえ、どんな悪天候下でも行動できるようになったわけではない。人間の耐寒機能が進歩したわけでもない。

所詮、山は遊び。命を懸けて登ったり、歩くものでもないだろう。スケジュールどおりに悪天候のなかを歩いても、楽しいはずがない。

今登らなければ登れなくなると、百名山に向かうよりも、もっと自然と対話しながら、ゆったりと自然に身をゆだねる心が、山登りの原点である、と考えてみてはいかがだろうか――。

第5章

運動生理学

山本正嘉

気象的な問題

この遭難の直接的な死亡原因は低体温症である。そして、この症状に陥ってからのことについては、四章で詳しく検証されている。そこで本章では、低体温症になる以前のこと、つまり何が低体温症を引き起こしたのかについて、気象的（外的）および身体的（内的）な要因に分け、運動生理学の立場から考えてみたい。

また本章の後半では、低体温症だけに限らず、転倒事故や病気といった中高年登山者に多い事故を防止するために、ツアー会社、リーダー、ガイド、ツアーへの参加者が持っておくべき知識や、実行すべき対策について、いくつかの提案をしてみたい。

低体温症に関係する気象的（環境的）な要因として、寒さ、風、濡れ、の三つがある。今回の事故についても、この三つがいずれも深く関係している。なお、その原因を考えていくときには、山岳での低体温症事故についての知識だけではなく、水難事故の概念も加えて考えると、より理解を深めることができるだろう。

寒さ

寒さが低体温症に関係していることは言うまでもない。ただし、低体温症とは体温が三十五度C以下に下がった状態であることを考えると、気温がかなり高くても起こることに注意する必要がある。

たとえば水難事故の場合、図①に示すように、水温が二十度C以下の水に長時間浸かっていれば、低体温症が起こり得る。今回の遭難地点に比較的近い所で得られた気象データ（三章の図③）によると、当日の気温は終日十度C以下（最低で四度C程度）であり、低体温症が起こる可能性は充分にあったことがわかる。

以前は、低体温症という用語ではなく、疲労凍死という言葉が使われていた。そして多くの登山者はこの言葉を聞くと、明治時代の八甲田山での陸軍の大量遭難、大正時代の立山・松尾峠での槇、三田、板倉パーティの遭難、昭和に入ってからは加藤文太郎パーティや松濤明パーティの槍ヶ岳・北鎌尾根での遭難などを思い浮かべるだろう。つまり風雪の冬山で長時間の行動をし、疲労困憊ともあいまっての体温低下による死亡、というイメージが強いと思われる。

つまり、従来からの疲労凍死という言葉を使うと、環境温が零度C以下のとき、すなわち冬山で起こるものだという印象を与えやすい。また、死亡に至るまでには長時間を要するもの、という印象も持ちやすい。しかし実際には、低体温症は今回のように夏山でも起こるし、きわめて短時間のうちに起こることにも注意すべきである。

なお今回の生還者も、疲労凍死という言葉は多くの人が知っていたが、低体温症という言葉についてはほとんどの人が知らなかった。したがって、低体温症という用語や、それに関する正しい知識（夏山でも起こる、急速に起こる場合もある、など）を啓発していくことは重要である。

風

風による体温の喪失

気温が同じであっても、風があるときの方が冷たく感じる。この現象について、登山界では昔から、風速一メートルにつき体感温度は約一度C下がる、という表現がよく使われてきた。表①はその元となったデータである。この表で、今回の遭難時の気象条件に近い所を見てみると、気温が四・四度Cで風速一五・六メートルのときには体感温度はマイナス十一・七度Cとなっており、非常に低いことがわかる。

ただし、表①のデータはもともと、南極で、さまざまな気温や風速のときに水が何

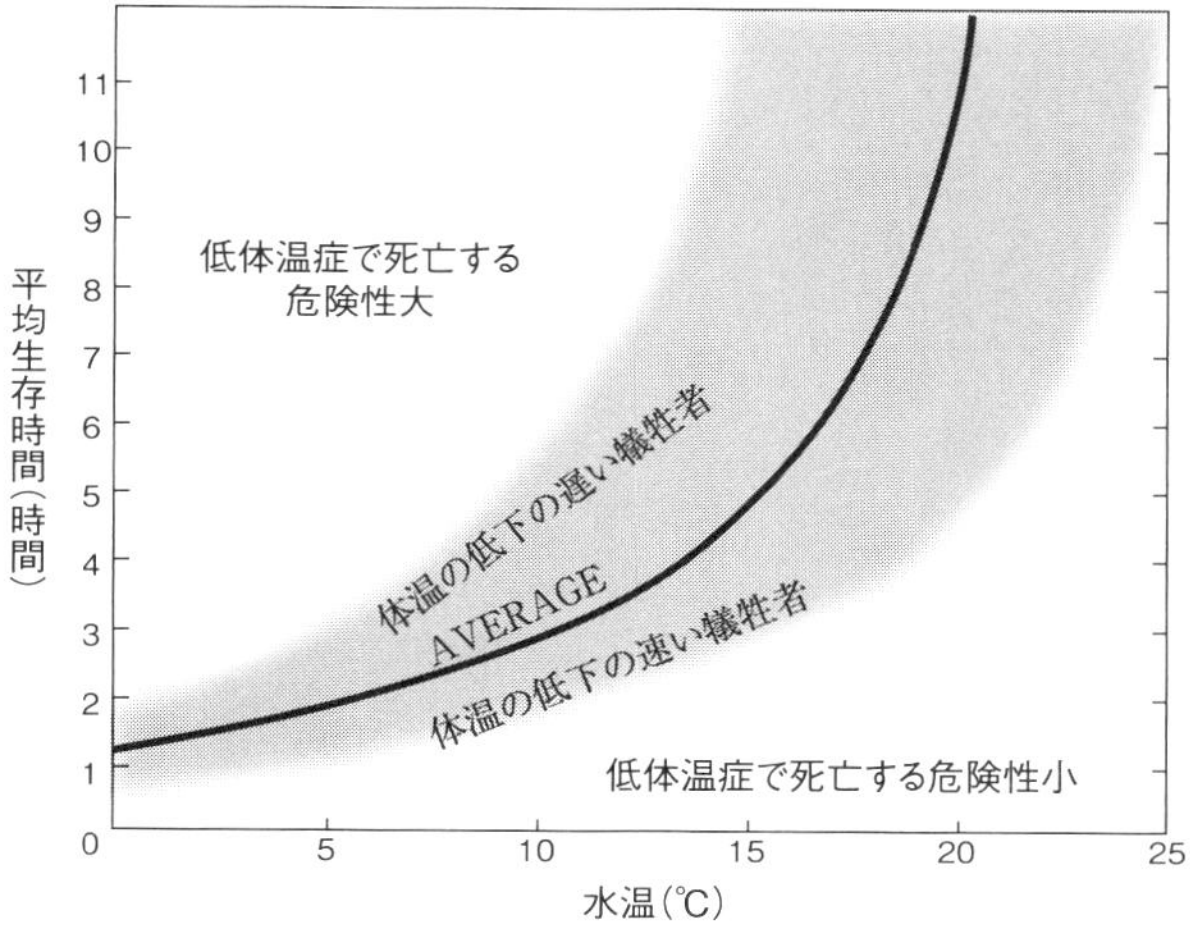

図① 冷水中での生存曲線 (ウィルカースン:低体温症と凍傷、1989)

個人差も大きいが、20℃以下の水に浸かっていれば、体温が奪われ続け、
低体温症で死亡する危険がある。

表1 ——風による冷却効果（山崎ら：環境生理学、2000）

で示したところが今回の遭難時に近い条件

およその風速 [m/s]	等価冷却温度 [℃]											
無風	10.0	4.4	−1.1	−6.7	−12.2	−17.8	−23.3	−28.9	−34.4	−40.0	−45.6	−51.1
2.2	8.9	2.8	−2.8	−8.2	−14.4	−20.6	−26.2	−32.2	−37.7	−43.9	−49.5	−55.0
4.5	4.4	−2.2	−8.2	−15.6	−22.7	−31.1	−36.1	−43.3	−50.0	−57.2	−63.9	−70.6
6.7	2.2	−5.6	−12.8	−20.6	−27.8	−35.6	−42.8	−50.0	−57.8	−65.0	−72.9	−80.0
8.9	0	−7.8	−15.6	−23.3	−31.7	−39.4	−46.7	−54.4	−63.3	−75.5	−78.7	−85.0
11.2	−1.1	−8.2	−17.8	−26.3	−33.4	−42.2	−50.6	−58.2	−66.7	−78.3	−82.2	−91.3
13.4	−2.2	−10.6	−18.9	−27.8	−36.1	−44.4	−52.8	−61.7	−70.0	−78.3	−87.8	−95.5
15.6	−2.8	−11.7	−20.0	−28.9	−37.2	−46.1	−54.4	−63.3	−72.2	−80.4	−90.0	−98.3
17.9	−3.3	−12.2	−21.1	−29.4	−38.3	−46.7	−56.1	−65.0	−73.3	−82.2	−91.1	−100.0
	危険小 乾いた皮膚で1時間以内。安全と思い違いする危険最大				危険増大 10分以内に体の露出部分凍結の恐れあり				危険大 30秒以内に体が凍結する			

等価冷却温度は、無風のときの気温を基準とした等感覚表で求められる。

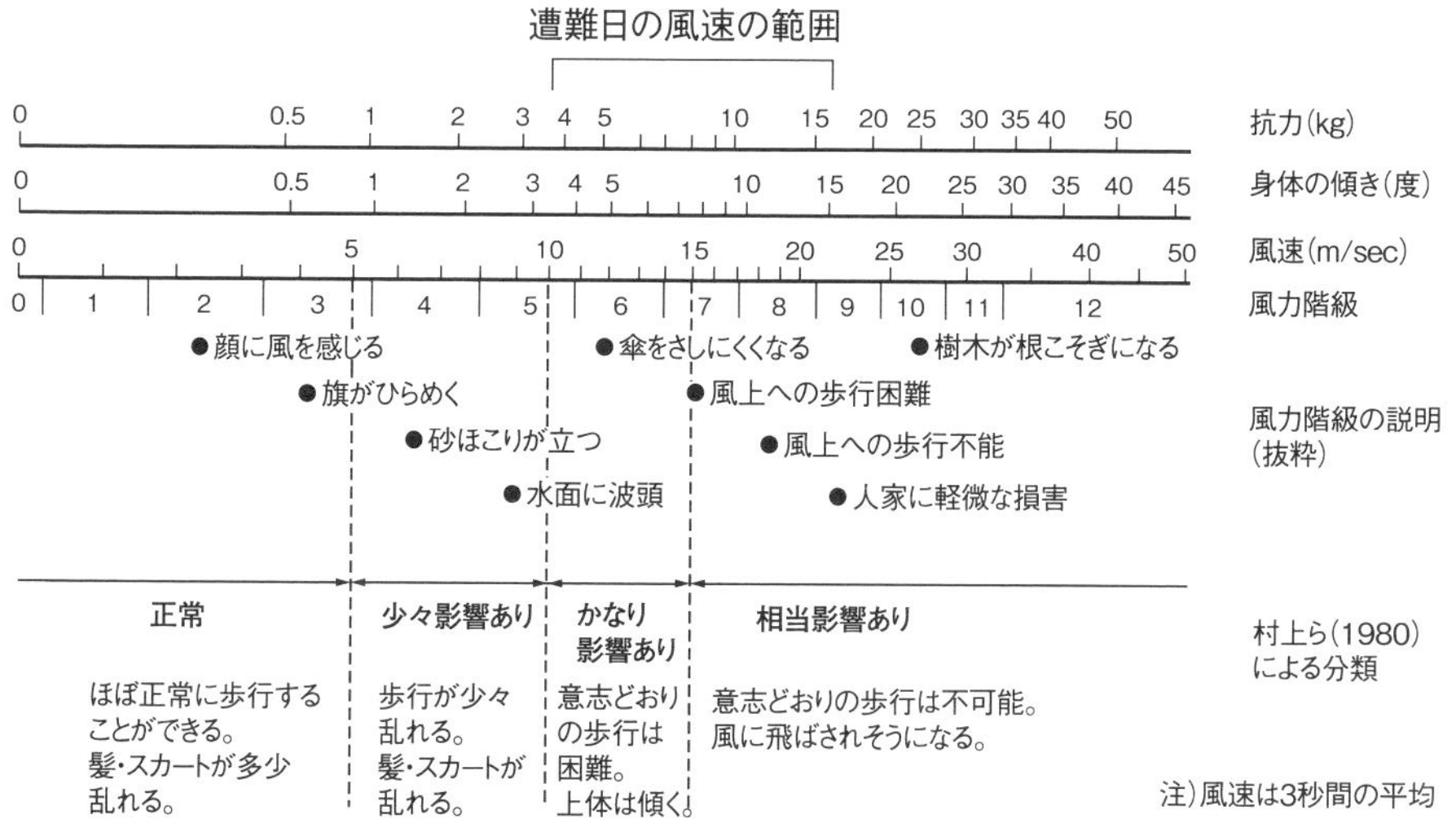

図② 風の強さと歩行への影響 (関ら:人間の許容限界ハンドブック、1990)

分で凍るか、という実験から得られたものである。したがって、風速一メートルについて体感温度が約一度C下がるという概念は、裸体の状態での話と考えるべきである。

一方、実際の山では、風雨の際には、衣類を着た上に雨具を着る。したがって、気温が五度Cで風速一五メートルのときに体感温度がマイナス十度Cになるかといえば、そうではない。つまり、外界の気温と風速だけではなく、登山者が身につけている衣類による防風・防寒の効果を加味した上で体感温度を考える必要がある。

生還者のコメントを見ると、自主的にフリースやダウンのジャケットを着たり、レスキューシートを身につけた人が何人かおり、このことが生還できた大きな要因であると答えている。このような些細な防御行動をすることで、それをしなかった人よりも体熱の喪失を防ぐことができ、生死を分ける大きな要因となったことは充分に考えられる。

なお、雨具は防寒具ではないということも知っておくべきである。雨天時に、下着のような薄い衣服を一枚だけ着た上に、直接雨具を着て行動している人がいる。これは無風の場合ならばあまり問題にならない。しかし今回のような強風時には、皮膚と外気との間に形成されるはずの空気による断熱層がほとんどなくなり、裸体に近い状態となって急速に体温を奪われることになる。

風による体力の消耗

風については、体温を低下させるだけではない。強風に逆らって歩く場合には莫大なエネルギーや体力を使い、疲労を早めるという問題がある。遭難地点に比較的近い地点での気象データ（三章の図③）によると、当日は平均風速が一五メートル程度、最大風速は二〇メートルを超え、最小風速は一〇メートル前後だったことがわかる。

図②は、風が歩行にどのような影響を与えるかを示したものである。風速が一〇〜一五メートルのときでも「意志どおりの歩行は困難」となる。また、一五メートル以上では「意志どおりの歩行は不可能、風に飛ばされそうになる」となる。今回の生還者は、「強風に逆らうため、木道のへりに手をかけてやっと歩いた」「何度も風に飛ばされて転んだ」とコメントしているが、図②の記載内容ともよく合致している。

重い荷物を背負った上に、強風に耐え、風に逆らって歩き、バランスを取ったり、しばしば突風に倒されて起き上がるといったことは、登山という運動様式とはかけ離れている。むしろ、柔道、レスリング、ラグビー、アメリカンフットボール、ウエイトトレーニングといった運動に近い。それを何時間も続けたときの体力の消耗は、無風時の登山とは比較にならないほど大きいことは容易に想像できる。

生還者のうち三名については、病院に収容された際の血液検査データが残されている。そのなかで、クレアチンキナーゼ（ＣＫ）という、激しい運動をして筋肉が壊れたときに値が高くなる物質が、７０００～１３０００ＩＵ／ℓという値を示していた（四章の表②、表③）。これは一般的な基準値（30～２７０ＩＵ／ℓ）と比べて異常とも言えるほど高い値である（註1）。このようなデータからも、遭難パーティがきわめて激しい運動を強いられたことがわかる。

図③は、向かい風に逆らって歩いたり走ったりした場合に、酸素摂取量（身体が使うエネルギー量を意味する）がどの程度増えるかについて、過去の研究者の報告をまとめたものである。風が強くなるほど、消費エネルギーは加速度的に増えていくことが読み取れる。これは、川の流れに逆らって泳ごうとすることにたとえればイメージしやすいだろう。

この図を見ると、研究者や実験条件によっても数値が異なっているが、山崎（一九八八）のデータでは、風速八メートルの風に逆らい、空身もしくは二〇キロの荷物を背負って時速五キロ台の速度で歩こうとすると、消費エネルギーは五割近くも増えている。またPugh（一九七二）のデータでは、風速一五メートルの風に逆らって時速四・五キロで歩こうとすると、無風時と比べて約八割も消費エネルギーが増している。この関係を外挿《がいそう》すれば、風速二〇メートルの時には消費エネルギーが二倍以上になる

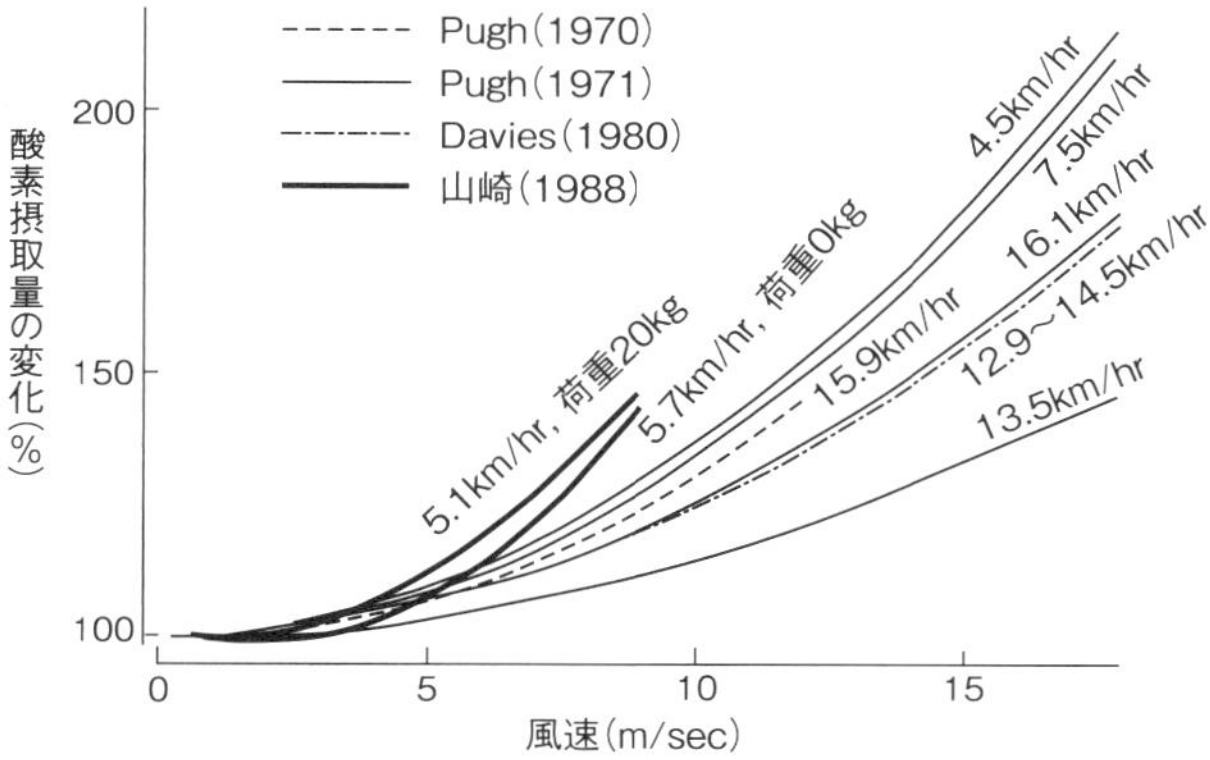

図③　風に逆らって歩く時の風速とエネルギー消費量との関係

(関ら:人間の許容限界ハンドブック、1990)

縦軸に示した酸素摂取量とは、エネルギー消費量とほぼ同じ意味と考えてよい。

ことも予想できる。

このような強風に逆らって歩くことは、無風時の歩行に置き換えて言えば、歩く速度を一・五〜二倍速くするのとほぼ同じだということである。このようなハイペースで歩いたとすれば、短時間のうちに疲労困憊に達してしまうことは容易に想像できる。

つまり遭難当日の風の条件は、体力のあるなしに関係なく、人間が歩けるような状態ではなく、行動すべきではなかったことになる。また、たとえ出発した場合でも、引き返すか、もしくはビバークするべきだったといえる。

それにもかかわらず行動してしまった理由として、ヒサゴ沼避難小屋は稜線の陰になっているため、風がそれほど強くなかったことがあげられる。また、稜線に上がってからは強風に遭遇したが、風には息があってまったく進めない状態というわけではなく、「もう少し歩けば安全地帯に入れると考えた」ことがあげられる。また、遭難パーティと前後して歩いていた伊豆ハイキングクラブのひとりは、「ヒサゴ沼の避難小屋にもどることも考えたが、暴風下で雪渓を下ることに危険を感じ、前進を選んだ」とコメントしている。

遭難当日の行動は、第三者が結果だけを見れば、明らかに無謀な行動ということになる。しかし、このようなコメントも見ていくと、現場ではさまざまな要因が適切な判断を下すための妨げになっていることがわかる。このような判断に迷う状況には、誰もが遭遇する可能性があると捉えておくべきだろう。

濡れ

水は空気の二十五倍ほど熱伝導率が高い。つまり身体が濡れているときには、そうでないときよりもはるかに体温が奪われやすい。水難事故の場合には、図①に示したように、水温が二十度C以下であれば低体温症が起こり得る。個人差も大きいが平均的には、水温が十五度Cの場合は四〜五時間、十度Cの場合には二〜三時間、五度Cであれば一〜二時間程度水に浸かっていれば死亡してしまう。

今回の事故当日には、雨はあまり降っていなかったとの報告がある。また、生還者の証言でも、衣服は濡れてはいなかったという人が何人かいる。死亡者も同様であったとすれば、低体温症を引き起こした主要因は寒さと風だったことになる。ただし、前日は終日雨で、衣類もかなり濡れたという人が多い。したがって、死亡者の衣類が事故当日、どの程度乾いていたのかは検証する必要がある。

なお、体幹部の衣服は乾いていたとしても、足（靴や靴下）と手（手袋）に関しては、ほとんどの人が濡れており、体温の喪失を助長したことは確かである。また今回、濡れによる消耗の典型例として、徒渉後に急速に衰弱し、死亡した参加者がいる。また若くて体力があるガイドが、徒渉中に転倒してずぶ濡れになり、その後急速に低体温症に陥っている。

なお濡れによる冷却についても、風による冷却と同様、遭難者は裸体ではなく衣服や雨具を着ていたことを加味して考える必要がある。水難事故のテキストには、衣類はできるだけ着ておく方が体温を維持する効果が高いと記されている。したがって、今回の遭難でも、衣類が濡れている、いないにかかわらず、やはり重ね着をしていた人の方が有利であったことになる。

身体特性の問題

身体特性とは、年齢、性別、体格、体質、人種などのことで、これらの違いによって低体温症に対する抵抗性も異なる。表②は、生還者のうちで聞き取り調査ができた七名（男性三名、女性四名）の身体特性を示したものである。

年齢

耐寒能力は加齢とともに低下する。特に、高齢者と呼ばれる六十歳過ぎの世代になると、その傾向が著しくなる。その理由はいくつかある。ひとつ目は、震えによる熱の産生能力が低下することである。これには、震えを起こす動力源となる筋肉量が減少すること、震えの強さが弱まること、震え反応を起こすまでに時間がかかること、が関係している。ふたつ目は、寒いときに体熱を失わないようにするための、末梢血管の収縮能力が低下することである。三つ目は、寒さを感知する皮膚センサーの数が減って、寒さへの感覚が鈍くなることである。

このような理由で、高齢者は若い人に比べて低体温症にかかりやすい。今回の死亡者も、八名のうち七名は六十歳代で、ほかの一名も五十九歳だった。また、このツアー参加者の大部分が六十歳以上であり、死亡者、生還者ともに、低体温症に対する抵抗力は低い年代だったといえる。

なお、耐寒能力も含めて、加齢に伴うさまざまな身体能力の低下には、大きな個人差がある。つまり中高年といっても、人によっては若者並みの能力を維持している人もいれば、極端に低下している人もいる。ツアー登山のように不特定多数が参加する登山の場合、このような能力のばらつきが大きい人たちが集まってくることになる。さらには、各人の能力を事前に見極めることも難しい、という問題がある。

この個人差は、もっぱら普段のトレーニング状況に依存しており、普段からよく運動をしている人ほど能力は高い。耐寒性について言えば、運動トレーニングによって、震えによる体熱の産生能力や、体熱を失わないようにするための末梢血管の収縮能力が高まることが知られている。

男女差

寒いときに、体温を保持しようとする機能については、男女差はないとされる。た

氏名	性別	年齢(歳)	身長(cm)	体重(kg)	登山経験(年)	登山状況	普段の運動状況	ザックの重さ(kg)
永井　孝	男	69	172	64	53	月に1回	週に1回低山歩き（4時間コース）	16.5
久保博之	男	65	169	76	33	月に1回	1日にウォーキングで7000歩（1時間20分くらい）	12.5
清水武志	男	61	171	65	12	月に2回	なし（登山がトレーニングがわり）	13.5
里見淳子	女	68	147	51	13.5	月に2−3回	なし（農作業がトレーニングがわり）	12
星野陽子	女	64	160	55	16	週に1回	なし	11
大内厚子	女	61	158	45	15.5	年に7−8回	週に1回低山歩き（3時間コース）	10
平戸佳菜子	女	55	156	46	6.5	月に2−3回	なし	12
平均値		63.4	161.9	57.4	21.4			12.5

表2 ――生還者7名の身体特性、登山状況、日常での運動状況、トムラウシ登山でのザックの重さ

だし、体格の面から見ると、女性は男性よりも一般的に体脂肪量が多く、筋肉量が少ないという特徴がある。体脂肪量が多いことは、じっとして寒さに耐えたり、何日間も飢餓に耐えるという場面では、男性よりも有利になる。一方、筋肉量が少ないことは、震えによる熱の産生能力が小さいという弱点になる。また、女性は男性よりも一般的に体格が小さい。一般成人の場合でいうと、女性は男性よりも身長で一二センチ程度、体重でも一〇～一二キロ程度小さい。体格が小さいと、後述するように、熱の損失に対して不利となる。

これらのことを総合すると、一般論としては、女性の方が男性よりも寒さに不利だと考える人が多い。たとえば水中ダイビングのテキストには、女性の方が低温に弱いと書かれている。また、登山用の寝袋の使用温度に関するヨーロッパの規格では、女性の方が男性よりも寒さを訴えやすいので、男性よりも五度Cくらい余裕を見た表示をしている。

体脂肪量

体脂肪、特に皮下脂肪は、環境温の影響に対して断熱材の役割を果たす。したがって、寒冷な環境下でじっとしていなければならない場合には、体脂肪がある人の方が有利である。また、体脂肪はエネルギー源にもなることから、何日間も食べられないといった飢餓状態のときにも有利である。

ドーバー（英仏）海峡の横断泳というスポーツがある。この海峡は幅が約三五キロ（潮流が速いので実質的な泳距離は五〇～六〇キロになる）、水温は真夏でも十五～十八度Cである。そのなかを十時間くらいは泳ぎ続けなければならないので、やせている人では低体温症に陥ってしまう。その対策として、この海峡泳にチャレンジする人は、体脂肪率を三〇パーセントくらいに増やしてから行なう。体脂肪率が高いことはまた、身体が水に浮きやすいという点でも有利となる。

一方、登山の場合には陸上で行なわれるので、体脂肪はザックと同様な重りとなり、多すぎると疲労しやすくなる。たとえば、ドーバー海峡の横断泳者のように体脂肪率を三〇パーセントに増やした場合、寒い所でビバークするときには有利になるとしても、歩くときには体重が重くなった分だけ疲労しやすくなるなど、ほかの場面では不利になることの方がずっと多い。したがって登山者の場合は、脂肪を増やすことを考えるよりは、衣服を着て寒さに対処する方がはるかに現実的である。

身体の大きさ

身体の容積の割に表面積が大きいほど、体熱が失われやすいという性質がある（註2）。このため、体格が小さい人ほど体温が下がりやすい。その典型は子どもで、低体温症に弱い。同様に、女性は男性よりも小柄であることが多いので、すでに述べたように、低体温症に対する抵抗力は一般的には弱いといえる。また、荷物を背負って歩くという登山の特性を考えたときにも、身体の小さい人（つまり筋肉量の少ない人）の方が、一般的に不利である。たとえば今回のような一〇キロ以上のザックを背負う登山を考えてみると、筋肉量が少ない人の方が相対的な負担度は大きくなる。強風に逆らって歩くときにも、筋肉量が少ない人の方が不利となる。

今回の遭難では女性の死亡者が多いが、体格の小さいことが関係しているかもしれない。死亡者と生還者の身長や体重を調査することは、このような点で意義がある。

文化的（行動的）な適応能力

北極圏のエスキモー、オーストラリアのアボリジニ、アフリカのブッシュマンのように、通常の人よりも寒冷に耐える能力が発達している民族もある。しかし、現代の日本人の場合でいえば、寒さに対する身体の適応能力をトレーニングによって高めるといっても、その伸びしろには限度がある。

寒さに対する防御策としては、衣服を着る、あるいは住居に入って寒さを防ぐといったことの方が、簡便であり効果もはるかに高い。このような対応を「文化的な適応」または「行動的な適応」と呼んでいる。今回のトムラウシ登山の場合でいえば、極端に悪い気象条件のなか、身体の耐寒能力をあてにするよりは、衣服を着こんで保温に努めたり、雨具をつけて濡れないようにしたり、小屋にもどるかもしくはテントやツエルトでビバークする、といった対策の方が、はるかに有効だということである。

このような、いわば知的なレベルでの適応能力の高さが、すなわちその人の登山の知識や技術のレベルということになる。今回の遭難では、この能力の優劣が生死を分ける最も大きな要因になったと言ってもよいかもしれない。

体力の問題

体力のない人が行動中に疲労しやすいことは言うまでもない。そして、疲労して歩行速度が落ちたり、休憩時間が長くなれば、それと同調して体熱の発生量は低下する。風雨や風雪のなかで行動しているときにこのような疲労が起これば、低体温症にかかりやすくなる。そこでここでは、今回のツアーの参加者が、このコースを歩くために必要充分な体力を持っていたのかを検証してみることとする。

ツアー参加者の普段の登山状況とトレーニング状況

死亡者の体力の程度や、普段からの登山やトレーニングの状況については調査することができなかった。一方、生還者に関するこれらの状況は、表②に示すようにほとんどの人について把握できた。以下の考察では、死亡者の体力や運動の状況も、生還者とほぼ同じレベルであったと仮定して話を進める。

表②を見ると、全員がよく運動をしているように見える。すなわち、日常生活での運動量が少ない人はよく山に行っており、逆に山行回数が少ない人では、普段から低山歩きなどによく出かけている。このような運動状況であれば、日帰り登山や、食事や寝具が提供される有人小屋泊まりの縦走を行なう上では、特に問題は生じないと考えられる。

また今回のツアーの場合、旅行会社側は各コースの体力度を星の数で示し、参加基準を示すなどの配慮は行なっていた。トムラウシ山ツアーの場合、パンフレットには星が四つ（やや健脚向け）と記載されているが、参加者は全員、その基準を満たしていたという。経験的に付けられたこの星の数が妥当なものであったかという問題は残るが、同じコースで中高年登山者をガイドしたことのある山岳ガイドによると、気象条件等のコンディションがよいという前提ならば、特に問題はなく歩けただろうとコメントしている。

トムラウシ山登山での盲点

ただし、この旅行社のパンフレットの別頁には、「山行に支障を来さない範囲で背負える最大荷重の目安は、五十歳の女性では一二キロ、六十歳の女性では八キロ」という記載がある。今回のトムラウシ登山では、二泊三日の素泊まり縦走であるため、寝具や食料などでザックはかなり重くなった。実際に参加者の何名かは、「必要な所持品リストどおりに準備しようとすると八キロではとても収まりきらなかった」と述べていた。表②を見ても、生還者のザックの重量は、最も軽い人でも一〇キロであり、ほかの人では一一～一六キロとなっている。

つまり、旅行社側が経験的に割り出した、疲労せずに歩くためのザック重量と、トムラウシ縦走に必要な装備・食料の重さとの間には、かなりのギャップがあったことになる。生還者のコメントを見ると、「荷物を背負うのは苦にならなかった」という人もいたが、「初めての重い荷物で不安だった」「体力的に不安なので荷物を減らした」という人もいた。なお、前者のコメントは男女ともに聞かれたが、後者のコメントをしたのはいずれも女性だった。

今回のような長丁場のコースで、有人小屋もなく、エスケープルートもない場合、さまざまな悪条件を想定して、衣類や食料などは充分に準備すべきである。しかし、そうすればザックが重くなり、疲労しやすくなるというジレンマが生ずる。

最も望ましい解決策は、重いザックを背負っても苦にならないような強い体力を、普段から養成しておくことである。しかし実際には、右記のような参加者のコメントからもわかるように、このコースを余裕を持って歩くための体力という意味では、不安のあった参加者もいた（特に女性に多かった）ことになる。

そして現実には、極度の悪天候に見舞われ、遭難当日は平均風速が一五メートルあまりという台風なみの強風下で歩かなければならなかった。このような状況下では、体力やエネルギーの消耗は無風時の一・五〜二倍以上となる（図③）。さらに、ぬかるんだ道や流水路になった道の歩行、滑りやすい雪渓の登り、岩の上でバランスを取りながらの歩行、濡れて滑りやすくなった木道の歩行、濁流のなかの徒渉など、体力やエネルギーの消耗を倍加するような要因も多く加わった。

つまり、旅行社側としても参加者側としても、気象条件がよければ、このコースは特に問題なく歩けるという認識があり、実際にそのような好条件であれば重大な問題は起こらなかった可能性が高い。しかし実際には、想定外の悪条件に遭遇し、非常に高いレベルの体力やエネルギーを要求されることになった。そして、それに耐え得る能力を持っていた人はわずかであった、ということになる。今回の低体温症の発症は非常に急速であるが、これには過酷な気象要因だけではなく、体力の急激な消耗も関係していた可能性が高い。

歩くべきか、じっとしているべきか

今回の遭難に対する各方面からのコメントを見ると、北沼の吹きさらしのなかでの長い停滞に関して、体温を低下させないようにするために歩き続けた方がよかったというものと、テントやツエルトを張って体力の消耗を防ぐべきだったという、二種類の意見があった。この問題について考えてみたい。

水難事故で冷水に浸かった場合の話であるが、昔は、じっとしていると身体が冷えて低体温症になってしまうため、身体を動かして体熱を生み出す方がよい、と言われたこともある。実際に、現代のドーバー海峡横断泳でも、食料補給時に泳ぐことをやめると身体が冷えて体調を崩してしまうので、泳ぎながら食べたり飲んだりするという。

登山の場合も、気象条件がそれほど悪くはなく、体力にも余裕があるときには、歩き続けてもよいだろう。しかし、今回の遭難時のような極度の悪天時の場合、体力を急速に奪われることや、体熱を失う速さも急激であることを考えると、身体を動かし続けていれば急激に消耗してしまう危険性が高いといえる。

現代の水難事故のテキストを見ると、冷水に浸かって救助を待つときには、救助船が近くにいて短時間だけ泳げば助かるような場合を除いて、身体を動かせば体力や体温をいたずらに消耗し、低体温症をより早く招くだけだとされている。そして正しい対処法とは、できるだけ着衣を多くした上で、じっとしていることだと書かれている。

このようなことを考えると、今回、低温、強風、濡れといった悪条件下で激しい運動を続けたことは、低体温症を起こしやすくした可能性が高い。とるべき対策としては、体力的にある程度の余裕があれば避難小屋にもどり、その余裕がなければ早めにビバークすべきだっただろう。また北沼分岐に到着した段階では、すでに体力を消耗していたことから、ただちにビバークすべきだったといえる。

エネルギーの消費量と摂取量の問題

人間は生活や運動をするために、食べ物を体内で燃やしてエネルギーを生み出している。この仕組みは、自動車のエンジンがガソリンを燃やして動くのとよく似ている。登山中の疲労を防ぐためにも、悪天時に低体温症から身を守るためにも、この仕組みを知っておくことは重要である。

身体が動く仕組みと体温を保つ仕組み

自動車のエンジンは、エネルギー源であるガソリンを空気中の酸素で燃やし、そのときに生まれるエネルギーを動力に変えている。また、このエネルギーの全部が動力に変わるわけではなく、かなりの部分は熱となる。エンジンが動くと高熱を発するのはこのためである。冬場に車を運転するときには、この熱が車内を暖めてくれることになる。

一方、人間の身体でエンジンに相当する部分は筋肉である。筋肉の場合は食物栄養素をエネルギー源とし、これを肺から取り入れた酸素で燃やしてエネルギーを生み出し、筋肉を動かす動力に変える。またエンジンと同様、エネルギーのかなりの部分は熱となるが、寒いときにはこの熱が体温維持に役立ってくれる（ただし、暑いときには逆に熱中症の原因にもなる）。

したがって、登山中に充分な栄養と酸素の補給を行なえば、長時間快適に歩くことができるし、低体温症への抵抗力も増す。逆に、それらの補給が充分でなければ、エネルギー源が枯渇し、筋肉も脳も疲労してしまう。また、それと同期して体熱の発生量も低下するので、低体温症に対する抵抗力も落ちてしまうことになる。

荷物を背負い、坂道を何時間も上り下りする登山の場合、多くのエネルギーを消費する。特に、今回のような長いコースの登山では、エネルギーの消費量は大きい。また寒冷と強風のなかで行動したことを考えれば、さらにたくさんのエネルギー補給が必要だったといえる。そこで以下に、今回の登山で、エネルギーの消費量と摂取量がどのようであったかを検証してみる。

エネルギーの消費量

今回の登山は、三日間という長丁場の行程で、一日の歩行時間も長く、さらには避難小屋（もしくはテント）泊まりのために、寝具や食料等も背負う必要があった。したがって、日帰り登山はもとより、食事と寝具が提供される北アルプスなどの小屋泊まり山行に比べても、消費エネルギーはかなり大きかったことになる。

ここで問題となるのは、消費エネルギーが大きいといっても、具体的にどの程度のエネルギーを使うのかがわからなければ、どれだけのエネルギー（カロリー）を補給すればよいかもわからない、ということである。そして従来は、このような問いに対する明快な指針があるわけではなかった。そこで私たちは最近、登山中に使うエネルギーを計算できる公式を作ってみた。

登山の場合、登りでたくさんのエネルギーを使うことはもとよりだが、平らな道や下りでもある程度のエネルギーを使う。また、たとえじっとしていても少しずつエネルギーは使われるので、行動時間の長さも関係してくる。さらには、自分の体重やザックが重いほど、使われるエネルギーも増える。

図④は、このようなさまざまな要素を考慮し、実際の山でエネルギーを測定する実験を行ない、その結果をもとに作った公式である。この式に行動時間、歩行距離（水平、上り、下り）、体重、ザック重量を代入すると、その登山で使った消費エネルギーをキロカロリー単位で求めることができる。

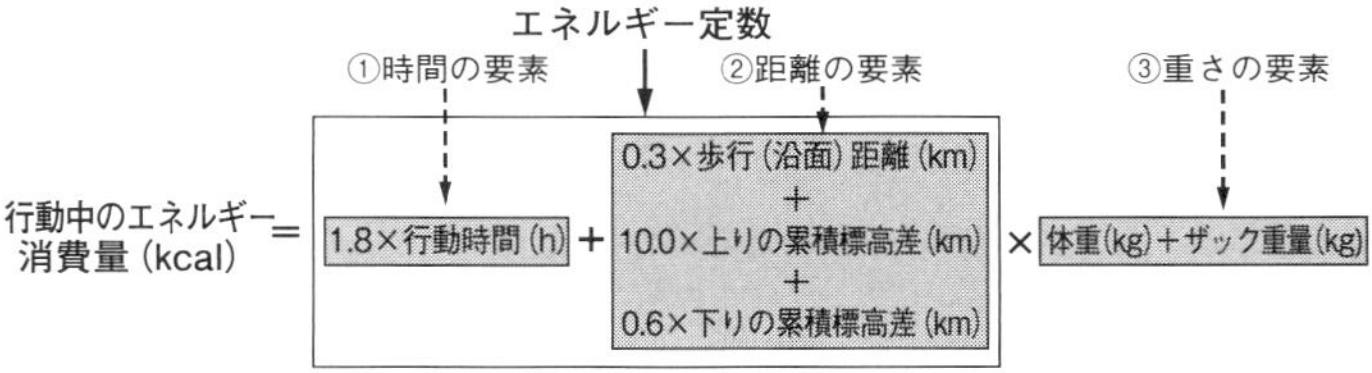

図④　登山における行動中のエネルギー消費量の推定式

（中原ら：登山医学，26巻，2006）

行動時間（休憩時間も含む）、歩行距離（水平、上方、下方）、重さ（体重＋ザックや身に着けているものの重量）という3つの要素で構成される。上り下りの距離については、単純な標高差ではなく、「累積」の標高差であることに注意。なお、この式から得られるエネルギー消費量は、そのルートのコンディションがよいときの値であり、風雨時や道の状態が悪いときには、それに応じて値がかなり大きくなることに注意する。

表③は、この式を用いて求めた、生還者の毎日の行動中のエネルギー消費量である（三日目については、トムラウシ温泉まで標準コースタイムの八時間をかけて歩いたと仮定して計算した）。これを見ると、体重の軽い女性の平戸でも、一日の行動中だけで一五〇〇〜一八〇〇キロカロリーのエネルギーを使っている。また、体重の重い男性の久保では、二三〇〇〜二七〇〇キロカロリーを使う計算となる。四二・一九五キロを走るフルマラソン中の消費エネルギーが二〇〇〇〜二五〇〇キロカロリー程度であることも考えると、毎日かなりのエネルギーを使っていることがわかる。

この公式によって算出されるエネルギー消費量は、天候がよく、歩きやすい道を歩いたと仮定した場合の値である。つまり表③の値は、このコースを歩くための最低のエネルギー量を示すものである。しかし、今回のトムラウシ登山では、暴風に逆らって歩いていること、滑りやすい雪渓、岩場、木道などを歩いていることから、表③の値よりもかなり大きなエネルギーを消費していたはずである。

なお表③の値は、「行動中のみ」に消費するエネルギー量である。今回のような泊まりがけの登山では、これに加えて小屋に泊まっているときに使うエネルギーも考慮しなければならない。

表④は、このようなじっとしているときの消費エネルギーを求める公式である。暑

氏名	性別	体重 (kg)	1日目 (kcal)	2日目 (kcal)	3日目 (kcal)
永井　孝	男	64	2480	2312	2052
久保博之	男	76	2726	2573	2314
清水武志	男	65	2418	2283	2052
里見淳子	女	51	1941	1832	1647
星野陽子	女	55	2033	1919	1725
大内厚子	女	45	1694	1599	1438
平戸佳菜子	女	46	1787	1687	1516
平均値		57.4	2154	2029	1821

表3 ――トムラウシ登山時の毎日の行動中の推定エネルギー消費量

ここに示した値は、気象条件がよく、歩きやすい道を想定したときの値である。天候や路面のコンディションがきわめて悪かった今回の登山では、この値よりもかなり大きくなると考えられる。

性別	男性			女性		
年齢 (歳)	基礎代謝基準値 (kcal/kg体重/日)	基準体重 (kg)	基礎代謝量 (kcal/日)	基礎代謝基準値 (kcal/kg体重/日)	基準体重 (kg)	基礎代謝量 (kcal/日)
1～2	61.0	11.7	710	59.7	11.0	660
3～5	54.8	16.2	890	52.2	16.2	850
6～7	44.3	22.0	980	41.9	22.0	920
8～9	40.8	27.5	1,120	38.3	27.2	1,040
10～11	37.4	35.5	1,330	34.8	34.5	1,200
12～14	31.0	48.0	1,490	29.6	46.0	1,360
15～17	27.0	58.4	1,580	25.3	50.6	1,280
18～29	24.0	63.0	1,510	22.1	50.6	1,120
30～49	22.3	68.5	1,530	21.7	53.0	1,150
50～69	21.5	65.0	1,400	20.7	53.6	1,110
70以上	21.5	59.7	1,280	20.7	49.0	1,010

表4 ――安静時のエネルギー消費量の標準値

（厚生労働省：日本人の食事摂取基準、2009）

基礎代謝基準値に自分の体重をかけると、1日あたりの基礎代謝量（目覚めた状態でじっと横たわっている時のエネルギー消費量）が求められる。眠っている時（睡眠時代謝量）はこの値の0.8倍、座ってじっとしている時（安静時代謝量）はこの値の1.2倍くらいとなる。ただしこれらの値は、暑くも寒くもない状況での場合であり、山ではさらに大きな値となることが多い。登山における1日のエネルギー消費量を出す場合には、行動時の分は図④から算出し、残りの時間分をこの基準値を用いて求める。たとえば行動時間が8時間であれば、残りの16時間分をこの式で計算する。

くも寒くもない環境で、横になっているときに使うエネルギーを基礎代謝量、起きて安静にしているときのエネルギーを安静時代謝量と呼んでいるが、山では、眠っているときは前者、起きて安静にしているときには後者の値に近くなると考えてよい。

表④をもとに、一晩（前日の行動終了後から翌日の行動開始まで）に消費するエネルギーを概算すると、平戸では約六〇〇キロカロリー、久保では約八〇〇キロカロリーのエネルギーが加わることになる。また、表④から求めたエネルギー量は、過ごしやすい環境下での値なので、今回のように寒さや濡れなどの影響があると、計算値よりもさらに大きなエネルギーが消費されると考えるべきである。

以上のことをまとめると、一日当たりの総消費エネルギー（行動時＋宿泊時）は、登山のコンディションがよいと仮定した場合でも、平戸で二一〇〇〜二四〇〇キロカロリー、久保では三一〇〇〜三五〇〇キロカロリーとなる。今回の遭難当日のような悪条件であれば、この値の数割増しのエネルギーを消費していただろう。

エネルギーの摂取量

前述のように、今回のトムラウシ登山では毎日かなりのエネルギーを消費していたことから、それに釣り合うエネルギーを日々摂取していたのかが問題となる。そこで生還者に、どんな食べ物をどれくらい食べたのかを尋ねてみた。

ただし、生還者が食べていた食品のエネルギー量は正確には出せなかった。たとえば「菓子パン」を食べたといっても、種類や重量が違えばエネルギー量も違ってくる。また「アメとチョコレートを数個」食べたといっても、個数の把握ができなかったためである。

このような限界はあるものの、大まかな内容を示すと、朝食としてはインスタントラーメン、アルファ米（前夜の残りという人もいた）、スープといった回答が多かった。行動食については、カロリーメイト、ソイジョイ、ゼリー飲料、バナナ、チョコレート、アメなどを食べていた。また夕食では、アルファ米とカレー、調理済みのアルファ米（半分だけ食べるという人もいた）、スープ、野菜といった内容だった。

これらの一日分の摂取エネルギーの総和は、多めに見積もったとしても一〇〇〇キロカロリー台の前半から後半にしかならず、二〇〇〇キロカロリーを超えている人はほとんどいないようであった。したがって、一日当たりのエネルギーの必要量（少なくとも二〇〇〇～三〇〇〇キロカロリー台）に対して、摂取量はかなり不足していたことになる。死亡者の摂取エネルギーについては不明であるが、「私たちとほぼ同じだった」という生還者のコメントがあることから、生還者とほぼ同じと考えてよいだろう。また、ガイドの食事内容についても尋ねたが、参加者よりもむしろ少ないという結果だった。彼は、数日間のツアー登山では、いつも体重が二〜三キロ減ってしまうと述べていた。

なお、遭難パーティと同日に前後して歩いていた伊豆ハイキングクラブのひとりは、遭難パーティの食べ物を見て「貧弱に見えた」とコメントしている。そこでこのパーティの食事内容についても調査してみたが、一日当たりの摂取エネルギーは一〇〇〇キロカロリー台の中盤から後半であった。これは遭難パーティの摂取量よりは若干多いものの、やはり消費エネルギーに対しては充分な量とはいえない。ただし、遭難パーティが三日で歩こうとしたコースを四日間かけて歩いているので、消費エネルギーと摂取エネルギーのバランスは、相対的に見ると、遭難パーティよりもかなり余裕があったということはできる。

エネルギーの消費量に比べて摂取量が少ない場合、身体に蓄えられた脂肪（体脂肪）を分解してエネルギーを生み出すことになる。しかし、このような場合でも、体脂肪だけですべてのエネルギーを生み出すことは不可能で、消費エネルギーの六〜七割くらいのエネルギーは食べ物（特に炭水化物）から補給しないと、エネルギー切れによる疲労が起こってしまう（註3）。また、筋肉や内臓などのタンパク質を分解してしまうことにもなる（註4）。

また、エネルギーの摂取量が少なければ体熱の発生量が少なくなり、低体温症に対する抵抗力も落ちる。そして、震えによる熱産生も充分にできなくなる。今回、震えを経験せずに低体温症になった人もいたが、これは激しい運動によってエネルギー源を消耗し尽くしてしまい、震えるためのエネルギー源（特に炭水化物が重要）が枯渇していた可能性も考えられる。

生還者のコメントを見ると、途中で食べたことがよかった、と述べている人が何人かいる。「猛烈にお腹がすいたので食べた」「アメ玉を一個を食べただけでこんなに違うのかと驚いた」というコメントや、「悪天時なので、身体を動かすために食べなければならない、と判断して食べた」という文化的・行動的な適応を行なっていた人もいた。死亡者の状況については不明に近いが、「（亡くなったある人に）食べた方がいいと勧めたが、食べなかった」という生還者のコメントもあった。

以上をまとめると、今回のツアー参加者のエネルギー摂取量は、気象条件などのコンディションがよいという条件下で、疲労せずに歩ける最低値に近いものであったと考えられる。そして、なんらかの理由で、より大きなエネルギーが必要な条件になった場合には対応できなくなるという脆弱なものであったといえる。

エネルギーの摂取量がこのように不足していた理由として、寝具・食料持ちでの三日間の縦走であったため、荷物の重さとの関係で、食べ物を充分に持って行けなかったことがあげられる。またそれ以前に、カロリー的にどの程度の食料を準備すべきか、といった指針がなかったことも問題である。また、小屋での朝晩の食事に関しては、人数の多さに対してコンロの個数が限られていたり、早立ちが必要なために充分な調理時間がとれなかったということがある。そして行動中に関しては、定期的に食べるという登山技術の基本を守らなかった、あるいは守れなかったという、知識や経験の不足が考えられる。

事故防止に向けた提言

これまで述べたことを総合すると、この事故の背景として、運動生理学の立場からは次のような直接・間接さまざまな要因が考えられる。

最も直接的な要因としては、遭難当日、かなりの寒さに加え、暴風にさらされたことによる体温の喪失、その風に逆らって歩きにくい道（雪、岩、木道、ぬかるみ、徒渉）を歩いたことによる体力の消耗、そして、そのような疲労困憊の後に、北沼分岐で吹きさらし状態で長い待機をしたことによる急速な身体の冷え、また、それらの悪条件に対抗するための着衣の不備やエネルギー補給の不足、などがあげられる。

次に、これに準ずる要因として、三日間にわたる重荷を背負っての長時間の縦走、その間のエネルギー補給量の慢性的な不足、快適とは言えない避難小屋での泊まり、前日からの雨による衣類の濡れ、などによる身体の消耗や疲労の蓄積が考えられる。

さらには、この登山に出かける以前の問題として、体力的にハードなトムラウシ登山（荷物が重い、一日の行動時間が長い、三日間を要する）に対して、余裕を持って対応するだけの体力の不足、食料の準備不足、悪条件下での登山に対する知識や経験の不足（持っていた衣類を着ていない、エネルギーを補給していない）などが考えられる。

右記のような直接的・間接的な要因のうちでどれが最も重要かを特定しようとするよりも、これらのすべてが密接に関連しながら今回の遭難に関わっていたと考えるべきだろう。

以上のことを考慮した上で、今後の事故防止に向けて、ツアー会社、リーダー、ガイド、ツアーへの参加者が考えるべきことをあげてみる。なお低体温症に限らず、現代の中高年登山者に多い、転倒、滑落、転落、病気といった事故についても同様な背景があるように思えるので、これらの事故も含めた形で、やや広い視点から考えてみたい。

登山に必要な知識や技術の啓発・指導・教育

山で遭遇する気象（環境）的な要因や、登山者の身体能力に関するさまざまな基礎知識を、旅行会社、リーダー、ガイドが持つことは当然のことである。しかしそれだけではなく、このような知識をツアー参加者に対しても事前に啓発しなければならない。また登山中にも、リーダーやガイドは参加者一人ひとりに対して、適切な対処ができているかをチェックしたり指導したりする必要がある。

さらには、このような知識や技術を、参加者が自立して使いこなせるような教育をしていく必要もある。今回の生還者のコメントのなかに、「以前行ったツアー登山で、リーダーから重ね着の重要性を教わったが、今回、その知識を実行に移せたために助かったと思う」というものがあった。その一方で、「リーダーが指示してくれれば服を着たのだが、何も言われなかったので着なかった」といったコメントも、複数の生還者から聞かれた。

リーダーやガイドは単にその山を案内するだけではなく、参加者がひとつの山行からいろいろなことを学び、次回の山行ではその知識を自分で使いこなせるような、教育的な配慮をすることも重要である。表⑤は、今回のトムラウシ登山を例として、どのような知識や技術の再確認をすべきかについてまとめたものである。

目的とする登山コースに必要な体力レベルの把握

あるコースを歩こうとするときに、どの程度の体力が要求されるのかを把握することは重要である。この点は、乗り物で移動する（つまり体力のいらない）ツアー旅行

表5 ——登山ツアーを行なう際に、旅行会社やリーダーが持っておくべき知識
ここにあげた内容はいくつかの例であり、このほかにも考えておくべきことはたくさんある。また、このような知識を参加者にもできるだけ啓発することが必要である。

1 どんな登山にも共通する基礎知識として

低体温症の知識
体温が35℃以下になると起こる、夏山でも起こる、急激に起こる可能性もある、風や濡れの影響により状況がさらに悪化する、など

中高年の身体に関する知識
基礎体力が低下する、環境への適応能力も低下する、男女や体格の差でどのような影響があるかを知る、体力や環境への適応能力の低下の度合いには大きな個人差がある、など

登山中に起こる疲労に対する知識や対策
疲労の原因は一種類ではなくたくさんあるので、それぞれの見極め方や予防、対処法についての知識を持つ、など

登山中のエネルギー消費量と摂取量についての知識や対策
目的とするコースでどの程度のエネルギーを消費するのか、持っていく食品をどのように選ぶか、など

目的とする山を登るのに必要な体力とそのトレーニング方法
ただ単に運動をすればよいわけではなく、目標の山に必要な体力を明確にした上で、それに応じたトレーニングをする、など

2 トムラウシ登山に特化した知識として

北海道の山の気象条件
夏でも雪が降ることがある、総合的に見て北アルプスの3000m級の山よりも環境は厳しい、など

トムラウシ山域の特徴
地形や気象の特徴、過去の遭難の事例やその特徴、過去にも低体温症の事故が起こっている、など

避難小屋またはテント泊で縦走をするときの、体力的負担度に対する認識やそのトレーニング方法
日帰り山行や小屋泊まり山行に比べて、どれくらい負担度が増えるのか、当該コースで消費するエネルギーの計算方法、効果的な事前のトレーニング方法など

今回の登山で用意すべき装備についての知識
衣類や雨具の知識、行動中の着脱の判断、小屋での濡れ物の乾燥方法、ザックの重さも考慮して必要十分な装備はどれくらいかを明示する、など

今回の登山のために用意すべき食料についての知識
エネルギー計算に基づいた適切な食料準備の知識、ザックの重さも考慮してどれだけの食料を持つか、朝晩や行動中にどのように補給するのか、など

悪条件を想定したシミュレーション
上記の各項目について、考え得るさまざまな悪条件下ではどのようになるのか、という予備知識をもったり、どのように対処すべきかというシミュレーションをしておく、など

山名	ガイドブックに示された体力度	日数	歩行時間(h)	歩行距離(km)	上り距離(km)	下り距離(km)	ルート定数
蔵王山	★	日帰り	1.6	3.9	0.25	0.16	6.6
草津白根山	★	日帰り	3.4	8.7	0.44	0.44	13.4
斜里岳	★★	前夜泊・日帰り	4.8	8.1	0.99	0.99	21.5
雌阿寒岳	★★	前夜泊・日帰り	3.5	7.1	0.82	0.83	17.1
魚沼駒ヶ岳	★★	1泊2日	10.2	15.7	1.29	2.00	37.1
至仏山	★★	1泊2日	8.5	20.5	0.88	0.88	30.8
谷川岳	★★	日帰り	5.4	7.7	0.69	1.41	19.8
筑波山	★★	日帰り	3.3	5.1	0.71	0.43	14.8
立山	★★	前夜泊・日帰り	6.1	9.9	1.01	1.01	24.6
利尻岳	★★★	前夜泊・日帰り	9.3	12.2	1.53	1.53	36.6
羅臼岳	★★★	前夜泊・日帰り	7.3	13.8	1.48	1.48	32.8
大雪山	★★★	前日泊・日帰り	7.4	13.0	1.30	1.21	31.0
トムラウシ	★★★	前夜泊・日帰り	11.0	16.2	1.49	1.49	40.5
鳥海山	★★★	前夜泊・日帰り	9.7	15.0	1.35	1.27	36.1
巻機山	★★★	前夜泊・日帰り	7.8	14.7	1.52	1.52	34.6
富士山	★★★	1泊2日	9.0	16.2	1.70	1.70	39.1
白馬岳	★★★	前夜泊・1泊2日	10.8	15.7	1.95	1.34	44.4
後方羊蹄山	★★★★	前夜泊・日帰り	10.8	16.8	1.81	1.81	43.8
朝日岳	★★★★	前夜泊・1泊2日	12.2	18.1	1.78	1.78	46.2
飯豊山	★★★★	前夜泊・3泊4日	28.4	35.0	3.13	3.19	94.8
会津駒ヶ岳	★★★★	前夜泊・日帰り	8.7	14.4	1.38	1.38	34.5
平ヶ岳	★★★★	前夜泊・日帰り	9.9	20.2	1.75	1.75	42.5
幌尻岳	★★★★★	1泊2日	14.3	23.8	2.14	2.14	55.6
皇海山	★★★★★	前夜泊・1泊2日	14.2	26.3	2.48	2.48	59.7

表6 ——主な日本百名山の体力度と「ルート定数」

「ルート定数」とは、図④の「エネルギー定数」に標準タイムを当てはめたときの値である。これに(体重＋ザック重量)を掛けることによって、標準タイムで行動したときのエネルギー消費量をkcal単位で求めることができる(歩行時間がこれよりも遅かったり早かったりする場合には，図④の公式を使って改めて計算する必要がある)。２日間以上で歩くコースの場合(たとえば飯豊山)は、ルート定数が大きな値となっているが、これは２日間分以上の消費エネルギーを累積しているためである。

（それぞれの山のコースデータは、『日本百名山山歩きガイド(上・下)』(るるぶ社)の値を用いた)

とは根本的に異なる。これについては昔から、ガイドブックやツアー会社が独自に、「初心者向け」「一般向け」「健脚向け」といった表示をしたり、星の数によって体力度を示したりしてきた。ただし、それらは経験的・主観的に割り出された基準である。このため、ガイドブックの作成者やツアー会社によって、かなりのばらつきが見られることもある。

このような要素をより客観的に捉えるために、ツアー会社やガイドは、図④の公式を使って、目的とするコースを歩くためにどれくらいのエネルギー量が必要かを計算することを提案したい。これにより、そのコースを歩くために必要な体力度を、具体的な数値で把握することができる。そして同時に、その登山で摂取すべきエネルギー量もわかる、というメリットがある。

表⑥は、あるガイドブックのデータを参考に、いくつかの日本百名山で登山をしたときに、どの程度のエネルギーを消費するかについて、図④の公式を用いて計算した結果である。この表に示された「ルート定数」は、そのコースを標準タイムで歩いたときに消費するエネルギーの大きさを表わす係数である。この係数と「体重＋ザック重量」とを掛け合わせれば、各人が消費するエネルギーをキロカロリー単位で算出することができる。

表⑥を見ると、星の数とルート定数との間には相関性が見られる。しかし、同じ星の数がついた山でも、ルート定数の値はかなり違うこともわかる。ツアーを企画する際には、目的とする登山コースについて、星の数といった経験的な体力度だけではなく、エネルギー計算から求めた客観性のある体力度についても把握しておくべきである。

また、図④の式を使えば、ザック重量の増加によって消費エネルギー（体力度）がどのように変わるか、といったことも計算できる。たとえば、体重五〇キロの人がザックなしで登山をしたときのエネルギーを一〇〇パーセントとすると、五キロ、一〇キロ、一五キロのザックを背負った時には、エネルギー消費量はそれぞれ一〇パーセント、二〇パーセント、三〇パーセント増えることになる。

なお、同じコースでも通常時と悪天時とでは、要求されるエネルギー量や体力度が一変してしまう、という認識も重要である。たとえば風速一〇メートルの風に逆らって歩く場合には、無風でそのコースを歩く場合の五割増しの体力が必要であり（図③）、パーティの力量によっては停滞あるいは退却の必要も出てくるだろう。ガイドブックの記述は、好天時の負担度をもとに書かれている。そして登山者も、普通はこのイメージを持って出かけるので、この点は盲点になりやすいといえる。

ツアー参加者の体力レベルの把握

登山コースの体力度を把握するだけではなく、参加者の体力レベルについても評価し、両者の間にギャップがないようにすることが、安全登山にとって非常に重要である。

体力が弱い人でも、普通の人より多くの時間をかけてゆっくり歩けば、どんな山でも登れてしまうということはあり得るし、中高年の登山ツアーではそのような歩き方をしている場合も多い。しかし、必要以上に長時間歩くことで、天候の急変等にさらされる危険も大きくなる。特にトムラウシ山のような緊急避難の難しい山の場合には、やはり一定レベルの体力を持ち、できるだけコースタイムどおりに歩ける体力を持つことが、安全性を高めるための必要条件である。

図⑤は、国立登山研修所が中心となって開催している中高年安全登山指導者講習会に参加した、約一六〇名の登山者へのアンケート調査の結果である。初心者、一般、および健脚向けコースでのトラブル発生状況について尋ねてみると、初心者および一般向けコースではトラブル発生率は小さいが、健脚向けコースでは急激にその発生率が高くなることがわかる。

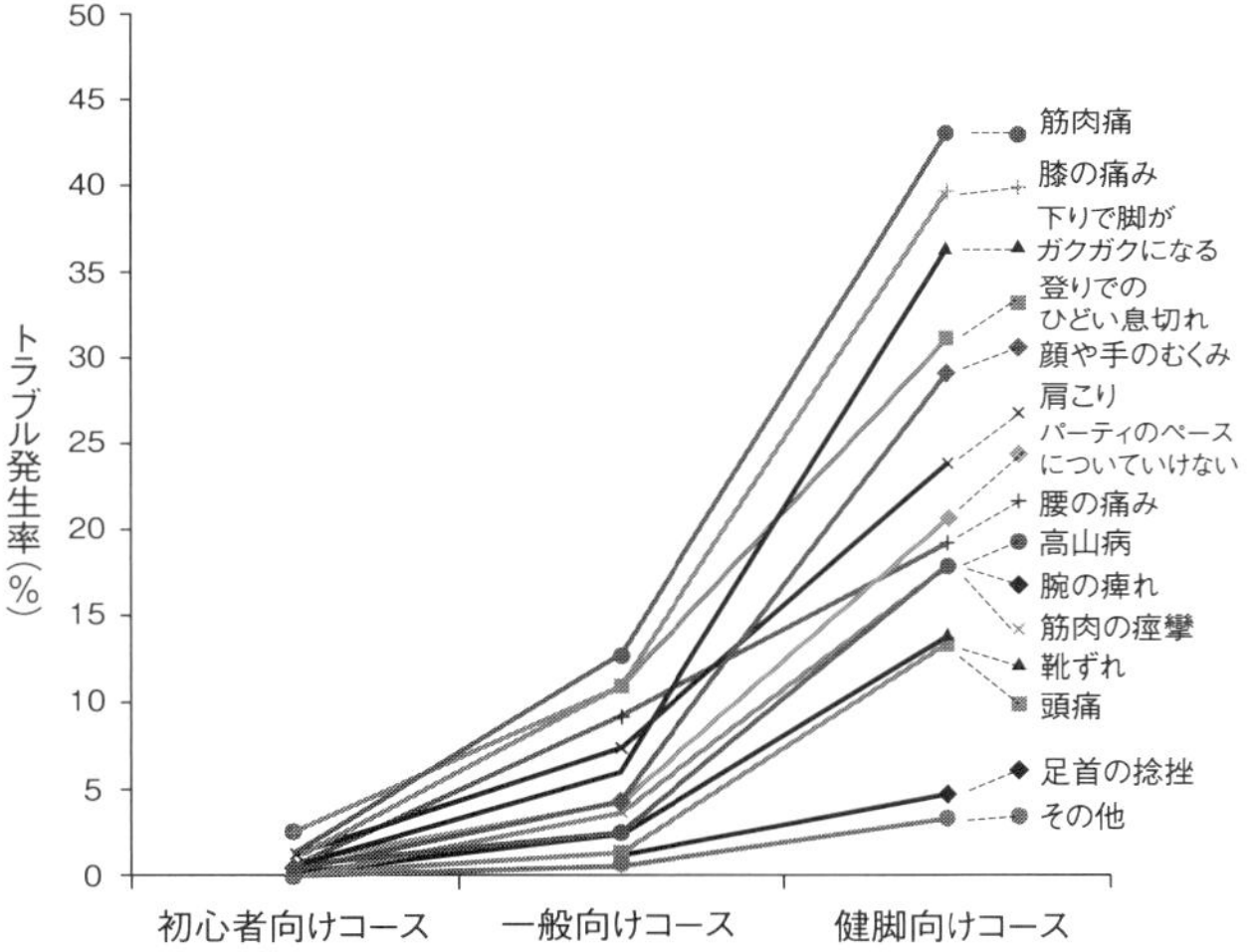

図⑤　中高年登山者が初心者向け、一般向け、健脚向けコースで登山をした時の身体トラブル発生状況(山本と西谷：登山研修,25巻,2010)

初心者向けコースでは、トラブルはほとんど起こらないが、健脚向けコースではさまざまな種類のトラブルが急増し、多いものでは4割以上にも達する。

この図から、健脚向けコースがとりわけ体力的にハードなものであることが窺えるが、それと同時に、そこを歩く人のかなり多くが、それにふさわしい体力を持っていないこともわかる。健脚向けコースを歩いたときに、いつもトラブルが起こるという人は、厳しい言い方をすればそのコースを安全に歩く資格はないということになる。図⑤の調査対象者は、指導者向けの講習会に参加するような、意識レベルの高い人たちである。したがって、ツアー登山の参加者や未組織登山者などの場合には、トラブル発生率はさらに高くなる可能性がある。

図⑥も、上記の講習会で得たデータのひとつである。登山のガイドブックに示された標準コースタイムに対して、それよりも速く歩いても苦しくないと答えた人（楽）、コースタイムどおりに歩いてちょうどよいという人（普通）、コースタイムどおりに歩こうとすると苦しいという人（きつい）に分け、さらに彼らの脚力も測定して、その関係を見たものである。この図から、体重当たりの脚力が高い人ほど、楽に登山ができていることがわかる。言いかえると、脚力が弱い人はコースタイムどおりに歩けない可能性が高く、このような人がハードな山に行けば、安全な登山はおぼつかないことになる。

また図⑦は、「ランク制」の有効性を示すデータである。これは、山岳会のリーダ

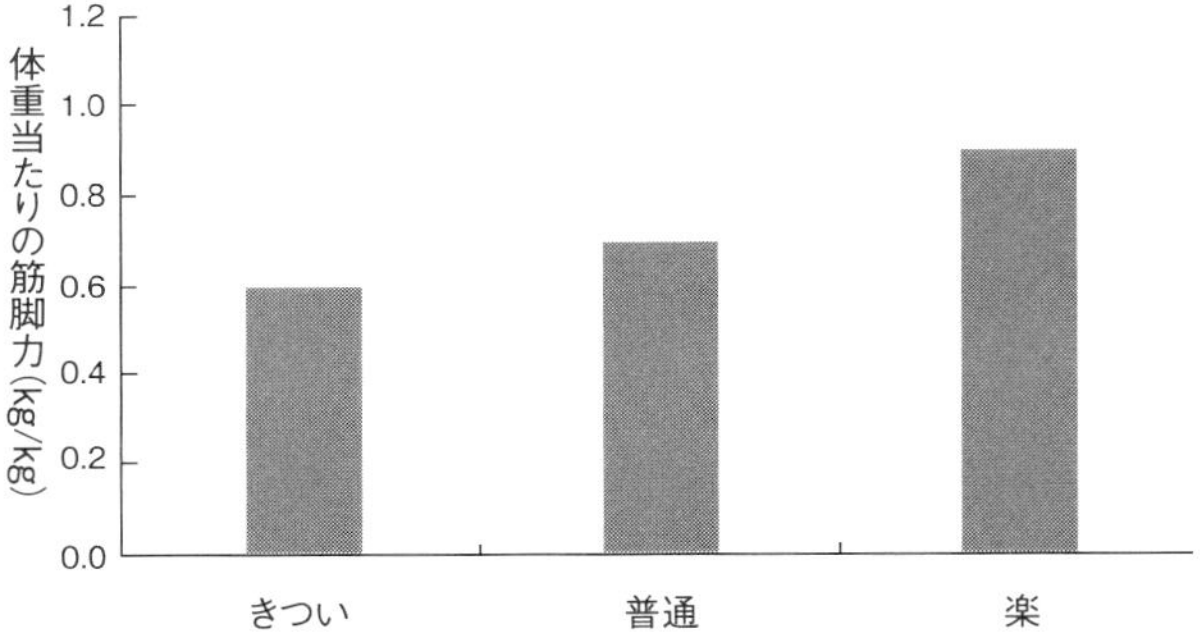

図⑥　登山能力と脚筋力との関係
（山本と西谷：登山研修，24巻，2009）

コースタイムで歩いた時に、「楽」に歩けると答えた人は、体重当たりの脚筋力が高い値を示す。

ー層が一人ひとりのメンバーの山行中の様子を観察し、各人の体力や技術レベルにランクをつけ、無理なく行ける山にのみ行かせるというシステムである。この図を見ると、ランク制を施行している山岳会では、通常の山岳会に比べて、身体トラブルの発生率は非常に少ないことがわかる。

このようなデータからも窺えるように、ツアーを募集する際には、参加者が目的とする山にふさわしい体力レベルにあるかを確認しておくことが重要である。体力テストを行なうことは難しくても、たとえば健脚向けツアー募集の際には、「健脚コースをコースタイムどおりに歩いて、身体にトラブルが起こらない人であること」あるいは「トレーニングを行ない、出発前まではそのような体力水準を身につけておくこと」といった注意書きをつけるべきである。

逆に、このような能力を満たさない参加者がいた場合、その本人にとってリスクが大きいことはもとよりだが、最も弱い人に合わせて行動するという登山の原則により、行動の途中で天候が悪化した場合などには、パーティ全体が危険にさらされることにもなる。

ひと昔前の山岳会や山岳部では、目的の山に見合った体力や技術がなければ連れて行かない、という単純な原則があり、それが安全性にもつながっていた。一方、不特

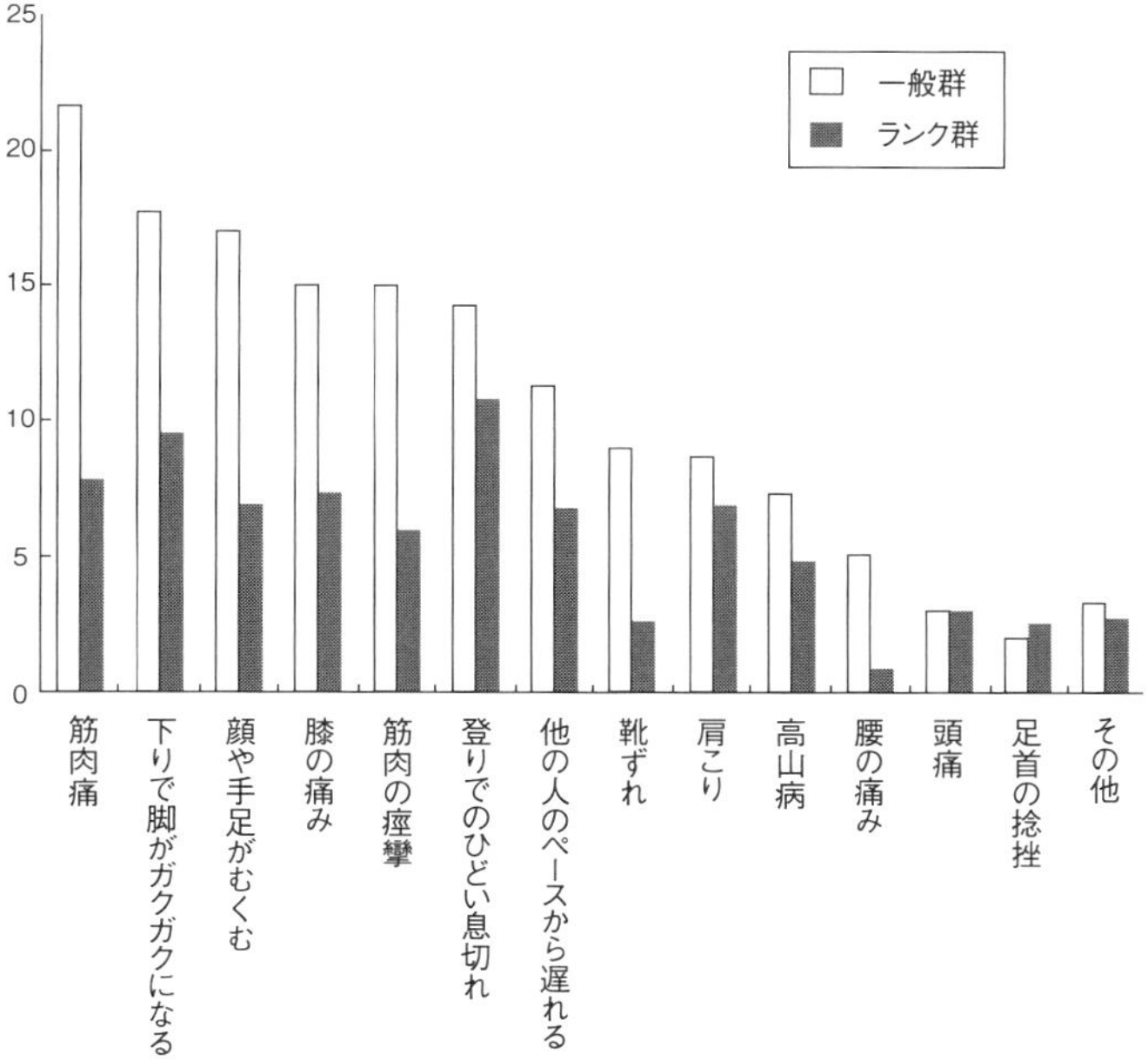

図⑦　一般の山岳会員とランク制を施行している山岳会員の登山中の身体トラブル発生状況　（山本と西谷：登山医学,27巻,2007）

前者に比べて後者では、トラブル発生率がかなり低い。前者は全国各地の山岳会の、また後者は兵庫県の西宮明昭山の会の協力を得てアンケート調査を行なった結果である。

定多数が参加するツアー登山では、そのあたりの線引きが曖昧になりがちである。しかし、これをしっかり行なわない限り、安全性は確保できないだろう。

エネルギー補給量の明確化

登山は、低地でのウォーキングなどとは異なり、行動中に莫大なエネルギーを消費する。したがって、行動中、定期的に食べ物を補給することは、筋肉や脳の疲労を防いだり、低体温症を防ぐ上で重要である。正しく食べるということは、登山用具を正しく使うことと同じように大切なことだといってもよい。しかしこれまでは、ある登山コースを歩くときに、どれくらいのエネルギーを補給すればよいのか、といった具体的な指針が明示されてこなかった。

図④の公式を使えば、その登山で消費するエネルギー量を概算できる。そして、それに見合ったエネルギーを行動中に補給することで、より安全で快適な登山が可能になる。なお、行動中のエネルギー補給量の目安は、図④の式で算出されたエネルギー消費量と等しくする必要はなく、その七～八割程度を補給すればよい（註5）。

なお、数日間の泊まりがけの山行の場合、充分な食事が出る有人小屋であれば問題はないが、今回のトムラウシ登山のように無人小屋（あるいはテント）で自炊する場

表7—登山に持って行く食品のエネルギー量

登山者が山によく持って行く食品のいくつかについて、エネルギー（カロリー）量を示した。ここに示したものは、ある特定の食品メーカーの製品についての値であり、ほかのメーカーのものでは重量やエネルギー量が異なることに注意。

■フリーズドライ食品	
白米、赤飯、五目飯、山菜おこわなど	1食100gで約370kcal
ビーフカレー＆ライス	1食76gで328kcal
エビピラフ	1食77gで281kcal
汁粉	1食60gで229kcal
雑煮	1食40gで147kcal
■インスタント麺	
インスタントラーメン	1食101gで468kcal
カップラーメン	1食59gで280kcal
カップうどん	1食95gで413kcal
■菓子パン・調理パン	
ジャムパン	1食120gで327kcal
メロンパン	1食99gで383kcal
あんパン	1食153gで336kcal
カレーパン	1食99gで356kcal
ソーセージパン	1食102gで392kcal
■携行食品	
カロリーメイト	1箱80gで400kcal
ソイジョイ各種	1パック約30gで約130kcal
アメ	1袋123gで482kcal（1個15kcal）
チョコレート	1箱58gで324kcal
■ゼリー食品	
ウイダーインゼリー	1回分180gで180kcal
パワージェル	1回分41gで120kcal
■スポーツドリンク	
スポーツドリンク	1リットル用粉末74gで288kcal

合には、行動中だけではなく一日当たりの総エネルギー消費量についても考えなければならない。このような場合には、表④の公式を用いて宿泊時のエネルギー消費量も求め、これに図④の公式で求めた行動時のエネルギーを合算すればよい。

表⑦は、登山によく持って行く食料のいくつかについて、そのエネルギー量を表示したものである。これを見ると、たとえば朝にカップラーメン、昼に菓子パン二個、晩にフリーズドライのご飯を食べたとしても、おおよそ一三〇〇キロカロリーにしかならないことがわかる。図④や表④で求めたエネルギー消費量に対して、自分がこれまで山に持って行っていた食料が充分なものであったかどうかを、改めて見直してみる必要がある。

体力トレーニング法の再検討

登山のための体力トレーニングを考えるとき、目的とする山によって、必要とされる体力が異なることは当然である。しかし、このことは頭では理解しているつもりでも、実際のトレーニングには生かされていないケースが多い。

たとえば、今回のトムラウシ登山の場合で言うと、「ザックは一〇〜一五キロを背負うことが必要（六十歳代の女性では、旅行社が示した安全な目安を超えるという認識も必要）」「毎日八〜十時間歩く」「三日間連続で歩く」といった体力が必要になる。

一方、今回のツアー参加者は、表②からもわかるように、普段から山に行ったり、もしくは日常でよく運動をしており、一般の人と比べればかなり多くの運動をしていることは確かである。しかし、トムラウシ登山で要求されるような運動、つまり重い荷物を背負ったり、一日に十時間近く歩いたり、それを数日間連続で行なうといったトレーニングはしていなかった人もいた。このことは、「初めての重さのザックで不安だった」「体力的に不安なので、軽くするために荷物を減らした」といった生還者のコメントからも窺える。

一方、今回の遭難パーティと同じ日に、同じコースを前後して歩いた伊豆ハイキングクラブから得られたコメントは興味深い。このクラブでは、トムラウシ登山をするにあたり、一五キロのザックを背負った日帰り山行を三回、ノルマとして行なっている。また雨の日の登山も積極的に行ない、熊よけスプレーの使用実験なども行なっている。このように目的とする山を想定して、さまざまなシミュレーション・トレーニングをすることが、最も効果的な方法である。このような事前の疑似体験によって、本番でも余裕が生まれることになる。

ツアー登山の場合、このような体系的なトレーニングをすることは難しいだろう。

しかし、募集のパンフレットなどには、「このコースに参加を希望する人は、①ザックは最低一二キロを余裕を持って背負えること、②一日に十時間程度は余裕を持って歩けること、③三日間連続で余裕を持って歩けること、という三つの能力を事前にトレーニングしてきて下さい。またこの条件を満たす自信のない方は、参加をご遠慮下さい（あるいは、ポーター付きのツアーの方に参加して下さい）」といった条件を明示すべきである。またこのような啓発により、参加者側の意識をより高めるきっかけにもなるだろう。

登山界全体で考えるべき問題

中高年の登山ブームの背景には健康志向がある。そして登山は、適切なやり方で行なえば確かに健康によい運動である。しかし現時点では、無理なやり方で登山をする人も多く、事故が多発し、さらには毎年事故が増加し続けている、というマイナス面も顕在化している。このような無理な登山が行なわれている背景のひとつとして、運動生理学に対する知識の欠如がある。

登山は、坂道を上り下りする、不整地面を歩く、荷物を背負って歩く、何時間も歩くといった特徴があり、運動の強度から見ても、時間の長さから見ても、ウォーキングに比べてかなり負担の大きな運動である。したがって、これを上手に行なえば、健康にとって大きな効果が期待できる。しかしその反面、無知あるいは無理なやり方をすれば、身体を壊したり事故を起こしたりする危険も高いということになる。

現在、ウォーキング、ジョギング、水中運動といったエアロビクスが、健康のために盛んに行なわれている。これらの運動についてもやはり、上手に行なえば健康にとってプラスの効果が得られるが、無知・無理なやり方をすればマイナスの影響が出ることにもなる。そこでこれらの運動指導を行なう際には、薬の処方にならって「運動処方」という言葉が使われ、各人の能力に合わせた運動プログラムが提供される。そして、その背景となる理論や方法論も、過去の多くの研究成果によって裏打ちされ、それらを身につけた指導者には専門の資格も与えられている。

これに対して登山界では、このような意味でのノウハウが、現在のところほとんどない。健康のために登山をすることを考えるのであれば、ウォーキングなどのエアロビクスと同様、各人の体力や健康のレベルに合わせた方法で行なうことが必須である。そして登山は、ウォーキングよりもずっとハードな運動であるだけに、その必要性もより高い。そしてツアー会社やリーダーは、それに関する最低限の知識や方法論を持っておく必要がある。

このような認識は、これまでツアー登山界はもとより、登山界全体を通してもほとんどなかったことである。しかし今後、安全で健康的な登山を発展させていくためには、このような「登山処方」ともいうべき知識や方法論が不可欠である。今回の事故を特殊なケースとして位置づけるのではなく、登山界全体の問題として捉え、安全登山のシステムを構築していくことを真剣に考えるべき時期が来ていると言えるだろう。

註1　ほかのスポーツでは、四二・一九五キロのフルマラソンで1500IU／ℓ、七一・五キロの山岳耐久レースで2100IU／ℓ、一〇〇キロのウルトラマラソンで8900IU／ℓといった値が報告されているが、これらと比べても高い値である。なお、CKが高いことのもうひとつの理由として、強風によって何度も転んだために、筋肉が壊れたことによる影響も考えられる。

註2　体熱の発生能力は身体の体積にほぼ比例し、体熱の失われやすさは身体の表面積にほぼ比例するため。

註3　運動時のエネルギー源となるのは主として脂肪と炭水化物であるが、前者は相対的に運動が弱いときに、後者は強いときほど利用率が高まるというように、使い分けられている。今回のような非常に激しい運動を強いられる場合には、大部分のエネルギーを炭水化物が供給することになる。なお、体内における脂肪の備蓄量は莫大であるのに対し、炭水化物の体内貯蔵量はわずかで、中程度の運動を続けた場合でも、約一・五時間で枯渇し

てしまう。このような理由から、行動の途中では、炭水化物を多く含んだ食べ物を定期的に補給することが重要だということになる。

註4　実際に、生還者のうち三名の病院収容時の血液データを見ると、タンパク質が分解されたときに生じる尿素窒素の値が、基準値よりもかなり高い値を示していた。

註5　残りの二～三割は体脂肪から供給されることが見込めるため。なお、運動中の脂肪の燃焼率は、体力のある人ほど大きく、体力のない人ほど小さいという性質がある。したがって、体力のあるガイドであれば、行動中にあまりエネルギーを補給しなくても支障なく歩けるが、一般的なツアー参加者（体力のあまりない人）では、行動中にたくさん食べなければならないということになる。

第6章

ツアー登山

羽根田治

ツアー会社は山のリスクを認識していたか

この遭難事故の原因については、トムラウシ山遭難事故調査特別委員会による『トムラウシ山遭難事故調査報告書』や日本山岳サーチ・アンド・レスキュー研究機構らの「トムラウシ遭難事故を考える」シンポジウムをはじめ、マスコミ各社の報道などを通してこれまでにさんざん、検証・究明されてきた。いささか乱暴かもしれないが、それらをひっくるめて言ってしまえば、事故の要因は「ガイドの判断ミス」の一点に尽きよう。

たとえば七月十六日の早朝、ヒサゴ沼避難小屋を出発せずに一日停滞を決めていれば、翌日は参加者全員がトムラウシ山の山頂を踏んで無事トムラウシ温泉に下山していたものと思われる。あるいは、ロックガーデンに差し掛かる前に引き返していれば、死者をひとりも出さずにすんだであろう。そして北沼周辺での対応を誤らなければ、この時点ではすでに遅きに失した感もあるが、犠牲者は最低限に抑えられたはずである。

これらのターニングポイントでのガイドらの判断が、結果的にはすべて裏目に出てしまい、最悪の事態を招いてしまった。ガイドの責任を問う声が上がるのも、また警察が立件に向けて捜査を進めているのも、当然と言えば当然である。

しかし、ガイドの判断の是非を論じるよりも重要なのは、判断ミスを引き起こす要因になったものはなんだったのかを明らかにすることだ。それを検証するうえでは、この山行がツアー登山という形態で実施された点を避けて通るわけにはいかない。

以下、拙著『山の遭難　あなたの山登りは大丈夫か』（平凡社新書）と重複する記述も出てくるが、ご容赦いただきたい。今さら説明するまでもなくツアー登山というのは〝山版ツアー旅行〟とでもいうべきもので、計画の立案から装備リストの作成、行き帰りの交通機関の手配、宿泊する山小屋の予約まで、すべてをツアー会社がお膳立てしてくれる。現地ではツアーガイドが道案内をしてくれるので、迷う心配もない。参加者は個人装備を持って集合場所に集まるだけでよく、あとはツアーガイドのお尻にくっついて歩いていれば、目的の山の山頂に立つことができるというわけだ。

このツアー登山という形態が日本の登山シーンに浸透しはじめたのは、中高年の登山ブームが始まった一九九〇年前後ごろからだといわれている。

本来、登山というのは、信頼できるリーダーのもとにメンバーが集まってパーティを組み、計画を立て、必要な装備をそろえ、実際の現場ではメンバーが協力し合って行動し、万一のアクシデントにも臨機応変に対処しながら無事下山してくるものである。その根底には、〝自己責任〟という考え方がある。登山は、誰かに強要されて行なうものではなく、自分が登りたいから登るという、あくまでも自発的な行為であるはずだ。だとすれば、すべての行動いっさいに自分で責任を負うのは、自明の理といっていい。

しかし、自己責任をまっとうするには、技術と知識による裏づけが必要になってくる。だから登山を始めようとしたときには、まず山岳部や山岳会に所属し、登山のノウハウを基礎から学び、徐々にステップアップしていってレベルを上げていくというのが、かつてのごく一般的な流れだった。そしてその過程で、先輩と後輩あるいは仲間同士の間で、信頼のおける人間関係が構築されていった（もちろんそれが当てはまらないケースもあっただろうが）。

だけど、それも一九七〇年代ごろまでの話だろう。一九九〇年前後から始まる登山ブームの中核を成した中高年登山者は、体育会系的な人間関係を嫌って、山岳会などの組織に所属することを敬遠した。しかし、登山の技術や知識を学ぶ機会をほとんど持たないまま、見よう見まねで山登りを始めてしまったものだから、危ないことこのうえない。このころから中高年登山者による遭難事故が右肩上がりに急増していくのも、当然の成り行きだった。そこで彼らが求めたのが、自分たちを山に連れていってくれる人たちだった。そのニーズに応える形で生まれたのがツアー登山である。

自分たちが計画立案に参加することなく、他人がつくったプランに一〇〇パーセント依存し、初めて会う人たちといきなりパーティを組み、信頼できるかどうかわからないガイドに連れられて山に登るということは、かつてはとても考えられなかった。だが、ブームに乗っかって山登りを始めた中高年登山者は、登山に必要不可欠な計画・準備段階での作業を煩わしいと感じ、いっしょに山に登る人にはドライな人間関係を求めた。そんな新しい登山者気質に適合したツアー登山は、中高年登山者の絶大なる支持を得ながら、登山の一形態として広く認知されるようになっていく。

ところが、山をよく知る登山家が起こしたツアー登山の専門会社はともかく、「儲かりそうだ」ということで参入してきた旅行会社には大きな誤算があった。観光地とは違って山にはさまざまなリスクが存在しているということを認識せず、それまで扱っていたツアー旅行の延長のようなものだと考えてオペレーションを行なってしまったのだ。要するに、山を知らない旅行会社がプランを組み、そのプランに従って山を知らない添乗員が、山を知らないツアー客を引き連れて山に登りはじめたわけである。

京都のお寺を見て回るのだったら、旗を持った添乗員のあとにツアー客がぞろぞろついていくだけだから、たとえば二十〜三十人のツアー客にひとりの添乗員を付ければ間に合うかもしれない。だが、アップダウンのある山道を長時間歩かなければならない登山となると、そうはいかない。みんなのペースについていけずに遅れたり、急にキツい運動をしたことで調子が悪くなったりするツアー客が出るのは日常茶飯事で、しかも添乗員には山の経験がなく数も足りていないため、アクシデントへの対応がまったくできなかった。点呼をとってみたら人数が合わなかった、添乗員自身がケガや病気で行動不能になったなど、山の常識からは考えられないような事故やトラブルが続発したのである。まだリスクマネジメントがほとんどなされていなかった九〇年代はとくにひどかった。遭難救助関係者から「ツアー登山には困ったものだ」という話をよく聞いたのも、このころのことだ。

そんなツアー登山の現状に、さすがに業界も危機感を募らせた。国内の旅行業界における二団体、日本旅行業協会（JATA）と全国旅行業協会（ANTA）は、二〇〇三年七月、ツアー登山における安全確保を図るための任意団体「旅行業ツアー登山協議会」を設立。続く〇四年六月には、協議会に加盟する会員六十八社が、ツアー登山を取り扱うにあたって配意し、遵守しなければならない内容をまとめた「ツアー登山運行ガイドライン」とガイドレシオが策定されたのである。

業界全体としてのこうした取り組みが功を奏し、野放し状態だったツアー登山にある一定の秩序がもたらされ、見るからにひどいツアーは影を潜めた。そこで協議会は〇九年三月に発展的解散となり、四月からはＪＡＴＡとＡＮＴＡがそれぞれツアー登山の部会を設置し、業界全体の課題については連絡会を設けて対応することになった。そこへ飛び込んできたのが、今回のトムラウシ山での事故のニュースであった。

ツアー登山運行ガイドラインとガイドレシオの策定がツアー登山における事故防止に一定の効果を上げたのは間違いない。だが、問題は、すべてのツアー登山においてこれが順守されているかどうかだ。順守されていれば、まず事故は起こらない。が、一時期に比べるとだいぶ減っているとはいえ、ツアー登山中の事故は今も起きている。目につかない水面下で、手抜きや誤摩化しが行なわれているのではないかということは、かねてから懸念されていた。トムラウシ山の事故が起こる二カ月ほど前、北アルプスを管轄する山岳遭難救助関係者を何人か訪ねてインタビューを行なったが、そのなかのひとりが「事故を起こすツアー会社はだいたい決まっている」と言っていた。「どこのツアー会社ですか」と尋ねると、「アミューズだ」という答えが返ってきた。

おそらく、危ない橋を渡っていたのは一度や二度ではあるまい。ただ、幸いなことに大きな事故にはつながらず、表沙汰になることはほとんどなかった。それはアミューズ社にかぎったことではなく、少なからぬツアー会社が大同小異だったのではないだろうか。アミューズ社の外部契約ガイドとして約二年間勤務したことのある山形昌宏は、「トムラウシ遭難事故を考える」シンポジウムの会場で配布された資料に貴重な証言を寄せているが、そのなかに次の一文がある。

〈私がいた頃は、自分が意識している分、会社に対し山の危険性、ツアー登山の脆弱性を少なからず言い続けました。また、それまでに起きた登山中の事故や遭難に対しても、検証し原因を究明する必要があると言いましたが、なかなか聞いてもらうことができませんでした。今回の事故にしても、私がいた頃の「このままいけば必ず大きな遭難事故を起こしてしまう……」と言った危惧が現実のものになりました。（中略）彼ら（アミューズトラベル）は自分に都合が良く、利益を上げるものに対しては反応しますが、そうでないものに関しては人の話を聞こうともしない、といった印象があります。私の認識が無いだけで、組織というものはそういうものか……？　今までに、あと何店か契約していた（しようとしていた）旅行会社もそうなので、旅行会社という体質上そうなのだと、今では諦めていますが、それでは客の命が危険にさらされることになり、そういう会社は登山ツアーなどは企画すべきではない、というのが私の考え方です〉

安全なツアー登山を実施するためにせっかく策定したガイドラインとガイドレシオ

も、守られていなければなんの意味もない。図らずも今回のトムラウシ山での事故は、それを露呈することになってしまった。ガイドの判断ミスが引き起こされるそもそもの根底には、山のリスクに対するツアー会社の無理解があるといっても過言ではないだろう。

とりわけトムラウシ山では、二〇〇二年に今回の事故とそっくりな遭難事故が起きている。時期はやはり七月。大雪山系の旭岳から忠別岳、化雲岳と、アミューズ社のパーティと同じコースを縦走してきた女性四人パーティが、台風六号による悪天候をつき、トムラウシ山へ向けてヒサゴ沼避難小屋を出発したのが十一日のこと。ところが、途中で暴風雨に叩かれ、トムラウシ山の山頂を越えたところで、ひとりが低体温症のため行動不能に陥ってしまう。その後、パーティはばらばらになり、ふたりは自力でトムラウシ温泉へ下山したものの、行動不能の女性はビバーク中に息を引きとり、彼女に付き添っていたもうひとりの女性は、登山者と救助隊に助けられてどうにか生還を果たした。さらにこの事故が起きた日、ガイド登山の一行八人がトムラウシ温泉から入山して逆コースをたどっていたが、参加者の女性ひとりがやはり山頂近くで疲労のため動けなくなり、のちにその場で息を引き取った。ガイドとほかの参加者は、翌日、自力で歩ける人は自力下山し、歩けない人は救助隊のヘリで救助された（この事故の詳細については拙著『ドキュメント気象遭難』に詳しい)。

時期といい、コースといい、事故要因といい、状況は今回のケースとほとんど同じだった。つまり、七年前の教訓がまったく生かされていなかったわけである。山を案内する仕事に携わる者であれば、少なくともその山ではどんなリスクが想定され、過去にどのような事故が起きているのかを調べるのは常識だと思っていたのだが、アミューズ社もガイドもそれをしていなかった。彼らがリスクマネジメントというものに対して無理解・無関心だったと疑われても仕方のないことだ。

安全配慮義務と旅程保証義務

さて、ツアー登山はツアー会社とツアー参加者の間で結ばれた旅行契約に従って実施されるが、この契約には「安全配慮義務」と「旅程保証義務」が盛り込まれている。つまり、「参加者の安全に配慮しながら計画どおりの旅程でツアーを行ないなさい」というわけである。だが、観光地を巡るツアー旅行ならまだしも、天候、登山道の状況、登山者の体調など、多くの不確実な要素が潜んでいる山では、その場そのときの条件次第で所要時間は大きく変わってくるし、メンバーの安全を考慮して計画そのものを変更・中止にすることだって珍しくない。それをツアーというきっちりした枠の中に押し込めること自体にそもそも無理がある。一方を優先させればもう一方がおろそかになるというように、安全配慮義務と旅程保証義務を両立させるのが難しいのが登山であり、その判断を誤ったことで起きてしまったのが今回のような事故なのだ。

もちろん、常識的に考えれば旅程保証義務よりも安全配慮義務を優先すべきであり、誰も「ツアー客の安全は二の次にしてもかまわないから、なにがなんでも計画どおり行動しろ」とは言ったりしないはずである。しかし、計画の変更に伴う割増金の発生やキャンセル料の支払いは、ツアー会社としてはできるだけ避けたいところで、なるべくだったら計画どおり登山を遂行したいと考えている。そうした指示が具体的になされているのか、あるいは暗黙の了解なのかはわからないが、最終的な判断を下すことになる現場のスタッフ（添乗員やガイド）にとって大きなプレッシャーになっていることは想像に難くない。

また、その類いのプレッシャーがかかるのはツアー会社からだけではない。ツアー客もまた、ツアー料金を払って参加している以上、当然ツアーは計画どおり実施されるものと思っている。それがもし計画の変更によって目当ての山に登れなくなったとしたら、それ相応の理由がないと彼らは納得しない。ツアー客全員が「だったら仕方がない」と納得できる理由があるならまだしも、継続か変更かの見解がまっぷたつに分かれるような状況では判断が非常に難しく、場合によっては「金返せ」ということになってしまう。

「当社では、安全を最優先して判断をするよう指導しています」

どのツアー会社だって、表向きはそう言うに決まっている。だが、ツアー会社とツアー客双方からのプレッシャーを受けながら、スタッフは安全配慮義務と旅程保証義務の間で揺れ動いているのが現実だ。難しい判断を迫られたとき、どんな判断を下すかはスタッフによっても違ってこよう。以前、アミューズ社の浅間山のツアー登山に里見が参加したとき、あと三十分ほどで頂上に着くというところで、「危ないから中止にしましょう」というガイドの判断で下山してきたことがあったという。

「季節は五月で、まだ雪があって風も強かった。一部の参加者は悔しがっていたが、私はやめたほうがいいと思った。だからアミューズ社はしっかりしているという印象を持っていた。そのときと比べると、今回のトムラウシのほうがもっと風は強かった」

トムラウシ山でアミューズ社のパーティが遭難した七月十六日、トムラウシ温泉側の短縮登山口からは、同じツアー登山のクラブツーリズムの名古屋支店の一行二十一人が日帰りでトムラウシ山を目指していた。しかし、あまりの強風のため添乗員とガイドの判断により登頂を断念、全員が無事下山してきてことなきを得た。

　厳しい状況のときには、無難に安全策を選択するのが最善である。それは誰にもわかっていることなのだが、ツアー登山の場合、安全を優先させての慎重な対応は、「あの会社のツアーは登頂率が悪い」「あのガイドがつくと登れないことが多い」といったように、時にマイナス評価になってしまう。また、ツアー登山の現状においては、同行するガイドはツアー会社の社員ではなく、一回のツアーごとに契約を交わす外部スタッフが多いので、マイナス評価が下されて仕事がもらえなくなると、死活問題になってくる。そこでつい無理をしがちになるのだが、引き際を見誤ると今回の事故のようなことになってしまう。

　十六日の朝、予定を三十分遅らせて出発を決めたアミューズ社の三人のガイドは、「行ける」と思ったのか、それとも「行かなければ」と思ったのか。やはりツアー登山を扱っているあるツアー会社の担当者は、この事故について次のように語っていた。

「ツアーの予定が変更になった場合、まずぱっと頭に浮かぶのが、飛行機や宿をキャンセル・変更しなければならないということだ。今回のアミューズさんのツアーの行程は、帰りの飛行機便の航空会社が到着地ごとに全部違っていた。キャンセル・変更となるとそれぞれの航空会社と交渉しなければならなくなり、また地方発着便は機体が小さく席が確保できるという保証もない。あくまで推測の話だが、旅程を管理する立場の人には『日程を変えたくない』という気持ちがあったのだろう」

この事故のあと、計画に予備日を設定していなかったことがマスコミに叩かれていたが、それはお門違いだと思う。プライベートな山行であれば、万一のアクシデントに備えて予備日を設けることは珍しくないが、ツアー登山は「登山」であると同時に「ツアー」でもある。予備日を設けているツアー旅行なんて聞いたことがないように、一部の厳しいツアー登山を除いて、原則的に予備日は設けない。

「今回のツアーの日程が四泊五日間。その間、家を留守にして仕事を休むわけで、私としては五日間が精一杯。今回のように、現地で突然危機的なことが起こって日程が延びるのだったらしょうがないけど、最初から予備日を設けた日程で五泊六日にされちゃったとしたら、私は申し込んでいないと思う」

そう言うのは平戸だ。それは彼女だけではなく、ツアー登山を利用しているほとんどの人の意見だろう。だから、あらかじめ予備日を想定して従来の日程に一日上乗せする必要はない。だいいち、そんなことをすれば交通手段や宿の確保がよけいにややこしくなり、ツアー登山においてはなるべく排除しなければならない不確定要素が増えて、客も混乱してしまう。だが、少なくとも「天候等の状況によっては計画の日程どおりにいかず、場合によっては帰着が延び、割増料金がかかってくることもあります」といったアナウンスは事前にあってしかるべきだ。それを参加者にしっかり浸透させれば、「無理してまで行かなければ」というガイドのプレッシャーも若干は軽くできるのではないだろうか。

余談だが、アミューズ社のパーティと同じ日に同じコースを歩いた伊豆ハイキングクラブの六人パーティは、全員が無事下山してきたということでマスコミからの非難を受けていない。しかし、彼らもまた下山後の宿や帰りの飛行機便などのスケジュールが決まっており、計画を変更したくないという気持ちは同じだったと思う。ヒサゴ沼避難小屋を出発するときには、停滞するか予定どおり行動するかでメンバーの意見が分かれたというが、アミューズ社のパーティが出発したこともあり、悪天候をついて行動を開始する。その結果だけを見れば、全員が無事下山したのだからなにも問題ないように思えるが、実際は途中でメンバーのひとりが低体温症に陥り、一歩間違えば遭難事故につながるところだった。そうならなかったのはただ運がよかっただけで、その判断・行動については褒められたものではない。

ツアー登山にしろ、個人の山行にしろ、下山後の宿や交通機関の手配が事前に済んでいると、どうしても計画の変更をためらってしまうものだ。とくにツアー登山の場合は、お金の問題だけではなく、旅程保証義務の点で会社やガイドの評価にもつながってくるので、なおさら躊躇してしまうのだろう。

しかも、今回の事故のケースでは、アミューズ社のパーティが出発した十六日の午後には、同社の別のツアーの一行がヒサゴ沼避難小屋にやってくることになっていた。ポーター役のラクパがひとりだけ小屋に残ったのは、そのパーティを迎えて共同装備の受け渡しをするためだった。しかし、予定を変更してラクパだけではなくほかの十八人も小屋に残るとしたら、三十人が定員の小屋にはおそらく全員が収まりきれなくなってしまう。そのこともまた、ガイドが計画を強行した判断材料のひとつになっているに違いない。次にやってくるツアーのことを考えると、やむを得ず出ていくしかなかったのだ。

ガイドの資格問題

そもそもツアー登山におけるツアー会社とガイドの関係は、圧倒的にガイドのほうが弱い立場にあるという。『事故調査報告書』の「今後のガイド、旅行業界および登山界に対する提言」のなかには、次の一文が見られる。

〈ツアー会社で雇用されるガイドの待遇が、安全管理という重い責任を負わされている割には厳しいと聞く。職業としての成り立ちが難しいという状況では、「プロ意識を持て！」といっても無理な話で、待遇改善についても検討する必要があるのではないか〉

今、ツアー登山に同行しているガイドは、ツアー会社の社員も一部にはいるが、大半は外部の契約ガイドである。彼らは原則的にツアー一回ごとに会社と契約して賃金を得ているが、仕事が安定して供給されているわけではなく、日当も決して高くはない。前出の山形昌宏がアミューズ社で働いていた二〇〇六〜〇七年ごろの日当は、一万一五〇〇円だったという。また、ほかのツアー会社との掛け持ちもほとんど認められず、ある程度、継続的に仕事をもらおうとするならば、文句を言わずに会社の言うとおりに動かなければならない。山形は、当時のツアー登山のあり方に対し「それは危険だ」と何度も指摘した結果、アミューズ社をクビになったという。

雇用主と被雇用者という関係である以上、対等の立場になるのは無理にしても、おかしなことや危険なことに対して現場がきちっと意見を言えるシステムは絶対に必要である。たとえばツアー登山商品の企画・立案については、会社によって多少の違いはあるだろうが、専門の担当部署が手掛けることになっていると聞く。だが、机上で設定されるコースや日程や募集人員などは果たして妥当なのだろうか。同じコースを歩くにしても、数人のパーティで歩くのと、二十人前後のツアー客を引き連れて歩くのとでは、まったく意味合いが違ってくる。まして天候が悪化したり、遅れる人が出てきたりすると、今回の事故のように、計画とパーティはあっという間に瓦解してしまう。

本来、登山のプランニングとは、想定し得るリスクへの対処までをも含んだものである。それは山をよく知らない人による机上の論理で作成できるものではない。よりリスクの低いツアー登山を実現させるためにも、現場をよく知るガイドの意見を積極的に取り入れない手はないと思う。

また、現場でのガイドの判断が結果的に会社に不利益をもたらすことになったとしても、それが妥当なものであるかぎり、会社はペナルティ等を課すべきではない。計画を変更して違約金が発生するほうを選ぶか、違約金を惜しむあまり計画を強行して惨事を招くことになったほうがいいのか、その答えは今回の事故ですでに出ていよう。

現場の意見に耳を傾けられる会社は、よりよい商品を提供できるようになる。そして会社のためになる現場からの意見は、いろいろな意味でガイドの待遇を改善することによって得られやすくなる。「なんだ、この会社は」と愛想を尽かしてしまうような会社には、誰も前向きな意見を言ったりはしない。

今回の事故を受けて、日本旅行業協会（JATA）はツアー登山部会を設置して「ツアー登山運行ガイドライン」の見直しを行ない、〇九年九月一日により内容を強化した新しいガイドラインを発表。もうひとつの業界団体である全国旅行業協会（ANTA）と連携をとりながら、同年十二月一日から施行を始めている。また、両団体は日本山岳ガイド協会との合同会議を開催し、安全管理にかかわる合意の形成に務めている。こうした流れの一環として、ガイドラインの順守をチェックしたり、ツアーガイドらの相談を受け付けたりする部署を業界団体内に設け、ツアー会社を指導していくというシステムの構築が検討されてもいいのではないだろうか。

もっとも、ツアー会社とガイドとのよりよい関係を考えるときには、そのガイドにガイドとしての資質が備わっていることが大前提となる。レベルの低いガイドの言動は、逆にツアー登山におけるリスクを高めるだけだ。

信頼に足りるガイドかどうかを見極めるには、ガイド資格を持っているかどうかが一般的な判断基準となろう。日本には、日本山岳ガイド協会という全国的な団体があり、ガイド資格を認定している。資格は登山のカテゴリーによって細分化され（たとえば「国際山岳ガイド」「登攀ガイド」「山岳ガイド」「登山ガイド」「自然ガイド」など）、それぞれの職能の範囲内でガイドを行なうことを義務づけている。この日本山岳ガイド協会のいずれかの資格の有無が、いちばんわかりやすい目安だといっていいだろう。

理想をいえば、その有資格者がツアー登山を率いるのが望ましく、ツアー登山の一部のプランでは実際にそうなっている。今回のトムラウシのツアーにしても、ツアーリーダーを務めた西原ガイドは日本山岳ガイド協会認定の登山ガイドであった。

だが、日本山岳ガイド協会が認定するガイドは全部でおよそ八〇〇〇人ほどで、一〇〇〇人に満たない。一方、国内で年間どれだけの数のツアー登山が実施されているのかはわからない。が、手元にあるアミューズ社のパンフレットを見ると、東京本社だけでも年間五〇〇〇本以上のツアーが実施されている。このほかに各支社のツアーがあり、もちろん他社もそれぞれ多数のツアー商品をラインナップしているのだから、年間の総ツアー登山数は膨大な数にのぼる。

また、それぞれのツアー登山には、参加者数にもよるが、たいてい複数のガイドがつくことになる。ガイドひとり当たりに対する客の適正人数の目安は「ガイドレシオ」と呼ばれ、これを守ることはツアー登山における重要なリスクマネジメントのひとつとされている。つまり、すべてのツアー登山を円滑に行なおうとすると、延べ人数にして膨大な数のガイドが必要となるわけで、日本山岳ガイド協会の有資格ガイドだけでは絶対数が圧倒的に不足していることになる。ツアー登山を立ち行かせるためには、どうしても資格を持たない人の助けを借りることになってしまうのだ。

日本の場合、日本山岳ガイド協会の資格がなくてもガイドはできる。早い話、山好きな人が「オレは今日から山岳ガイドだ」と宣言すれば、その人はもう山岳ガイドなのであり、彼らが集まって自分たちで決めたルールのもとにガイド組織を立ち上げてもなんの問題もない。実際、日本にはそうした〝自称山岳ガイド〟がごまんといるし、ローカルなガイド組織もあちこちにある。そのおかげで、辛うじてツアー登山が成り立っていると言ってもいいだろう。

しかし、ガイドになるための教育も受けず、厳しい審査もなく、ただ山が好きだというだけでガイドを名乗れる現状に問題がないわけがない。ガイドとして不適格な人が率いるツアー登山やガイド登山に参加するのは、運転免許証を持っていないドライバーが運転するバスに乗り合わせてしまったようなものだ。国内でツアー登山やガイド登山での事故があとを絶たないのは、そうしたガイドでも成立してしまう日本の山岳界の特殊性が一因になっていると考えられる。

氷河地形をもつフランスやスイスをはじめとするヨーロッパ諸国やカナダ、ニュージーランドなどでは、山岳ガイドは国家または特定の団体が定める資格となっており、厳しい研修と試験にパスした者のみに資格が与えられる育成プログラムがしっかり機能している。これらの国々では、資格を持たない人が集客して山をガイドをすることは禁じられており、無資格者のガイド業はまず成立しない。そこが日本とは大きく違うところだ。

おまけに日本の山岳ガイドの資格基準にしても、山岳ガイド先進国とされる欧米諸国に比べるとまだまだ甘いといわれ、そのレベルは海外のガイドとは大きな開きがあることが指摘されている。ある業界関係者は、「資格を持っているガイドでも、レベルの低い人はいっぱいいる」と言い切っていた。前出の『事故調査報告書』の提言にもこう書かれている。

〈ひと口に「ガイド」と言っても玉石混淆で、プロ意識の欠如しているガイドも散見される。広範にわたる登山の知識や技術を、体系的に、実戦的に学び、全体のレベルアップを図る必要がある〉

とにかく問題なのは、最初からガイドとしての資質が備わっていない人や、ガイドに求められるレベルに達していない人がガイドを行なっていることであり、それを考えると判断ミスによる事故は起こるべくして起こっているといえよう。

商品に反映されるツアー客のレベル

これまで述べてきたことをひと言でまとめると、極端すぎる言い方かもしれないが、「山をよく知らないツアー会社がツアー旅行の延長のようなつもりで企画・立案し、実力の伴わないガイドをつけ、安全配慮義務よりも旅程保証義務を重んじて実施されているのが日本の今のツアー登山の実態である」ということになる。

もちろん、登山のリスクマネジメントをちゃんと考えたうえでオペレーションを行なっているツアー会社だってあるはずだ。だが、今回の取材を進めてきて全体的に感じたのは、「さまざまな危険が潜んでいる山に、お金をとってお客さんを連れていく」ということに対するツアー会社やガイドの認識のアマさである。彼らがもしほんとうに「お客さんの命を預かっている」という意味を真剣に考えるのなら、もっときめ細やかなリスクマネジメントがなされて当然だと思うのだが、残念ながらそれが見えてこない。

しかし、ツアー会社やガイドばかりに問題があるのかというと、そうとも言い切れない現実がある。これまでにリスクに対する不備がいくら叫ばれようと、結局、ツアー登山はなくならなかった。なくなるどころか、扱うツアー会社や商品数は間違いなく増えている。つまり、それだけニーズがあるということだ。常識的に考えれば、命にかかわるようなハイリスクの商品を消費者はふつう求めたりしない。そうした商品は消費者から敬遠され、いずれは消えてゆく運命にある。

では、なぜ危なっかしいツアー登山が消えてなくならないのか。答えは容易に想像がつく。ツアー登山を利用する人もまた、山のこと、とくに山のリスクのことを知らない（知ろうとしない）からである。山岳ガイド先進国の国々では、ガイド資格を持たない人が個人的にガイド業を始めようとするケースは、皆無かほとんどないに等しいという（日本のツアー登山のような形態の山登りも一部の国を除いてほとんどないそうだ）。そうした国々でガイドを依頼して山に登ろうとする人は、「山登りはリスクの高い行為であり、そこへ行くからには信頼できるガイドに付いてもらうのが当然」という考え方なのだろう。強いて言うなら、お客さんにとってガイドは、パートナーに近い存在なのかもしれない。

一方、日本の場合、ツアー登山やガイド登山を利用しようとする人は、「連れていってもらう」という意識が非常に強い。ブームに乗っかって登山を始めた彼らは、技術や知識のバックボーンを持たないまま、日本百名山という目標に向かって突っ走りはじめる。それを手っ取り早く実現させるために飛びついたのがツアー登山だった。

彼らが目的達成のための手段として選択したツアー登山は、準備段階のすべてをツアー会社に丸投げでき、あとはガイドのうしろにくっついて歩いていくだけの、一〇〇パーセント依存型の登山形態である。彼ら自身が山のリスクマネジメントについて考える必要はまったくなく、現場では常にガイドの指示に従っていればいい。かくして〝自立しない登山者〟が急増することになっていく。

ちなみに〇二年のトムラウシ山での事故のときの生存者のふたりは、自分たちが生還できた要因についてこう語っていた。

「それまで個人で山登りをやってきて、いろいろな山でいろいろな悪条件を経験し、何度も危ない目に遭ってきた。だからあのときもパニックにならなかったのだと思う。やっぱり自分たちで対処しなきゃっていう気持ちがあった」

「私たちが助かったのは奇跡かもしれないが、もしあれがツアー登山だったら、ガイドさん任せにして『どうにかしてもらえる』と考えてしまっていただろう」

ガイド先進国と日本の、ガイドに対する登山者のニーズの違いは、多分に山岳ガイドの歴史や土壌、国民性などの違いによるものと思われ、頭ごなしに今風の登山者を非難するのは酷なような気がする。一九九〇年代前後に中高年の登山ブームが巻き起こったときに、登山業界が一丸となって彼らをいい方向に導いてあげることができていたなら、これほどたくさんの自立できない登山者を生み出すことにはならなかっただろう。

いずれにせよ、高いクオリティへのニーズが、高いクオリティの商品を生み出す原動力となることは確かであり、それは登山界においても例外ではない。厳しい言い方をするなら、リスクマネジメントの点で不安が残るツアー登山が横行している現状は、依存するばかりで自立しようとしない登山者のレベルの低さを反映しているものということになろう。

それでもツアー登山に参加するワケ

さて、今回の取材で生存者の方に聞きたかった質問のひとつは、「なぜツアー登山に参加するのか」ということだった。そのいくつかの回答は、以下のとおりだ。

「仕事が忙しいなか、自分で山行スケジュールを組んでいたら、ものすごく時間がかかる。ツアー登山は、それを省略できて便乗できるし、そのぶん選択肢も増える」(寺井)

「いざ個人で山に行こうと思ったら、計画の作成からアプローチや宿の手配まで、すべて自分でやらなければならない。やれないことはないが、ツアーに申し込めば、そういう煩わしさがなく、なにも考えないですむ。とくに自宅と入・下山口の間のアプローチの問題を解決してくれるのが大きい。下山口のバスの時間を気にしながらアセって下りる必要もない。その簡便さに対してお金を払っているといってもいい。それはたぶんアマえているんだろうと思う。お金を払って楽をしているという意味では、横着をしているのかもしれない」（清水）

「以前は近くの山にひとりで行くこともあったが、捻挫などで途中で動けなくなっている人をいっぱい見てきたし、心筋梗塞で亡くなった人がいるという話も聞いた。それが怖い。でも、ツアー登山に参加していれば、イザというときにはガイドさんが助けてくれる。それに、交通機関や山小屋の手配なども任せられるし、道案内もしてくれるから」（星野）

「ひとりで山に行こうとすると、決意が鈍って途中でやめてしまいがちになる。計画を立て、駅へ行って切符まで買ったのに、やめて帰ってきてしまったこともあった。行こうとするにはエネルギーが要るし、いつでも行けるという気持ちがあると、逆になかなか行かない。その点、ツアー登山は、申し込んでしまえば行かざるを得ない」（久保）

プランニングおよびアプローチの交通機関や宿の手配は本来、登ろうとする山について知るために必要不可欠な作業であり、広い意味での山登りの楽しみのひとつといってもいい。一方で、それを煩わしいと感じる気持ちも理解できないでもなく、お金を払って煩わしい雑事を代行してもらうという考え方は、たしかに合理的である。忙しかったり億劫になったりして、ほかにやってくれる人がいるなら任せてしまおうと思うのは、日常生活のなかでもよくある話だ。

山に対するモチベーションを奮い立たせるためにツアー登山を利用するという話も、なるほどなと思った。個人で山に行くのは多かれ少なかれ不安が伴うものであるが、ツアーに申し込めばそれも解消できる。行こうかやめようかと思い悩んだ挙げ句、不安が先に立って結局行かなかったとなるよりは、どんな形態であれ山に行けるほうがよっぽどいい。

話を聞いた六人の生存者のツアー登山への依存度は人それぞれだった。山へ行くときはほぼツアー登山オンリーという人もいれば、ツアー登山と並行して個人山行や所属している山の会の仲間との山行を行なっている人もいた。また、利用するツアー会社に関しては、目的や都合に合わせてアミューズ社を含めた複数のツアー会社を利用する人と、ほとんどアミューズ社だけという人の二タイプに分かれた。そんななかで、数社の登山ツアーに参加して最終的にアミューズ社ひとつに落ち着いたのが清水だ。

「アミューズ社以外に二、三社のツアーにも参加してみたが、頼り甲斐のないガイドだったので、二度と参加していない。その点、アミューズ社のガイドは信頼・安心できると思う。ただし、アミューズ社とガイドは別。高い信頼を置いているのは、アミューズ社に対してではなくガイドに対して。信頼できるガイドさんがたまたまアミューズ社にいるという話。でも、サブガイドに対しては不満を覚えることもある」

星野はアミューズ社以外のツアー会社を利用することもあるが、清水同様、アミューズ社のガイドに対する信頼度は高い。

「ほかのツアーの引率者は年配者ばかりで、なにかあったときに『この人に頼って大丈夫かしら』という心配があった。でも、アミューズの引率者は若い人が多いので、頼り甲斐が全然違う。転んだりしたときには『大丈夫ですか』と駆けつけてきてくれるし、ストックを落とした人がいれば、すぐに取りに行ってくれる。若いガイドはいいなあと思う」

〇二年のトムラウシ山での事故で生還を果たした四人パーティのうちのひとりは、事故の前は仲間内で個人的な山行を重ねてきたが、事故後一年ほど経ってからはアミューズ社のツアーを利用して山に登るようになった。

「ツアー登山だったらいいかなと思って参加するようになった。ツアー客の間には、アミューズのツアーに対しては『お金は高いけれど安全だ』という認識がある。アミューズは絶対にパーティを分裂させずに、弱い人に合わせてくれる。条件が悪いときに登頂を断念したこともけっこうあった。難易度の高いコースはアミューズのツアーで行くという風潮があったし、家族もアミューズだったら大丈夫だと思っていた。だからアミューズをかばうわけではないが、今回の事故のニュースを新聞で見たときには『まさか』と思った」

一方、寺井はアミューズ社のツアー登山に参加しながらも苦言を呈している。

「今回の事故はガイドに問題があり、そのことに目をつむっていた会社にも責任がある。ほかのツアーでも、お客さんが動けなくなるケースがいっぱいあった。会社とガイドの契約形態も問題。ガイドに添乗員の役割まで押し付けていいのだろうか。そのようなことを、過去に何度も感じた。会社の日ごろの対応に問題があると思う」

もっとも、「自分が行きたい山へのツアーがあれば、これからもアミューズ社を利用する」と寺井は言う。平戸も、「地方には東京のようにツアー会社がたくさんあるわけではなく、選択肢が少ない。かといってひとりで未知の山に行くのは不安だから、自分の目的と都合に合えば、今後アミューズのツアーに参加することもあると思う」と言っていた。事故直後からマスコミやインターネットを通じてアミューズ社とガイドへの批判を繰り広げてきた久保は別にして、清水も里見も星野も、事故後もアミューズ社のツアーを利用し続けている。

多数の死者を出す大量遭難事故の当事者になりながら、その後も事故を起こした会社のツアー登山に参加し続けるのはどうしてなのだろう。

「アミューズ社に対してはなにも思わない。天気がよければ、なにも起こらなかった。だからアミューズ社の責任でもガイドさんの責任でもないと思う」（里見）

「信頼の置けるガイドだったけど、たまたま多数の悪条件が重なり事故が起きた。そのことについて、素人の私が『ガイドが悪い』『あれが悪い』『これが悪い』と言える立場ではない。それよりも、トラブルを最小限に抑えるには、ツアー客一人ひとりがしっかりしろということ」（清水）

実は、この遭難事故の取材を進めるに従って、うすうす感じはじめていたことがある。それは、ツアー会社やガイドに対して、ツアー登山の利用者が求めているものと、私がこうあるべきだと考えているものとの間に、どうも大きなギャップがあるらしい、ということだ。いろいろな意味でのレベルの高さと信頼性を彼らに求めているという点では同じである。しかし、それを評価する視点や基準が微妙にずれている気がするのだ。

仕事柄なのかもしれないが、私はどうしても真っ先にリスクマネジメントのことを考えてしまう。お金を受け取って山を案内する以上、ツアー会社とガイドにはなにより参加者の安全を図り、無事下山させる義務が生じることになる。そのためには、企画・立案段階から実際の現場での指揮に至るまで、両者は最善を尽くさなければならない。これまで述べてきた、山のリスクに対するツアー会社の認識、安全配慮義務と旅程保証義務の兼ね合い、ガイドの資格問題などは、その取り組みの一環として絶対に必要不可欠なものだ。

もちろん、話をうかがった生存者の方も、ツアー会社やガイドに対してリスクマネジメントの行使を求めないわけではなく、それはツアー会社やガイドが果たすべき重要な役割のひとつだと考えている。だが、その思いは人によってかなり程度の差があり、今回の事故についてツアー会社とガイドの責任を厳しく指摘した人もいれば、「必ずしもツアー会社やガイドの責任ばかりではない」と寛容さを見せる人もいた。

私にとっては、おそらくその寛容さのほうが違和感となっていたのだろうと思うが、考えてみれば参加者がツアー登山に求めるものはリスクマネジメントの面ばかりではない。彼らはツアー登山をサービス業ととらえ、ガイドの人柄や接客の上手さを重視しながら、お金と引き換えに利便性・快適さ・安心感を求めようとする。しかもこれらは毎回のツアー登山において発揮されなければならないものである。かたやリスクマネジメントは数ある要求事項のひとつにすぎず、行程が順調に進行しているときは表に現われにくい。参加者の目に見える形で発揮される機会はそれほど多くないはずだ。

そうした点から、ツアー登山利用者のリスクマネジメントに対する視点や基準がアマく感じられるのは、ある意味、仕方のないことである。事故後も生存者がアミューズ社のツアー登山を利用し続けるのも、「たまたまガイドの判断ミスがあり、めったにないことが起きてしまっただけ。これが大きな教訓となったはずだから、今後は信頼しても大丈夫だろう」と思っているからではないだろうか。

だが、ツアー登山がいくらサービス業だとはいえ、自分たちの足で山に登る以上、山に潜んでいるリスクとは無縁ではいられない。たしかに今回の事故のようなアクシデントに遭遇する確率は低いかもしれないが、それが次回のツアー登山のときに起こらないという保証はない。

「ガイドを信頼しているから」というツアー登山利用者の声は、これまでにも取材をとおして幾度となく聞いてきた。が、その信頼はなにに基づくものなのだろうか。優しい人柄？　統率力？　面倒見のよさ？　気配り？　体力？　もちろんそうした要素もガイドには重要である。でも、いくら優しくて面倒見がよかろうと、危急時に的確な判断・行動ができないガイドを、あなたはほんとうに信頼できるのか。山のリスクに対するツアー会社やガイドの取り組みを厳しい目でチェックし続けていくことは、ツアー客が自分自身で行なえるリスクマネジメントのひとつなのだ。

ツアー登山は自己責任か

最後になったが、ツアー登山における自己責任についても触れておかなければなるまい。

結論から先に言ってしまうと、登山は原則的に自己責任で行なうものであるが、ツアー登山にはこの原則はあてはまらないというのが私の考え方だ。

先に述べてきたように、ツアー登山に参加しようとする人には、自分ひとりでは実現できないこと・やりたくないことを、お金を払うことによって代行してもらおうという心積もりがある。そのなかには、当然リスクマネジメントも含まれてくる。なんといってもツアー登山には安全配慮義務があるのだから、ツアー会社が「リスクマネジメントは各自でお願いします」というのは通用しない。

ツアー料金を受け取ったということは参加を認めたということになるから、ツアー会社とガイドは、ツアーが終了するまでその人の安全を確保する責任が生じてくる。山のイロハも知らない人だろうが、バスのステップを上がるときによろけてしまう人だろうが、集合場所に現われたからには門前払いすることはできず、とにかくツアー登山のメンバーとしていっしょに山に登り、無事に下山させなければならないのだ。

もしそこまで面倒見切れないというのであれば、申し込みを受け付ける段階でハードルを高く設定しておくべきである。営業的にそれができないというのなら、「連れていってもらう」という感覚のお客が多いのは最初からわかりきっていることなので、それを前提にしたオペーレーションを組めばいいだけの話だ。

そのへんの基準があまりにもアバウトだから、体力のあまりない人とそこそこ歩ける人が同じツアーに組み込まれて、最終的についていけなくなる人が出ることになってしまう。とくに今回の事故では、悪天候のなかで残酷なほど体力レベルの差があからさまになってしまった。

「ツアー客が十五人いると、体力レベルはばらばら。日帰りのツアー登山だったら十五人でもそれほど体力差は出てこないかもしれないが、このような長い行程では、二日目、三日目になると体力差が出やすくなる。これからのツアー登山では、そのことを考えなければいけないと思う」（平戸）

条件がいいときはガイドの采配によってなんとかカバーできていても、ひとたび条件が悪くなると、同じパーティ内でも体力レベルの差が生死を分けることになる。だが、それは参加者の自己責任とは言えず、責任を問われるべきは、リスクを想定して適切なオペレーションを行なっていなかったツアー会社とガイドなのである。

ただし、ツアー登山で起きたすべての事故において、ツアー会社とガイドが一〇〇パーセント責任を取らなければならないのかというと、場合によっては交通事故のように過失相殺されるケースが出てくる可能性はある。たとえば転滑落の危険のないふつうの登山道で石につまずいて足首を骨折してしまった、先行パーティが起こした落石に直撃して亡くなってしまった、というようなケースである。同じツアー登山という形態であっても、事故の状況によっては責任のありようが変わってきてもなんら不思議ではない。

実は今回の事故においても、そこまでの責任をガイドに求めるのは気の毒ではないかと思った事象があった。それは、新聞紙上に掲載された、「重ね着をさせるなど、ガイドが指示を出すべきだったのではないか」という生存者のコメントだった。

この記事を読んだときに、違和感を覚えた。

「幼稚園生の遠足じゃあるまいし、服の着脱までガイドに指示されなければできないのか」
暑さ寒さの感じ方には個人差があり、服を着たほうがいいか脱いだほうがいいのかは人に指図されて行なうものではなく、あくまで自分で判断すべきものである。本来なら自己責任で行なうそんなことまでガイドの責任にされたのでは、ガイドもたまったもんじゃない。今のツアー登山に参加する人のレベルは、それほど低いのか。

それがそのときの正直な気持ちだった。

だが、取材の過程でその考えは誤りだということに気づかされた。それは平戸に『ツアー客はみんな軽装だった』という報道がありましたが」と尋ねたときだった。その質問に対し、平戸はこう答えた。

「そういう報道もあったが、私が見ていたかぎりそんなことはなかった。もしかしたら薄着だった人もいたかもしれないが、たとえ防寒具を持っていたとしても、とてもじゃないけどそれを着られるような状況ではなかった。事故のあと、『みんな薄着だったの』とよく言われたけど、『じゃあ実験してみてよ』と言いたい。あの雨と風のなかで、雨具を脱いでザックから出した服を着て、ということができるかといったら、そんな余裕はなかった。だからこそ、ガイドが『防寒具を着てください』『なにか行動食を食べてください』といった指示を出すべきだった」

雨が降り出してきたときに、雨具をザックから取り出すのが面倒で、「ちょっとくらい濡れてもいいや」とそのまま歩き続けることはよくある話だ。とかく行動中のウエアの着脱は面倒に感じるものである。多少の暑さ・寒さ・濡れを我慢して行動し続けることは、山に登る人なら誰にでも身に覚えがあると思う。

○二年のトムラウシ山での事故のとき、生存者のひとりは「歩いているときは寒さを感じなかったが、立ち止まるとたんにガタガタ震え出した」と証言していた。行動不能に陥った女性に付き添って山頂近くでビバークしたこの女性は、あまりにも寒かったため、台風の風雨のなかで着ているものをすべて脱ぎ、靴下から下着、中間着、防寒具に至るまで、乾いているものに着替えたという。個人山行だから自分で判断して対処するのは当然のことなのだが、過酷な状況下では、頭ではわかっていてもなかなかできることではない。安全配慮義務のあるツアー登山の場合、適切な自己判断ができていない参加者に対して注意を与えるのは、ガイドの果たすべき役割のひとつといっていい。

安全配慮義務が謳われている以上、「装備が不充分だった」「防寒具を持っているのに着なかった」「行動食を食べなかった」といった自己責任に思えるようなことでも、ツアー登山ではガイドの落ち度になってしまうのである。

というわけで、ツアー登山において自己責任は当てはまらない、とするのが個人的な見解である。ただ、重要になってくるのは、そこから先の、登山というものに対する個々の認識だと思う。ツアー料金を払っているのだからと、ツアー会社とガイドに一〇〇パーセント依存するのが当然と考えるのか。あるいはツアー登山という枠のなかでも、できる範囲で自立しようと試みるのか。

生存者のなかには、事前にまったく下調べをしていなかったようで、「どういうコースをたどるのか全然知らなかった。トムラウシ山からはすぐに下りられると思っていた。こんな長いコースだとは思っていなかった」と言ってはばからない人がいた。かと思うと、ガイドブックや地図を何度も繰り返しひもとき、要注意箇所やコースタイムなどを頭に叩き込み、イメージトレーニングを徹底的に行なったうえで山行に臨んだ人もいた。

「それが自分のクセ。装備表も二重にチェックし、雨・寒さ対策もしっかり行なう。自分はまだまだ山の素人だと思っているから、いつも準備は万端に整えるようにしている」

今回、自分の意思でひとり山中でビバークして生還した平戸がこう言っていた。

「ツアー登山であっても、個人で山に行くという姿勢で参加しなきゃとは思うけど、みんながそういうふうに考えているわけじゃない。自分自身も、ツアーだからということでついアマえてしまう。でも、今回のようにひとりで下山することになってしまうことだってあり得るのだから、結局、自分のことは自分で守るしかない。それがこの事故から得た教訓だ」

山に登ろうとするときについてまわる面倒なこと、煩わしいこと、不安なことなどを解消してくれるツアー登山。その手軽さ、便利さを体験すると、個人で山に行くのが億劫に感じられるようになってしまうのだろう。だが、ツアー登山がいつも必ず順調に機能するという保証はない。ヒューマンエラーを完璧に防ぐことは不可能だし、事故はいつか必ず風化する。そしてまた今回のような事故が起きたときに、たまたまその場に居合わせたとしたら……。

もしあなたが泳げるのであれば、乗っている船が沈没したとしても、助かる可能性はゼロではない。どんな形態の山登りであれ、問われるのは、とどのつまり、あなたが登山者として自立しているかどうかなのだと思う。

あとがき

この事故のニュースを見たときに頭をよぎったのは、「またか」という思いだった。本文でも触れたが、私は二〇〇二年の同じ時期、同じコース、同じ山で起きた遭難事故を取材し、拙著『ドキュメント気象遭難』で検証を行なっている。このときは、はじめは当事者の方に取材を断られたのだが、事故で亡くなった女性のご主人が「このような事故を繰り返さないためにも取材に応じてあげてくれないか」と説得してくれて、話をうかがうことができたという経緯がある。

にもかかわらず同じような事故が起きてしまったことに、正直言って無力感を禁じ得ない。自分が当事者にならないかぎり、遭難事故は他人事なのだろうという思いは、ますます強くなるばかりだ。それでも得られる教訓があり、それを自分の山登りに生かそうという人が少しでもいる以上、遭難事故の検証は誰かが行なわなければならないのだと思う。

本書は四人の著者による共著であるが、私があとがきを書くことになった。私以外の三人の方はトムラウシ山遭難事故調査特別委員会のメンバーであり、『トムラウシ山遭難事故調査報告書』をもとに加筆していただいた。それぞれの専門分野に基づいた原稿であり、どの章からでも読み進めることができる構成になっている。テーマごとに分析、検証してあり、読み応えのある内容なので、興味のある章から読み進めていただきたい。

私が担当した一章と六章は、ツアー参加者のなかの生存者八人のうち六人の方へのインタビューをもとに執筆した。残り二名の方には取材に応じていただけなかった。第二章のガイドへのインタビューは、原稿の締め切り直前にアポイントがとれ、急遽、盛り込むことになったものである。これらのインタビューは、ほかの著者の方による生存者へのインタビューとはまったく別の機会に行なったものであり、記憶の鮮明度やタイムラグ等により証言の内容に微妙な食い違いがあることをお断りしておく。また、事故当日の現場では、参加者同士がお互いに顔と名前をはっきり認識していたわけではなく、後日になって報道や警察の事情聴取等によって判明したというケースも少なくない。が、紛らわしくならないようにするために、本稿にはあえてそのことを反映させていない。

この事故では、同じツアーに参加していながら、生と死という明暗が残酷なまでに分かれる結果となった。だが、一連の取材を通してわかったのは、生還できた方のなかでも明暗がくっきりと分かれてしまったということだ。

自力下山を果たした生存者のなかで最後を歩いていた男性は、今まさに訪れようとしているいくつもの死に直面することになった。彼は言う。「なぜオレだったのか」と。「たまたま自分がいちばんうしろを歩いていたばっかりに……。なぜ彼らのもとを離れたのか。なぜ通り過ぎてしまったのか。なぜいっしょに下りなかったのか。あるときは自分を責めたり、またあるときは自分を納得させようとしたり。今もそのことと格闘している。それはおそらく死ぬまで続くのだろう」

声を震わせながら、重い口調で彼はそう語った。かと思うと、先頭を行くガイドのあとを必死に追いかけていった女性は、「遭難したという実感があまりない」と言っていた。

「事故後に『心に傷が残らない?』『ショックじゃない?』と聞かれたりしたが、ショックはあんまりなかった。最初のころは『私ひとりだけ帰ってきてよかったのかしら』と思うこともあったが、『生かしてもらったんだから』と考えるようにした」

事故の直後から彼女は積極的にマスコミの取材に応じ、インタビューの最後には必ず「あのコースはもっと整備してほしい。山小屋ももう一軒ぐらい造ってほしい」と付け加えていた。山小屋新設の是非はともかくとして、それは同じような事故を繰り返さないようにという願いを込めて、彼女なりに考えてとった言動なのである。

「だから新得町が山小屋建設に向けて動いていると聞いて、涙が出た。皆さんから出しゃばりみたいに思われたけど、ひとつでもかなうことがあってよかった」

言うまでもないことだが、この事故の事実はひとつではなく、事故に直面した十八人それぞれに事実がある。残念ながら八つの事実についてはもう知ることは叶わないが、事故後の報道を見ていていちばん危惧したのは、残る十のうちのひとつかふたつの事実によって事故の全体像が語られてしまうことだった。だが、それはあくまで一面的なとらえ方にしかすぎない。可能なかぎり客観的に事故を俯瞰するには、ひとりでも多くの生存者に事故について語ってもらうことが必要になる。もちろん個々の事実は必ずしも一致するものではなく、見方・とらえ方・感じ方などによっていかようにも変化する。だから生存者の証言には矛盾や食い違いが少なからずある。

行動経過を記した第一章では、それらの整合性を無理矢理つけようとするのではなく、個々の事実をそのまま記すことによって事故の検証を試みようとした。そのときなにを見たか、どう思ったか、そしてどのように行動したかを、個々の証言にしたがってなるべく忠実に書いたのは、この事故にはいくつもの事実があるということを知ってほしかったからだ。そのことで不快な思いをされる方がいたとしたら、改めてお詫び申し上げたい。

なお、本書の取材に当たっては、二〇〇二年の事故のときに亡くなられた遭難者のご主人にも話を聞く予定になっていた。だが、取材の当日、息子さんから「父が倒れた」と連絡があり、その後、亡くなられたことを知らされた。ご主人は、倒れる直前までこの取材のことを気にかけてくれていたという。この場を借りてご冥福をお祈りいたします。

最後に、ひとりでも多くの方がこの事故からなにかしらの教訓を得られることを願うとともに、本書を執筆するにあたってご協力いただいた生存者の方をはじめ日本山岳ガイド協会、トムラウシ山遭難事故調査特別委員会など、すべての方に厚くお礼申し上げます。

羽根田 治

二〇一〇年六月末日

［解説］　中高年登山者と低体温症

迫田泰敏

「低体温症」という言葉が広く知られるようになったのはトムラウシ山（二一四一メートル）の大量遭難からだろう。かつては「疲労凍死」と呼ばれていたもので、正確には「偶発性低体温症による死亡」とのことだ。二〇〇九年七月十六日、北海道のトムラウシ山で起きた山岳遭難は、冬や積雪期ではなく夏山で、しかも、一パーティ十八人のうち八人が犠牲になるという大量遭難。中高年登山者ばかりのアミューズトラベル社のツアー登山だった。

中高年の低体温症による遭難は、後を絶たない。二〇一二年の五月の連休には北アルプスの白馬岳（二九三二メートル）で六人、爺ヶ岳（二六七〇メートル）、涸沢岳（三一一〇メートル）で各一人の計八人が遭難。いずれも六十歳以上で、原因はどれもが低体温症。特に白馬岳の六人は北九州の六十三歳から七十八歳のパーティ全員が遭難。小蓮華から白馬岳につながる尾根で一人だけが離れ、五人がかたまって発見された。ザックの中には羽毛ジャケットや冬山用ズボン、登山用下着上下、それに二張のツェルト（簡易テント＝うち一張は使用された痕跡あり）、簡易コンロなどが入っていたという。トムラウシ山の遭難のように、急速に進む低体温症のため寒さに備える意欲がなくなったのではないか。

しかし、白馬の場合は吹雪になる悪天だった。もともと、雪が降ってもおかしくない春山だ。これに対してトムラウシ山の遭難は、北アルプスとは違って二〇〇〇メートル級、季節も七月中旬で夏山真っ盛りだった。

低体温症による中高年の山岳遭難は、これまでにもあった。大量遭難では一九八九年十月に北アルプスの立山で十人パーティのうち四十四歳から六十六歳までの八人が死亡した事故がある。これは気象条件が悪化、吹雪になったことにより低体温症に陥ったものだ。『トムラウシ山遭難はなぜ起きたのか』は、好天なら快適な登山が楽しめるはずの百名山の夏山、しかも、真夏の二〇〇〇メートル級の山で、なぜこれほど多くの人が低体温症で亡くなったのか、を明らかにしている。

この『トムラウシ山遭難はなぜ起きたのか』は六章からなっている。いずれの章も専門家が分析しているが、基本となるのはトムラウシ山の大量遭難の生還者の体験談だ。

悲劇の起こったヒサゴ沼避難小屋を出発するところが、最初のポイントだ。夜半からの風雨が続いていたが、メインガイドが、「出発を三十分遅らせて五時半にします」とアナウンスする。この判断に対する反応がツアー登山を象徴している。トムラウシ山が二度目という人は「ガイドから参加者に『どうしましょう』と問いかけがあったら、おそらくスタートするのは難しかったのではないだろうか」、別の参加者は「ガイドさんたちが相談して『行く』と決めたんだからいくしかない」。「『あ、行くんだ。しょうがないな』と思った。ただ、予定通り帰りたいですか、と聞かれたら、私は『帰りたい』と言っていたと思う」というのもあった。

ツアー登山の参加者の不安な気持ちがよくでている。また、事故調査報告書には「特に異論はなかった」とあるが、一部の参加者から「えー」「なんで」という声があがったという。それに対して、メインガイドは「わかりました。北沼分岐で再度検討することにします」と言ったそうだ。いずれにしても、気持ちはさまざまだが、はっきりと異論を唱えるものはいなかった。

気象を担当した飯田肇氏によれば、遭難した七月十六日の気象状況は、ヒサゴ沼避難小屋を出発時の五時三十分で七度C、以後、六度C前後で推移し、十七時三十分には三・八度Cまで下がった。雨は出発から二、三時間程度で八時になると止んだが、風は出発時から二十一時にかけての平均風速は一五〜一八メートル。パーティが稜線に出た六時ごろから十四時ごろにかけて連続して二〇メートルを超える強風が吹いた。

稜線に出てからの体感温度は気温六度C、風速一五メートルでマイナス十度C以下になったことになる。このなかを岩がゴロゴロしているロックガーデンなど歩きにくい登山道を行くのだから、体力の消耗はかなりのものだろう。途中で、引き返すことや天人峡に抜けるコースも考えられたが、いったん、出発したら前に進むしかないようだ。

金田正樹医師は「北沼以前に低体温症を発症した人は二、三人で、待機した時点から発症した人がほぼ全員と推定される」としている。その北沼では、降雨によりあふれた水が川になり、徒渉をする事態になっていた。これに時間がかかり、強風の中でしゃがんで待機、短い人で二十分、長い人で二時間に及んだという。この待機が症状を促進させた。十一時三十分ごろに十六人が歩き始めた際には、すでに「意識が朦朧とする」「つまずいて歩けなかった」「右と左の区別が出来ない」「意識が飛ぶような感覚」だったと表現している。また、この時すでに一人が心肺停止状態だったようだ。このような状態だから、もちろん、北沼から頂上を迂回するルートを行くのだが、次々と犠牲者がでることになった。

金田医師は「発症から死亡するまでの推定時間は、二〜四時間以内が五名、六〜十時間以内が三名であった。死亡者の半数以上が二〜四時間以内で亡くなっていることは、低体温症が加速度的に進行し、悪化したものと思われる。急性低体温症の定義が寒冷にさらされてから六時間以内というのであれば、これはまさに『急性低体温症』だったといえる」。

この急激な症状悪化は年齢のせいもあるらしい。運動生理学の章で山本正嘉氏は「耐寒能力は加齢とともに低下する。特に、高齢者と呼ばれる六十歳過ぎの世代になると、その傾向が著しくなる」としている。震えによる熱の産生能力が低下する、抹消血管の収縮能力が低下する、寒さへの感覚が鈍くなる――などで「高齢者は若い人に比べて低体温症にかかりやすい」としている。

飯田氏は指摘する。七月十六日のトムラウシ山の気象は、大雪山では例年のように起きている気象状況であり、決して特異な現象ではない。また、同様の気象状況は、北アルプスの稜線付近でも起きていることが確認された。二〇〇〇メートル級の大雪山の稜線付近の気象状況は、三〇〇〇メートル級の北アルプスの稜線付近の気象状況に匹敵するものであり、夏山といえども零度C近くの低温下、風速二〇メートル近くの強風下にさらされることがあることを、登山に際して十分考慮しなければならない。日本の高峰では別に珍しいことではないのだ。

ガイド、ツアー登山を企画する会社に、この認識があったとは思えない。主催者にこの意識があったなら、十六日はヒサゴ沼避難小屋を出発しなかっただろう。

『トムラウシ山遭難はなぜ起きたのか』では、さまざま角度から検証がなされている。

雨具の質、その使い方にも問題はなかったようだ。ただ、雨具は濡れないための用具であって防寒具ではない。強い風が吹けば雨具は圧迫されて雨具と肌の間が密着して寒さがじかに肌に伝わり、体温が下がる原因になる。雨具と肌の間にダウンやフリースのような空気を多く含んだウエアを着れば、その間に空気の層ができ、対流が起こりにくく、放熱を抑えることができるという。

亡くなった人の何人かはダウンやフリースの防寒具がそのままザックの中に残っていた

ケースもあったという。低体温によって自分の置かれた状況が危急時と判断できなくなるためだ。低体温の最も恐ろしい点は、意識レベルが下がるので自分の意思で防御する動作ができなくなることにある。

その前に対策を講じた人もいる。自主的にフリースやダウンのジャケットを着たり、レスキューシートを身に巻きつけた人もおり、このことが生還できた大きな要因であると答えている。このような些細な防御行動をすることで、それをしなかった人よりも体熱の喪失を防ぐことができ、生死を分ける大きな要因となったことは充分考えられる。

運動生理学の章では、こんな話もある。生還者のコメントで、途中に食べたことがよかった、と述べている人が何人かいる。「猛烈にお腹がすいたので食べた」「アメ玉を一個食べただけでこんなに違うのかと驚いた」というコメントや、「悪天時なので、身体を動かすために食べなければならない、と判断して食べた」という文化的・行動的な適応を行なっていた人もいた。死亡者の状況に近いが、「(亡くなったある人に)食べたほうがいいと勧めたが、食べなかった」というコメントもあった。

このツアー登山の危うさは、山行に支障を来さない範囲で背負える最大荷重を女性五十歳では一二キロ、同六十歳で八キロが目安とされていることだ。二泊三日の素泊まりの縦走ということで、寝具や食料などでザックはかなり重くなった。生還者のザックの重量は最も軽い人で一〇キロ、ほかの人は一一キロから一六キロとなっている。ツアー会社が考える最大荷重と実際に必要な重量にかなりのギャップがあり、勢い食べ物を充分持っていけなくなる。エネルギーの消費量に対して、摂取量はかなり不足することになってしまう。宿泊も避難小屋、食事は参加者が用意、お湯が配られるだけと、充分な環境にない。中高年にとってはただでさえ、きついはずだ。

フリーライターの羽根田治氏はツアー登山について、「山をよく知らないツアー会社が、ツアー旅行の延長のようなつもりで企画・立案し、実力の伴わないガイドをつけ、安全配慮義務よりも旅程保証義務を重んじて実施されているのが日本の今のツアー登山の実態である」と手厳しい。

低体温症は加齢を重ねるに従って発症しやすくなるようだ。しかも、いつの間にか発症してしまう。筆者が調査委員会の委員として生還者のインタビューをしていた時、危機に見舞われた生還者の何人かから、「このまま亡くなってしまうのかなあ、と思った」という言葉を聞いた。恐怖心が感じられないところが逆に怖い。いまさらながらだが、中高年登山者は周到な準備と余裕を持った日程を心がけたいものだ。

低体温症で中高年の大量遭難となったトムラウシ山の惨事、その原因とツアー登山を徹底的に分析した『トムラウシ山遭難はなぜ起きたのか』はツアー登山愛好者だけでなく、中高年の登山愛好者にもぜひ読んでもらいたい必読の書だ。

（元読売新聞記者）

中野昭一著『スポーツ医科学』（杏林書院 1999年）
山森欣一著「大量死亡遭難事故からみた時代別年齢推移」『日本山岳文化学会遭難分科会小誌』（2009年）
浅利靖他著『八甲田山前嶽山頂付近で発生した雪崩災害調査報告書』（八甲田雪崩災害特別調査委員会　日本集団災害医学会 2008年）
J. Wilkerson "Hypothermia Frostbite and other Cold injuries" "The Mountaineer" (1989年)
羽根田 治著『ドキュメント 気象遭難』（山と溪谷社 2003年）
■第５章—運動生理学
許斐真由子、中原玲緒奈、山本正嘉、神尾重則著「24時間山岳耐久レースに於ける生理的負担度と疲労に関する研究；参加者へのガイドライン作成の試み」『登山医学 vol 24』（2004年）51-59P
厚生労働省編『日本人の食事摂取基準』（第一出版、2009年）
増山 茂編『登山医学入門』（山と溪谷社 2006年）
中原玲緒奈、萩原正大、山本正嘉著「登山のエネルギー消費量推定式の作成；歩行時間、歩行距離、体重、ザック重量との関係から」『登山医学 vol 26』（2006年）115-121P
関 邦博、坂本和義、山崎昌廣編『人間の許容限界ハンドブック』（朝倉書店 1990年）
J. A. ウィルカースン（栗栖 茜訳）『低体温症と凍傷；ふせぎ方・なおし方』（山洋社 1989年）
山本正嘉著『登山の運動生理学百科』（東京新聞出版局 2000年）
山本正嘉、西谷広大著「中高年登山者の身体トラブル防止に対する「ランク制」の有効性;アンケート調査および体力測定による検討」『登山医学vol27』（2007年）95-102P
山本正嘉、西谷善子著「中高年登山者の体力測定システム構築の試み」『登山研修 vol 24』（2009年）22-28P
山本正嘉、西谷善子著「中高年登山者向けの体力測定システム構築の試み（第2報）；164名の体力測定およびアンケート調査からわかったこと」『登山研修 vol 25』（2010年）16-20P
山崎昌廣、坂本和義、村木里志、関 邦博著『環境生理学』（培風館 2000年）
山崎昌廣、坂本和義、関 邦博編『人間の許容限界事典』（朝倉書店 2005年）

参考文献

『トムラウシ山遭難事故調査報告書』（トムラウシ山遭難事故調査特別委員会）

■第3章―気象遭難

曽根敏雄・仲山智子著「北海道、大雪山白雲小屋における1987-1989年の気温観測資料」『低温科学 物理篇51、資料集』（1992年）31-48P

曽根敏雄著「北海道、大雪山白雲小屋における1992-1993年の気温観測資料」『低温科学物理篇53、資料集』（1994年）33-39P

福井幸太郎・飯田肇著「北アルプス・立山稜線での気象観測」『立山カルデラ砂防博物館研究紀要 11』（2010年）

Iwahana, G., Sawada, S., Ishikawa, M., Katamura, F., Sone, T., Sueyoshi, T. and Harada, K. 〝Micrometeorological Measurements on Mountain Permafrost in the Daisetsu Mountains, Hokkaido, Japan〟 Proceedings of Ninth International Conference on Permafrost.（2008年）809-814P

■第4章―低体温症

金田正樹著「単純低体温麻酔による乳幼児開心術」『胸部外科12vol27』（1974年）

金田正樹著「低体温症とその治療」『登山研修 vol 11』（文部省登山研修所 1996年）

牧野 博著「山岳事故によるaccidental hypothermia の1例」『麻酔vol 40』（1991年）

壇上 渉著「横紋筋融解症を合併した偶発性低体温症の1症例」『蘇生vol 18』（1999年）

太田里美著「低体温法（凍死の限界）」『Low Temp Med vol 1』（1975年）

許斐真由子他著「24時間山岳耐久レースに於ける生理的負担度と疲労に関する研究」『登山医学 vol 24』（2004年）

山本正嘉著「24時間山岳耐久レースの生理応答と疲労に関する研究」『疲労と休養の科学vol 18』（2003年）

山村秀夫他著『麻酔と酸塩基平衡』『臨床麻酔全書』（金原出版 1969年）

二宮石雄他著「体温.エネルギー」『生理学』（文光堂 2008年）

J. A. ウィルカースン著『登山の医学』（東京新聞出版局 1993年）

マイクル・ウォード著『高所医学』（山と溪谷社 1976年）

河合 忠著『異常値の出るメカニズム』（医学書院 2009年）

吉岡利忠他著『筋肉をデザインする』（杏林書院 2003年）

本書は二〇一〇年八月、山と溪谷社より刊行されたものです。

トムラウシ山遭難はなぜ起きたのか

低体温症と事故の教訓

二〇一二年八月五日　初版第一刷発行
二〇二三年二月二十日　初版第八刷発行

著　者　羽根田治・飯田肇・金田正樹・山本正嘉
発行人　川崎深雪
発行所　株式会社　山と溪谷社
郵便番号　一〇一－〇〇五一
東京都千代田区神田神保町一丁目一〇五番地
https://www.yamakei.co.jp/

■乱丁・落丁、及び内容に関するお問合せ先
山と溪谷社自動応答サービス　電話〇三－六七四四－一九〇〇
受付時間／十一時～十六時（土日、祝日を除く）
メールもご利用ください。
【乱丁・落丁】service@yamakei.co.jp　【内容】info@yamakei.co.jp
■書店・取次様からのご注文先
山と溪谷社受注センター　電話〇四八－四五八－三四五五
ファクス〇四八－四二一－〇五一三
■書店・取次様からのご注文以外のお問合せ先　eigyo@yamakei.co.jp

デザイン　岡本一宣デザイン事務所
印刷・製本　株式会社暁印刷

定価はカバーに表示してあります

Printed in Japan ISBN978-4-635-04746-3